ROBO-ADVISOR

# 智能投顾
## 大数据智能驱动投顾创新

郑小林 贲圣林 ◎ 著

清华大学出版社
北京

## 内 容 简 介

本书围绕智能投顾的前世与今生、概念与理论、商业模式与技术、智能投顾的监管、生态以及未来发展趋势进行归纳与分析。全书共9章。第1章阐释智能投顾的诞生，涉及金融科技概念、人工智能概念等；第2章介绍智能投顾涉及的技术、覆盖范围等；第3章阐释智能投顾的概念及投资流程；第4~6章从微观角度介绍智能投顾的商业模式与技术支持，涉及智能投顾的服务对象、投资标的、推广，传统经济学、统计学、行为学背景下智能投顾中的投资理论，以及人工智能和金融科技背景下智能投顾的前沿金融智能技术；第7章和第8章从宏观角度介绍智能投顾的政策支持与生态系统；第9章对智能投顾做出总结和展望。

本书内容丰富，观点超然，案例典型，结构清晰，适合对智能投顾感兴趣的从业者、研究人员、爱好者阅读。

本书封面贴有清华大学出版社防伪标签，无标签者不得销售。
版权所有，侵权必究。举报: 010-62782989, beiqinquan@tup.tsinghua.edu.cn。

**图书在版编目（CIP）数据**

智能投顾：大数据智能驱动投顾创新 / 郑小林，贲圣林著. —北京：清华大学出版社，2021.1（2024.8 重印）
　ISBN 978-7-302-56475-1

　Ⅰ.①智… Ⅱ.①郑… ②贲… Ⅲ.①人工智能－应用－金融投资－研究 Ⅳ.① F830.59-39

中国版本图书馆 CIP 数据核字 (2020) 第 178145 号

责任编辑：秦　健
封面设计：杨玉兰
版式设计：方加青
责任校对：徐俊伟
责任印制：刘　菲

出版发行：清华大学出版社
　　　　网　　址：https://www.tup.com.cn, https://www.wqxuetang.com
　　　　地　　址：北京清华大学学研大厦 A 座　　邮　编：100084
　　　　社 总 机：010-83470000　　　　　　　　邮　购：010-62786544
　　　　投稿与读者服务：010-62776969, c-service@tup.tsinghua.edu.cn
　　　　质 量 反 馈：010-62772015, zhiliang@tup.tsinghua.edu.cn
印 装 者：涿州市般润文化传播有限公司
经　　销：全国新华书店
开　　本：170mm×240mm　　印　张：15.25　　字　数：274 千字
版　　次：2021 年 2 月第 1 版　　印　次：2024 年 8 月第 3 次印刷
定　　价：59.00 元

产品编号：084056-01

## 序言 | Preface

巴菲特有两句投资名言：第一句是"看得长远些"；第二句是"时间是生意好伙伴"。不管哪句，巴菲特都在强调投资标的的长期价值投资。他说："作为一名投资者，你的目标是你做的投资可以持续产生收益超过五年、十年甚至二十年。随着时间的推移，你会发现只有少数公司满足这些，所以当你看到一只好的股票，应该购买它并长期持有。你必须抵制诱惑，如果你不愿意拥有这只股票十年以上，就不必考虑拥有它。要考虑组合投资的总收益，在市场价值中组合投资。"很多人都很认同巴菲特的长期价值投资和组合投资理念，但又有多少人和机构能够真正做到长期的价值投资和组合投资呢？很多人都希望像巴菲特那样获得高收益，但很少有人在做投资的时候能够像他那样保持这种理性和定力。

随着人们财富的增长，越来越多的人需要进行财富管理和投资增值。但对大部分人来说，像巴菲特那样进行理性投资是一件复杂且困难的事，常常需要花费大量的时间周旋于股票、债券、基金、信托和其他另类投资产品之间。绝大多数个人投资者很难享受到传统专业机构的悉心支持，加之受理财经验、精力和资金规模等因素所限，更难以有效进行个人投资组合。随着大数据与新一代人工智能的兴起，智能投顾成了一个新的财富管理的解决方案。越来越多的传统金融机构、互联网巨头、第三方机构开始布局智能化的理财服务。智能投顾在给各家机构与创业企业带来新机遇的同时，也为大众提供了一种新的投资服务选择。据美国科尔尼管理咨询公司预测，到2022年，中国智能理财服务市场规模将达5万亿元。因此，了解智能投顾、拥抱智能投顾是很多金融机构和金融从业者的不二选择。

本书围绕智能投顾的前世与今生、概念与理论、商业模式与技术，智能投顾的监管、生态以及未来发展趋势进行归纳与分析，期待为智能投顾的从业者、研究人员、爱好者提供一个系统的知识梳理与分享。本书的编写是个"众筹"的过程，我们得到了浙江大学人工智能研究所和浙江大学互联网金融研究院师生的大力支持。第1～4章由纪淑娴博士、博士生梁倩乔协助完成；第5章和第6章由博士生檀彦超和朱梦莹协助完成；第7章和第8章由纪淑娴博士协助完成；第9章由博士生吴沁轩协助完成。浙江大学互联网金融研究院司南工作室提供了金融科技发展指数等相关材料。吕佳敏博士和博士生罗丹也提供了很好的建议。

本书的写作过程前后持续了两年，受疫情影响，本书的出版进度延迟了半年。在这期间，智能投顾的相关技术和行业发展可谓一日千里，书中内容的更新常常赶不上技术的发展速度，不足之处在所难免，恳请读者批评指正。

凡是过往，皆为序章！本书交稿之日，也是笔者重新学习的起点。

郑小林　贲圣林<br>于求是园

# 目录 Contents

## 第 1 章
## 智能投顾的诞生

案例：Betterment 的诞生 …………………… 2
1.1 金融科技的兴盛 …………………………… 3
    1.1.1 金融科技的概念 …………………… 4
    1.1.2 金融科技的全球发展态势 ………… 5
    1.1.3 金融科技在中国 …………………… 9
1.2 人工智能的崛起 …………………………… 13
    1.2.1 人工智能的概念 …………………… 14
    1.2.2 人工智能的全球发展态势 ………… 14
    1.2.3 人工智能在中国 …………………… 18
    1.2.4 人工智能投融资状况 ……………… 19
1.3 智能投顾应运而生 ………………………… 20
1.4 本书概览 …………………………………… 21
本章小结 ………………………………………… 22
参考文献 ………………………………………… 22

## 第 2 章
## 智能投顾的历史与发展现状

案例：中美智能投顾发展比较 ……… 25
2.1 智能投顾的发展历史 ……………………… 27
    2.1.1 标签过滤阶段 ……………………… 29
    2.1.2 用户风险承受能力测试阶段 ……… 29
    2.1.3 个性化投资组合推荐阶段 ………… 30
    2.1.4 全自动智能投顾阶段 ……………… 31
2.2 智能投顾产业全球的发展现状 …………… 31
    2.2.1 全球智能投顾发展数据总览 ……… 31
    2.2.2 美洲 ………………………………… 32
    2.2.3 欧洲 ………………………………… 37
    2.2.4 亚洲 ………………………………… 38
2.3 智能投顾在中国 …………………………… 40
    2.3.1 中国的智能投顾平台现状 ………… 40
    2.3.2 中国智能投顾行业发展现状 ……… 42

2.3.3 中国智能投顾的发展机遇·····47
本章小结··························49
参考文献··························50

# 第 3 章
# 智能投顾的概念与投资流程

案例：Betterment 的投资流程········53
3.1 智能投顾的概念················54
 3.1.1 传统的投资顾问··········54
 3.1.2 智能投资顾问············55
 3.1.3 智能投顾的作用··········58
3.2 智能投顾的投资流程············60
 3.2.1 客户分析················61
 3.2.2 大类资产配置············63
 3.2.3 投资组合选择············65
 3.2.4 交易执行················66
 3.2.5 投资组合再选择··········67
 3.2.6 税负管理················69
 3.2.7 组合分析················70
本章小结··························70
参考文献··························71

# 第 4 章
# 智能投顾的商业模式

案例：Betterment 的商业模式········73
4.1 智能投顾的目标客户············74
 4.1.1 中产及中产以下收入人群····75
 4.1.2 金融专业人士············77
4.2 智能投顾的投资标的············78

4.2.1 常见的投资标的··········78
4.2.2 新兴的投资标的··········81
4.3 智能投顾的业务模式············82
 4.3.1 全自动与半自动投顾······83
 4.3.2 投资平台与相关智能服务···87
 4.3.3 大类资产配置、投资策略
    与社交跟投等···········88
4.4 智能投顾的营销模式············89
 4.4.1 打造明星产品············90
 4.4.2 分级客户群匹配服务，
    提高服务水平···········91
 4.4.3 利用大数据进行精准营销····91
4.5 智能投顾的盈利模式············92
 4.5.1 前端收费模式············93
 4.5.2 后端盈利模式············94
本章小结··························94
参考文献··························95

# 第 5 章
# 智能投顾理论入门

案例：马科维茨理论的产生··········98
5.1 马科维茨投资组合理论··········99
 5.1.1 现代投资组合理论概述·····99
 5.1.2 投资组合的可行集和
    有效集·················100
 5.1.3 均值方差分析方法········101
5.2 资本资产定价模型··············102
 5.2.1 CAPM 假设条件··········103
 5.2.2 分离定理················104
 5.2.3 资本市场线与证券市场线··106

5.3 套利定价理论 …………… 107
    5.3.1 套利定价理论概述 …… 107
    5.3.2 因素模型 ……………… 108
    5.3.3 套利定价理论与 CAPM
          对比 ……………………… 110
5.4 行为金融学 ………………… 111
    5.4.1 行为金融学的概念 …… 112
    5.4.2 行为金融学的应用
          实例 ……………………… 114
5.5 投资过程评价 ……………… 115
    5.5.1 收益类指标 …………… 115
    5.5.2 风险类指标 …………… 116
本章小结 ……………………… 118
参考文献 ……………………… 118

# 第 6 章
# 智能投顾中的人工智能技术

案例：嘉信智能理财 ………… 121
6.1 大数据融合技术 …………… 121
    6.1.1 大数据融合的背景 …… 122
    6.1.2 多源数据融合技术 …… 123
6.2 投资客户偏好画像 ………… 125
    6.2.1 用户画像的定义 ……… 126
    6.2.2 用户画像的生成流程 … 128
    6.2.3 客户画像的核心工作——
          打标签 …………………… 129
6.3 量化投资技术 ……………… 130
    6.3.1 量化投资的概念 ……… 130
    6.3.2 机器学习应用到量化
          投资中 …………………… 131

    6.3.3 深度学习应用到量化
          投资中 …………………… 135
6.4 投资组合配置技术 ………… 138
    6.4.1 问题定义 ……………… 138
    6.4.2 二次规划 ……………… 140
    6.4.3 强化学习 ……………… 142
6.5 投资风险控制技术 ………… 144
    6.5.1 风险的定义 …………… 145
    6.5.2 风险测量——方差 …… 145
    6.5.3 风险测量——VaR …… 146
6.6 NLP 在智能金融领域中的
    应用 ………………………… 147
    6.6.1 智能金融领域现有需求 … 148
    6.6.2 NLP 的金融应用场景 … 149
    6.6.3 NLP 在金融领域应用
          案例 ……………………… 153
本章小结 ……………………… 155
参考文献 ……………………… 156

# 第 7 章
# 智能投顾的风险、监管和政策支持

案例：真假智能投顾 ………… 160
7.1 中国智能投顾的风险 ……… 161
    7.1.1 智能投顾的风险构成 … 161
    7.1.2 智能投顾的风险预警 … 163
    7.1.3 智能投顾平台的风险
          指数体系 ………………… 164
7.2 智能投顾的监管难点 ……… 167
    7.2.1 账户实际控制人认定困难 … 168

7.2.2 一致行动人 …………………… 168
7.2.3 监管法律体系不完善 ………… 168
7.2.4 智能投顾行为边界判定 …… 169
7.3 海外智能投顾的监管经验 ………… 170
　7.3.1 美国的智能投顾监管 ……… 170
　7.3.2 英国的智能投顾监管：
　　　　监管沙盒 ………………… 171
　7.3.3 澳洲的智能投顾监管 ……… 177
　7.3.4 新加坡的智能投顾监管 …… 180
　7.3.5 不同国家智能投顾的监管
　　　　体系比较 ………………… 183
7.4 中国智能投顾的监管体系 ………… 185
　7.4.1 智能投顾监管框架 ………… 185
　7.4.2 智能投顾的监管路径 ……… 187
7.5 中国智能投顾的政府支持 ………… 192
　7.5.1 智能投顾发展过程中的
　　　　政府政策 ………………… 192
　7.5.2 《资管新规》对智能
　　　　投顾的影响 ……………… 193
　7.5.3 学界对智能投顾的支持 …… 195
本章小结 ……………………………… 196
参考文献 ……………………………… 196

## 第 8 章
## 智能投顾的生态系统

案例：新加坡的金融科技生态系统 … 199
8.1 金融科技生态系统 ………………… 200
8.2 智能投顾生态系统的概念与
　　构成 ………………………………… 203
　8.2.1 智能投顾生态系统的概念 … 203

8.2.2 智能投顾生态系统的
　　　生态主体 ………………… 206
8.2.3 智能投顾生态系统中的
　　　产业链关系 ……………… 213
8.3 智能投顾生态系统的维护和
　　优化 ………………………………… 217
　8.3.1 国内智能投顾生态系统
　　　　存在的缺陷 ……………… 217
　8.3.2 智能投顾生态系统的
　　　　优化办法 ………………… 218
本章小结 ……………………………… 220
参考文献 ……………………………… 220

## 第 9 章
## 智能投顾的未来

案例：蚂蚁集团——从 FinTech
到 TechFin，BASIC 科技战略打造
折叠式生态体系 ……………………… 223
9.1 人工智能的发展新阶段 …………… 223
9.2 智能投顾大脑 ……………………… 225
9.3 AI 驱动的理性机器经济人 ……… 227
9.4 智能投顾的未来发展趋势 ………… 229
　9.4.1 智能投顾商业模式发展趋势 … 229
　9.4.2 智能投顾技术发展趋势 …… 230
　9.4.3 智能投顾监管发展趋势 …… 231
9.5 开放银行与虚拟银行 ……………… 232
　9.5.1 开放银行 ………………… 232
　9.5.2 虚拟银行 ………………… 233
本章小结 ……………………………… 234
参考文献 ……………………………… 234

# 第 1 章
## 智能投顾的诞生

## 案例

### Betterment 的诞生

对大部分人来说，投资是一件复杂而困难的事，常需要花费大量的时间周旋于股票、债券、基金、P2P、信托之间。在多数情况下投资者对投资一知半解，高收益和低风险总难两全其美。想象这样一个场景：你是一位上班族或是学生党，有少量闲钱以及少量且非专业的理财经验。你希望去投资理财产品以获得比银行存款更高的收益，却没有时间和精力去研究市场，更没有能力规避金融市场的过高风险。你希望能花少量的精力和成本便能进行专业而高收益的投资。

而现在，有人告诉你恰好有这样一个平台，只需要定期存钱，每天改变一下投资产品的比例，就能以更少的时间和精力获得更高的理财收益。你能专注于自己的工作，不用实时盯盘。并且该平台能够保证你账户里的每一分钱都用于投资。这听起来并不是传销，也不是未来金融科技的幻想，而是现在已经投入使用的产品。实际上，在美国，现在这样的公司并不少，并且它们有一个共同的名字——智能投资顾问（Robo-Advisor，以下简称"智能投顾"）。这个被称为 Robo-Advisor 的创新理财模式经过几年的艰难起步，得到了市场的认可，同时也给整个财富管理行业带来了颠覆性的变革。

以美国成立于 2010 年的 Betterment 公司为例。Betterment 是一个个人投资管理平台，它创立的初衷是"我们帮你管理财富，这样你可以去追求更美好的生活"。它会帮你做投资品种、市场等投资方面的研究，然后根据你提供的要求和风险偏好，给出投资建议，并利用人工智能技术来辅助你投资。你唯一需要操心的就是决定投资的金额和品种。

也许你会质疑，这样操作简单的产品是否可信，能否真的为你带来收益。然而，Betterment 公司成功的业绩却给了我们信心。Betterment，是美国最大的独立数字化投资顾问公司，有着"智能投顾鼻祖"之称。简便、不设最低投资额、低交易成本等优势让 Betterment 很快打开市场，同时也掀起了智能投顾的热潮。2010 年年底，该公司得到了 A 轮融资，此后进入一段快速发展期。到 2011 年年底，公司的客户就超过了 1 万户。2010—2015 年，Betterment 共获得了 4 轮融资，估值超过 5 亿美元（约

34亿元人民币)。然而,随着金融科技(Financial Technology,FinTech)整体增长放缓、传统金融机构技术更加成熟,独立智能投顾公司开始感觉到激烈的竞争。尽管低费用、低税率等曾经是互联网公司的专利,但是传统金融机构的已有客户群更多,资金实力更强大,资产管理规模很快就超过了初创金融科技公司;因此在2016年之后,Betterment的发展也遭遇了瓶颈。增速放缓让Betterment开始寻求技术和服务模式等方面的改变。Betterment开始意识到将人类完全排除在投资行为外是不现实的,因此Betterment进行了战略调整,改变单一的机器投资手段,推出了人机结合的投资产品,同时增加了新产品线Betterment for Advisor,瞄准B端市场,寻找新的增长机会。此时Betterment通过手机APP提供在线金融服务,不仅使用机器算法来决定投资方向,而且还推出了两种人工顾问服务:(1)Plus为客户提供一年的人工咨询服务,并且帮助客户监视账户;(2)Premium提供终生咨询服务。这两种服务的收费要比机器人高出一倍,对账户资金规模也有一定的要求,主要服务对象为更为富有的人群。这一策略帮助了Betterment在智能投顾市场突出重围。在推出新产品线后,Betterment的资产管理规模增加了60亿美元。Betterment于2017年7月再获融资,融资金额为7000万美元。同年,Betterment管理资产规模净额超过90亿美元,拥有约27万用户。Betterment公司不仅是智能投顾领域的开创者,也已经发展成为智能投顾领域的著名领导者。截至2018年3月,Betterment公司拥有约300 000名客户,管理的资产达135亿美元。

Betterment并不是智能投顾的个例。目前,全球像这样的智能投顾公司还有很多,它们不仅仅适用于非专业投资者,还包括投资经理等专业人士。接下来本书将带你走进智能投顾的世界。

## 1.1 金融科技的兴盛

信息技术的每一次飞跃都带动金融的发展。移动互联网带动了互联网金融的发展,而大数据、人工智能等最新一代信息技术及其他前沿科技,正在带动金融科技(FinTech)突飞猛进。多种颠覆性技术创新相互叠加,会带来更为颠覆性的技术变革,成为经济发展的新引擎。智能投顾便是在金融科技和人工智能这两大创新技术的发展下应运而生。

金融科技是回归金融本源的开始、是科技改造金融的开始、是尊重金融风险的开始、是一切梦想开始的地方。因此，智能投顾的诞生，需要从金融科技谈起。

### 1.1.1 金融科技的概念

金融科技，是金融与信息技术的有机结合。金融科技通过人工智能等新技术，创新金融产品和服务模式，包括新的业务模式、应用、流程或产品等，以改善客户体验、提高服务效率，对金融市场、金融机构或金融服务的提供方式造成重大影响[1]。其参与者不仅包括为金融机构提供人工智能技术服务的公司，也包括传统金融机构、新兴金融业态以及金融业不可或缺的监管机构等；这些参与者共同组成智能金融生态系统。

金融的发展与科技的发展是密切相关的，金融机构一直是信息技术最积极的实践者。历次产业的变革发展都离不开科技与金融资本的相互推动。科技驱动金融并非始于当今，而是早已有之。进入21世纪后，随着移动互联网的普及，互联网金融得到长足发展。云计算、大数据、区块链、人工智能等快速发展，使得金融科技踏入2.0时代。这个时代已经是以技术为核心的时代，不掌握技术就没有服务可言，因为没有技术就没有任何竞争力。科技驱动金融的发展大致经历了金融电子化和信息化、金融网络化和移动化、金融自动化和智能化三个阶段，如图1-1所示。

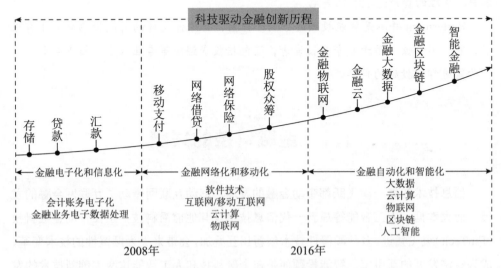

图1-1 金融科技的发展阶段

过去，科技企业在金融领域中一般扮演提供技术服务和解决方案的平台类角色，金融技术的革新主要由金融机构发起和主导。而现在，大量的初创新金融科技公司不满足于为现有的金融机构来提供技术支持，他们试图通过改变玩法、改良赋能等来推动金融领域的创新与赋能。如陆金所、微贷网、拍拍贷等新兴的互联网金融企业，也纷纷加入金融科技的行业，获得的融资额超过 5000 万人民币。而传统行业的公司借助金融公司的科研力量，也得以向金融科技转型。如挪威国油（Statoil）、荷兰银行（ABN Amro）等借助最新的信息技术，打造了一个基于商品贸易的区块链数字平台，开拓了金融科技的市场。

金融科技可以通过各类技术，如人工智能、大数据、云计算、区块链等，帮助金融机构克服传统的结构性障碍和烦琐的工作流程，为金融机构的改良赋能。如基于大数据技术、机器学习计算框架等，使客户分析更具有时效性、精准性、个性化强等特点，实现智能精准营销。通过高维机器学习建模技术，可以全面精细地刻画用户的个性化偏好，实现"千人千面"的精准营销；可以同时应用于精准获客（也称产品找人）和产品个性化推荐（俗称人找产品）两大领域，以满足业务不同的营销诉求。随着新技术更多地与金融行业相互融合，智能科技在为金融行业提供更多想象空间的同时，也在一定程度上改良了金融行业，使金融行业发生重大变革。

## 1.1.2　金融科技的全球发展态势

FinTech 这一词条最早起源于美国华尔街。FinTech 在硅谷得天独厚的科技土壤里和美国成熟完善的金融市场机制下，经历了资金融通渠道创新和产品服务创新，以及现阶段以比特币、区块链技术为代表的对传统信用和货币的颠覆创新。而在中国，虽然 FinTech 是舶来品，但丝毫不妨碍其发展势头之迅猛。从企业数目以及融资数额来看，全球金融科技产业正处于高速增长态势。毕马威的《金融科技脉搏》报告显示，2020 年上半年全球金融科技融资额为 256 亿美元，企业风险投资保持强劲势头。其中全球网络安全投资额突破 2019 年的 5.923 亿美元，达到 8.708 亿美元。2019 年全球金融科技融资额为 1504 亿美元，较 2018 年的 1118 亿美元增长 34.5%；2019 年全年金融科技领域达成 3655（962+2693）宗交易，较 2018 年的 2196 宗有所增加。在金融科技领域，风投资金的地域多样性不断增加，持续拉动交易量，而较大规模的金融科技中心也出现投资集中流向大宗交易[2]的现象①。

---

① https://home.kpmg/cn/zh/home/news-media/press-releases/2019/02/global-fintech-investment-rockets-to-a-record-usd111-billion-in-2018.html。

从 2013 年到 2019 年这 7 年时间里,全球金融科技投融资数额增长近 8 倍,具体数据见表 1-1。

表 1-1 全球金融科技投融资笔数及金额

| 投融资 | 2013 年 | 2014 年 | 2015 年 | 2016 年 | 2017 年 | 2018 年 | 2019 年 |
| --- | --- | --- | --- | --- | --- | --- | --- |
| 投融资金额(亿美元) | 189 | 454 | 671 | 634 | 508 | 1118 | 1504 |
| 投融资笔数(例) | 1132 | 1543 | 1925 | 1893 | 2165 | 2196 | 3655 |

资料来源:毕马威。

美国的金融科技产业诞生于金融危机前后。技术企业基于普惠金融的理念,聚焦于传统金融体系极少覆盖到的人群,如年轻群体,利用人工智能、大数据、云计算等手段,颠覆了金融领域财富管理的二八定律。

美国是全球金融科技的领军者。2020 年第二季度,北美地区金融科技投融资规模为 48.9 亿美元,占全球的比重高达 40%。美国的金融科技公司主要分布在科技重镇硅谷附近以及传统金融中心纽约曼哈顿一带[①]。其核心优势有以下几个方面:(1)较发达的基础设施。美国在金融和科技这两方面都有深厚基础。它拥有全球最发达的金融体系;同时,也是大数据、人工智能、区块链等赋能 FinTech 的技术领域的领军者。(2)较强的创新活力。美国在科技研发等领域投入的资金规模和相应的资源位居全球第一,同时也是世界上发明专利最多的国家。(3)政府松弛有度的监管模式。美国对金融科技实施功能性监管,把金融科技所涉及的业务按照功能进行分类,并全部纳入现有的金融监管体系,而对现有法律没有涉及的新领域,则采用适时适度的调整立法,为产业创新划定相应的活动空间[4]。

英国是欧洲金融科技市场的领头羊,也是全球最早的金融科技市场之一。虽然受脱欧及欧洲经济乏力的影响,自 2016 年起投资逐渐疲软,但依然居于全球前三位。利用金融科技业务包含小微贷款、众筹、国际汇兑、移动支付、大数据分析、监管科技等。英国是世界上金融、科技、教育的发达国家,其人才等基础设施条件非常优越。除此之外,英国还在世界范围内率先推出了监管沙盒计划(Regulatory Sandbox),重点在于鼓励金融创新,助力金融科技。具体而言,沙盒计划奠定了英国金融行为监管局(Financial Conduct Authority,FCA)对金融创新的态度,督促其在金融科技创新前制定相关措施来保护消费者,在金融科技创新后及时发现并且进行修正相关限制创新的监管规定,以此来保护消费者的长远利益。

---

① https://www.venturescanner.com/。

除了欧美国家，亚洲国家在金融科技领域也不落后。世界上最大、最早成立的比特币交易的平台——MT.Gox 便成立于日本。但日本的金融科技之路并不是那么平坦的。在 2014 年年初，MT.Gox 遭黑客攻击，744 000 个比特币被盗，这一交易量造成全球前五的交易所于同年 2 月破产关闭。在 MT.Gox 黑客攻击事件发生后，日本的金融科技热潮急转直下、迅速冷却。在 2014 年日本 120 亿美元的投资总额中，金融科技领域的投资数额仅占 0.4%。《安永 2019 年金融科技采纳率指数》显示，在日本的金融行业中，金融科技的采纳率只有 34%，虽然和 2017 年相比增长速度已超过 100%，但仍在 27 个被调查的市场中排名最后。日本的金融科技发展水平，与其金融行业自身的发展速度不匹配，也与其世界第三大经济体的地位不相匹配。除此之外，日本人有较强的风险规避意识，对金融创新的态度非常谨慎。这些因素阻碍了日本金融科技的发展，日本社会对金融科技的需求也一直处于疲软状态。直至 2015 年，日本政府开始意识到金融科技的重要性，公开鼓励银行进行金融科技改革。在监管层面，日本金融监管局允许银行收购非金融企业全部的股权，鼓励三大超级银行与金融科技初创企业建立合作关系，来开发金融科技服务和技术，包括智能投顾等等。2018 年，日本金融局针对金融服务的提升提出了《日本金融数字化战略》，为了推广 FinTech，设立了 FinTech 创新中心，针对金融科技可能带来的问题，进行监管管制改革；针对金融科技创新企业的需求，积极促进与新兴企业讨论交流，探索金融科技的发展趋势和方向。

图 1-2 呈现了中国、美国、日本的金融科技生态。北美地区金融业发展较为成熟，金融服务人群覆盖比例高，消费者对基本金融需求满足程度较高，金融科技侧重于为消费者提供更加便捷的金融服务，作用更类似于"锦上添花"。在亚太地区，特别是以中国和东南亚各国为代表，金融服务水平相对较低，仍存在大量未开发的市场，金融科技使金融服务触及海量长尾用户，作用更类似于"雪中送炭"。整体来看，亚太地区对金融科技应用的市场需求广阔，发展潜力巨大[①]。

欧美和亚太地区的金融科技市场对比见表 1-2。依赖于成熟的金融服务体系和雄厚的技术创新实力，欧美金融科技发展位居全球领先地位，而亚洲地区最近两年才发展比较迅速。

---

① 《中国金融科技产业生态分析报告》，http://www.chinamfi.net/upload/link/1801/f171458.pdf。

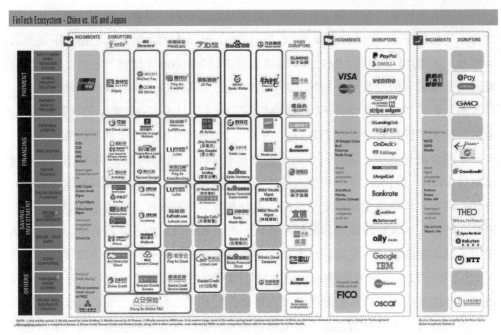

图 1-2　中国、美国、日本的金融科技生态

（摘自高盛专题研报《2017 中国金融科技的崛起》（*The Rise of China FinTech*））

表 1-2　全球金融科技市场定位对比

| 项目 | 欧美 | 亚太 |
| --- | --- | --- |
| 市场现状 | 消费者基本金融需求满足度较高，金融服务人群覆盖比例高 | 大量消费者没有获得正规的金融服务 |
| 市场定位 | 在零星领域起补充作用，侧重于为消费者提供更加便捷的金融服务 | 服务广大的未开发市场，侧重于长尾用户的拓展 |
| 市场价值 | 锦上添花 | 雪中送炭 |
| 落地方式 | 原创技术，并自主探索新的商业模式 | 快速地借鉴，并根据当地环境改变商业模式 |

资料来源：《中国金融科技产业生态分析报告》。

在全球金融科技众多的应用领域中，支付和借贷领域的金融科技应用最为广泛。毕马威发布的"2019 金融科技 100 强"企业中，支付企业有 27 家上榜，之后是理财公司（19 家）、保险公司（17 家）、借贷公司（15 家）。从 2018 金融科技领域前十大融资项目中也可以看到，支付/交易类项目占一半，该领域的投融资热度至今还在持续。

## 1.1.3 金融科技在中国

金融科技虽然在中国起步比较晚，但由于中国金融市场储蓄率高，消费上涨速度快，金融科技在中国尚未成熟的金融市场中高速发展。其实，早在1993年，中国的金融企业就开始利用金融科技技术，只不过当时的金融科技只作为传统金融机构的基础系统，并没有引起金融机构过多的重视。自1993年开始的金融科技1.0——"金融电子化"阶段，其主要功能是在银行内部用于优化数据采集和处理等功能，通过计算机处理数据和流程可以提高服务效率和管理水平，依赖于银行、证券公司等而存在的。到了金融科技2.0时代，它有另外一个更为大众熟悉的名字——互联网金融。互联网金融时代造就了用户为王的商业逻辑，改变了原有金融体系中的客群生态，各家金融机构开始争抢"利基（Niche）市场"。而互联网经济中盛行的"大鱼吃小鱼"则导致以四大国有银行为代表的大型金融机构逐步向全牌照的金融集团演变，以BAT（百度，阿里巴巴，腾讯）为代表的互联网巨头则顺应泛金融化的趋势，积极布局全闭环的金融生态链。与此同时，互联网经济中另一盛行的规则——"快鱼吃慢鱼"则催生各种金融乱象[5]。在监管界限未能及时划清、金融立法滞后的时期里，不法分子打着金融创新的幌子游走于监管和法律的灰色边缘。各类第三方支付、P2P、众筹、网贷平台层出不穷，随即而来的"人去楼空"也时有发生。

在政府层面，国家高度重视金融科技应用对金融监管能力的强化和金融转型发展的促进等多方面的作用。2017年5月，中国人民银行专门成立了金融科技委员会，旨在加强金融科技工作的研究规划和统筹协调[6-7]。2017年6月，中国人民银行印发《中国金融业信息技术十三五发展规划》指出，"十三五"期间金融信息技术工作的发展目标包括金融信息基础设施达到国际领先水平、信息技术持续驱动金融创新等。2017年7月，国务院印发的《新一代人工智能发展规划》专门提出了"智能金融"的发展要求，指出要建立金融大数据系统，提升金融多媒体数据处理与理解能力①；创新智能金融产品和服务，发展金融新业态；鼓励金融行业应用智能客服、智能监控等技术和装备；建立金融风险智能预警与防控系统②。同时，政府也开始对金融科技行业进行规范：如网贷行业全面整改，ICO融资活动紧急叫停，第

---

① 黄鱼，《何宝宏：金融科技重塑金融行业"三大链"》，《人民邮电报》，2018-01-25。
② 《新一代人工智能发展规划（2017年）》，http://pmoa4f1ea.pic30.websiteonline.cn/upload/az9e.pdf。《中国金融科技前沿技术发展趋势及应用场景研究》，http://www.caict.ac.cn/kxyj/qwfb/ztbg/201804/P020180116491991162222.pdf。

三方支付牌照不断收紧，各个地方政府也制定了一些政策来规范其金融科技创新。2019年8月，央行印发《金融科技（FinTech）发展规划（2019—2021年）》（以下简称《规划》），明确提出未来三年金融科技工作的指导思想、基本原则、发展目标、重点任务和保障措施。《规划》指出，金融科技是技术驱动的金融创新。金融业要以习近平新时代中国特色社会主义思想为指导，全面贯彻党的十九大精神，按照全国金融工作会议要求，秉持"守正创新、安全可控、普惠民生、开放共赢"的基本原则，充分发挥金融科技赋能作用，推动我国金融业高质量发展[1]。《规划》还提出，到2021年，建立健全我国金融科技发展的"四梁八柱"，进一步增强金融业科技应用能力，实现金融与科技深度融合、协调发展，明显增强人民群众对数字化、网络化、智能化金融产品和服务的满意度，推动我国金融科技发展居于国际领先水平，实现金融科技应用先进可控、金融服务能力稳步增强、金融风控水平明显提高、金融监管效能持续提升、金融科技支撑不断完善、金融科技产业繁荣发展[2]。

金融科技在中国目前发展得非常快。中国尚未成熟的金融市场给予金融科技快速发展的土壤，传统的金融机构也逐步加大了对金融科技的投入。例如，2017年，招商银行成立了金融科技创新项目基金，基金总额占上年税前利润的1%（约7.9亿元），2018年又提高到上年营业收入的1%（约22.1亿元）；中国银行也大幅增加了对金融科技的投入，除常规科技投入之外，每年投入的科技研发资金不得低于当年营业收入的1%（约50亿元）；平安集团在过去十年科技方面投入了500亿元，且每年都按照当年营业收入的1%进行投资，预计未来十年的科技支出或超过1000亿元。除了对金融科技的投入，传统金融机构也开始积极探索金融科技转型之路。随着市场和政策等环境的变化，新兴金融科技的蓬勃发展，传统金融机构将其自身的金融基因与创新型企业的科技基因有机地结合起来，成为新金融科技背景下的一支重要力量。如各大国有银行与互联网龙头企业合作，中信与百度联手，促成首家独立法人直销银行——百信银行的设立。图1-3和图1-4为毕马威统计的2019年中国领先金融科技企业50榜[3]。虽然中国的金融科技规模庞大，但普华永道的调查显示，仍然有超过60%的传统金融机构认为科技投入不够，对金融科技的投资金额有很高的期待值，仅有不到20%的受访者认为投入足够。

---

[1] 杜川，《央行金融科技规划有六大重点》，《第一财经日报》，2019-08-23。
[2] 中国人民银行，《金融科技（FinTech）发展规划（2019—2021年）》。
[3] https://assets.kpmg/content/dam/kpmg/cn/pdf/zh/2020/01/2019-fintech-50.pdf。
　　https://assets.kpmg/content/dam/kpmg/cn/pdf/zh/2020/01/china-fintech-50-company-report.pdf。

*以下名单按照拼音首字母顺序排序，排名不分先后

| 简称 | 历年入围情况 | 简称 | 历年入围情况 |
|---|---|---|---|
| 阿博茨科技 | 2019 | 陆金所控股 | 2019/2018/2017/2016 |
| 爱保科技 | 2019/2018 | 联易融 | 2019 |
| 阿法金融 | 2019 | MinTech | 2019 |
| 布比区块链 | 2019/2018/2017 | 马上金融 | 2019/2018/2017/2016 |
| 冰鉴科技 | 2019/2018/2017/2016 | 蚂蚁金服 | 2019/2018/2017/2016 |
| 百融云创 | 2019/2018/2017/2016 | 妙盈科技 | 2019/2018 |
| 保险极客 | 2019 | 平安壹钱包 | 2019 |
| 百信银行 | 2019/2018 | 蔷薇大树金融 | 2019/2018 |
| 保准牛 | 2019/2018 | 360金融 | 2019 |
| 车300 | 2019 | 苏宁金融 | 2019 |
| 车车科技 | 2019 | 通付盾 | 2019/2018/2017 |
| 豆包网 | 2019/2018 | 通联数据 | 2019/2018/2017 |
| 度小满金融 | 2019/2018/2017/2016 | 腾讯金融科技 | 2019/2018/2017/2016 |
| 分布科技 | 2018/2017/2016 | 天云数据 | 2019/2018/2017/2016 |
| 凤凰金融 | 2019 | 万向区块链 | 2019 |
| 福米科技 | 2019/2018/2017 | 文因互联 | 2019 |
| 富途证券 | 2019/2018/2017/2016 | 维择科技 | 2019 |
| 慧安金科 | 2019 | 微众信科 | 2019 |
| 虎博科技 | 2019/2018 | 微众银行 | 2019/2018/2017/2016 |
| 汇付天下 | 2019/2018/2017/2016 | 雪球 | 2019/2018 |
| 汇立(WeLab) | 2019/2018/2017/2016 | 新网银行 | 2019 |
| 和逸信息科技 | 2019 | 犀语科技 | 2019 |
| 慧择保险网 | 2019/2018/2017 | 小雨伞保险 | 2019 |
| 金蝶金融 | 2019 | 信用算力 | 2019/2018 |
| 京东数字科技 | 2019/2018/2017/2016 | 寻汇 | 2019/2018 |
| 金斧子 | 2019/2018/2017/2016 | 盈米基金 | 2019 |
| 佳格天地 | 2019 | 众安保险 | 2019/2018/2017/2016 |
| 金融壹账通 | 2019/2018 | 众享比特 | 2019 |
| 建信金融科技 | 2019 | 追一科技 | 2019 |
| 价值在线 | 2019 | 中译语通 | 2019 |
| 空中云汇 | 2019 | 中证信用 | 2019 |

图1-3　2019年中国领先金融科技企业50榜（非上市企业）

| 企业简称 | 上市时间/年份 | 上市地 |
|---|---|---|
| 富途证券 | 2019 | 美国纳斯达克 |
| 汇付天下 | 2018 | 香港交易所 |
| 金融壹账通 | 2019 | 美国纽交所 |
| 融360 | 2018 | 美国纳斯达克 |
| 众安保险 | 2017 | 香港交易所 |

图1-4　2019年中国领先金融科技企业50榜（上市企业）

中国金融市场总体规模位居全球前列。2017年中国金融科技企业的营收总规模达到6541.4亿元，同比增速55.2%；2019年中国金融科技应用率平均值达到78.3%，较2018年整体提升了3.6%，其中成绩差异突出，杭州以93.5%的金融科技应用率连续三年领跑全国（见图1-5）。2019年由毕马威公司发布的《全球金融

科技100强》报告中,排名第一和第三的都是中国企业,进入前十的企业有4家是中国企业,接近半壁江山。其中,蚂蚁金服依靠出色的技术优势以及金融销售服务模式,成为全球金融科技企业的典型代表;京东数字科技通过提供全方位的数字解决方案位居第三。据不完全统计,2018年上半年,中国金融科技企业总共获得约150亿美元的投资,为金融科技的发展提供了资金支持,表1-3呈现了2018年金融科技行业的融资规模。

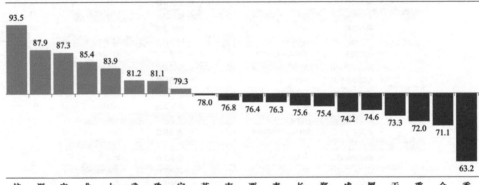

图1-5 中国金融科技应用率

表1-3 2018年获得1亿美元以上融资的金融科技企业

| 排名 | 企业名称 | 注册地 | 业务领域 | 融资金融/亿美元 | 融资轮次 |
| --- | --- | --- | --- | --- | --- |
| 1 | 蚂蚁金服 | 杭州 | 综合金融 | 140 | C轮 |
| 2 | 点融 | 上海 | 网络借贷 | 2.9 | D轮 |
| 3 | 闪银 | 北京 | 消费金融 | 1.6 | D轮 |
| 4 | 美利金融 | 北京 | 消费金融 | 1.3 | B轮 |
| 5 | 天天拍车 | 上海 | 支付交易 | 1 | D轮 |

从用户渗透率来看,最近几年网络信贷、网络资管、电子支付等的用户渗透率均呈现显著上升趋势。尤其是电子支付领域,以支付宝和微信支付为代表的移动支

付工具快速发展，六年间第三方支付规模扩大了 74 倍，截至 2019 年年初，微信支付用户已经超过 8 亿户；截至 2019 年 1 月，支付宝在全球有 10 亿户的年活跃用户。

从地区分布来看，在国内领先金融科技企业 50 强中，入围企业大多都集中在北上广深等一线城市。究其原因，是因为一线城市是科技和金融人才和产业的聚集地，具备资源优势。在浙大 AIF 司南研究室发布的《2020 全球金融科技中心城市报告》中，北京、上海等 20 个总得分靠前的城市被划分为 5 个全国金融科技中心城市、5 个区域金融科技中心城市和 10 个金融科技特色城市。可以明显看到，京津冀、长三角和粤港澳大湾区已成为世界级的金融科技高地，中部城市也逐步崛起。具体而言，北京、上海、深圳、杭州与广州依次位列第 1～5 名，成为名副其实的全国金融科技中心城市；香港、南京、成都、武汉与苏州位列第 6～10 名，为区域金融科技中心城市；宁波、青岛、重庆、天津、合肥、长沙、西安、珠海、厦门与郑州位列第 11～20 名，为金融科技特色城市。其中，北京、上海连续三年位列第一与第二，杭州、深圳逐鹿激烈并列全国第三，广州超越香港排名第五。除此之外，众多城市加强发力，成都、武汉等中部城市逐步崛起，本期新增城市苏州各方面表现喜人，进入前十，新增城市珠海在金融科技体验方面排名位列全国第七，宁波、青岛、长沙较 2018 年均进步 4 名。

在国内领先金融科技企业 50 强中，大数据与数据分析类公司占比较高，中国的金融科技企业对大数据分析更加关注，94% 的中国领先金融科技企业将大数据视为自身发展的核心技术。此外，中国在信贷、支付等 FinTech 领域优势明显，这部分是由于中国金融行业发展时间相对较短，尤其是面向消费者的信贷、支付等领域的服务普及率较低，为 FinTech 企业在这些领域发展提供了巨大的空间①。

## 1.2 人工智能的崛起

2016 年 AlphaGo 带动各行各业掀起人工智能的浪潮，例如在零售领域中的智慧供应链和无人仓 / 无人车等；在医疗领域的医学研究和药物挖掘等，在家具领域的物联网生态系统等。金融行业也不例外，把人工智能与金融业务结合起来，将迈向更加智能的"科技金融"。人工智能是智能投顾的基石，借助机器人在金融市场中交易，让机器人执行其投资指令或投资建议，让自己获得超额收益。如果能这

---

① 莫莉，《中国经济持续向好》，《金融时报》，2018-03-03。

样,那么客户就愿意付费去采购这样的机器人,这个神秘的机器人就是期待的"智能投顾"。

## 1.2.1 人工智能的概念

人工智能是一门研究、开发用于模拟、延伸和扩展人的智能的理论、方法、技术及应用系统的新的技术科学,是计算机科学的一个分支[8]。现代人工智能概念的提出者约翰·麦卡锡认为,机器不一定需要像人一样思考才能获得智能,而重点是让机器能够解决人脑所能解决的问题[9]。人工智能核心技术发展的两条主线分别是脑科学和类脑科学的研究。

## 1.2.2 人工智能的全球发展态势

自 1956 年"人工智能"这一概念提出至今,其发展大致可以分为三个阶段。第一阶段,此时人工智能概念刚刚被提出,基于数理逻辑推理的符号主义(Symbolism)快速发展。然而,由于符号主义的思想无法表达所有事物,以及受到计算机性能等因素的限制,人工智能发展遭遇了第一次低谷。第二阶段是连接主义,这一阶段的核心是神经元网络与专家系统推广,通过用计算的方式呈现人的神经系统来仿制智能。在此基础上,专家系统得到快速发展,人工智能实现了从理论研究到实际应用的转变。但由于开发维护成本较高,专家系统在推理能力和知识获取等方面还存在不足,人工智能的发展再次进入低谷。

在经历两起两落之后,2006 年,杰夫·辛顿在理论上解决了原有神经网络规模难拓展、无法处理复杂情况的问题,推动了深度学习理论突破,加上 21 世纪之后大数据的积聚、计算机性能的提升等因素,进而形成了人工智能发展的第三次浪潮。2016 年 3 月,谷歌公司研发的人工智能围棋软件 AlphaGo 迎战韩国职业九段棋士李世石,AlphaGo 以四胜一败的成绩取得了胜利。这场对决是人工智能第一次在围棋领域中战胜人类最高水平,标志着人工智能领域取得了突破性进展,也推动了人工智能的第三次浪潮(增长爆发期)的发展。人工智能具体的发展历程如图 1-6 所示。

目前人工智能发展势头迅猛,全球对人工智能发展表现出的兴奋与担忧交织难分。各个国家都发布了不同的政策来支持人工智能的发展,如图 1-7 所示。

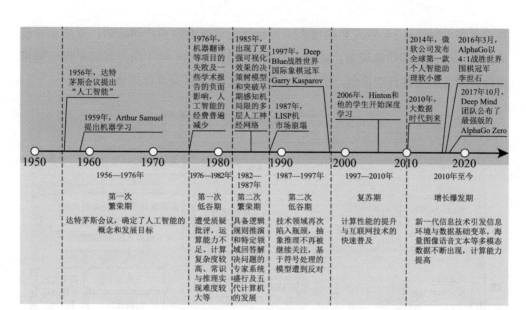

图 1-6　人工智能发展历史

欧美各国以及国际组织均投入巨大的资源以及出台相关发展规划，以期自己能够在这次人工智能新变革中占据主动甚至主导地位。

**美国**：2016 年 5 月，白宫刊发报告《为人工智能未来做好准备》（*Preparing for the Future of Artificial Intelligence*），并决定在美国国家科学技术委员会中设立"人工智能和机器学习委员会"。同年 10 月，美国公布《国家人工智能研究与发展策略规划》，确立了美国在人工智能领域的七项长期战略，具体包括：长期投资人工智能研发领域；开发人机协作的有效方法；理解和应对人工智能带来的伦理、法律和社会影响；确保人工智能系统的安全性；开发人工智能共享数据集和测试环境平台；建立标准和基准评估人工智能技术；更好地把握国家人工智能研发人才需求[10, 11]。2017 年 12 月，美国国会提出两党法案——《人工智能未来法案》（*FUTURE of Artificial Intelligence Act of 2017*），美国在人工智能领域的首部联邦法案。虽然从内容上看，该法案并没有提出明确的规制措施，但其起到了为后续的法案及政策出台做准备的作用，对于促进人工智能应用和创新以保持美国在该领域的全球竞争力有重要作用。

**欧盟**：2016 年，欧盟启动"地平线 2020"项目，计划投资总额 770 亿欧元。2018 年 5 月，欧盟委员会宣布未来在人工智能领域将采取以下三大措施：（1）至 2020 年，将投放 15 亿欧元研发人工智能技术和应用，并预计公共资本和私人资本的投资总额达到 200 亿元。（2）为带动人工智能带来的就业岗位变化，需进行教育改革与升级。(3) 研究和制定人工智能新的道德准则和法律法规,以防止科技的发展带来的道德扭曲现象。此外,欧盟还计划在 2018 年年底与其成员国一同推出具体的人工智能合作计划,明确人工智能核心倡议以及具体的核心项目。

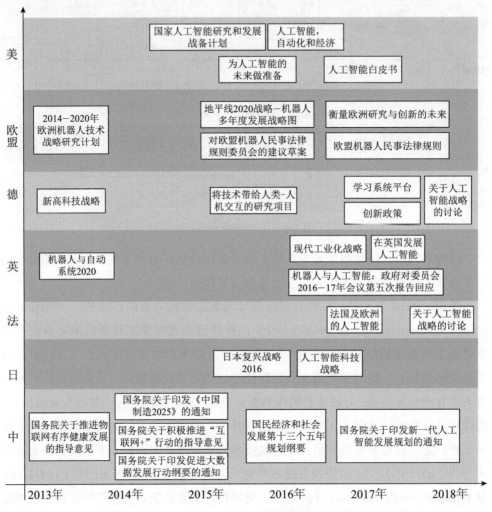

图 1-7 世界各国人工智能战略和政策

**英国**:2016 年 10 月,英国下议院的科学和技术委员会发布《机器人和人工智能》报告,该报告呼吁政府介入人工智能监管和建立领导体制。同年 11 月,英国政府的科学办公室发布《人工智能对未来决策的机会和影响》报告,表示将利用独特的人工智能优势,增强英国国力。2017 年 1 月,英国政府宣布了"现代工业战略",其中在人工智能、"智能"能源技术、机器人技术和 5G 无线等领域增加 47 亿英镑的研发资金。

**日本**：2016年1月，日本提出了建设"超级智能社会"和领先世界的超级智能社会服务平台，并且将人工智能跨部门政策写入2016年度第二次补充预算案中。2017年6月，日本内阁通过了名为"未来投资战略"的经济增长新战略。该战略提出，要把物联网、人工智能等第四次工业革命的技术革新应用到所有产业和社会生活中，以解决当前的社会问题，将政策资源集中投向健康、移动、供应链、基础设施和先进的金融服务这5个领域。具体目标包括，2020年正式将小型无人机用于城市物流；2022年卡车在高速公路编队自动行驶进入商业使用阶段①。

**中国**：2017年7月，中国发布《新一代人工智能发展规划》，提出了面向2030年新一代人工智能发展的指导思想、战略目标、重点任务和保障措施。"规划"明确了人工智能发展的三步走战略：到2020年，人工智能总体技术和应用与世界先进水平同步，人工智能产业成为新的重要经济增长点，人工智能技术应用成为改善民生的新途径；到2025年，人工智能基础理论实现重大突破，部分技术与应用达到世界领先水平，人工智能成为国家产业升级和经济转型的主要动力，智能社会建设取得积极进展；到2030年，人工智能理论、技术与应用总体达到世界领先水平，成为世界主要人工智能创新中心。同时提出了六个方面的重点任务：一是构建开放协同的人工智能科技创新体系，从前沿基础理论、关键共性技术、创新平台、高端人才队伍等方面强化部署；二是培育高端高效的智能经济，发展人工智能新兴产业，推进产业智能化升级，打造人工智能创新高地；三是建设安全便捷的智能社会，发展高效智能服务，提高社会治理智能化水平，利用人工智能提升公共安全保障能力，促进社会交往的共享互信；四是加强人工智能领域军民融合，促进人工智能技术军民双向转化、军民创新资源共建共享；五是构建泛在安全高效的智能化基础设施体系，加强网络、大数据、高效能计算等基础设施的建设升级；六是前瞻布局重大科技项目，针对新一代人工智能特有的重大基础理论和共性关键技术瓶颈，加强整体统筹，形成以新一代人工智能重大科技项目为核心、统筹当前和未来研发任务布局的人工智能项目群②。

从全球人工智能的专利分布来看，目前，中国已经成为全球人工智能专利布局最多的国家，数量略微领先于美国和日本，中、美、日三国占全球总体专利公开数量的74%。从全球人工智能人才分布来看，国际人工智能杰出人才集中于美英德

---

① 新华社，《日本未来投资重点领域是物联网和人工智能应用》，http://www.xinhuanet.com//world/2017-06/10/c_1121120138.htm。
② 新华社，《国务院印发〈新一代人工智能发展规划〉》，http://www.gov.cn/xinwen/2017-07/20/content_5212064.htm。

法等少数发达国家,中国等发展中国家杰出人才的比例显著偏低。截至2019年,中国从事人工智能基础研究的学者仅占全球总量的11%,科研机构占5%,仍落后于全球顶尖水平。

## 1.2.3 人工智能在中国

当前,人工智能大潮正汹涌奔来,冲击着衣食住行医等各个领域,势必将深刻改变人们的生产和生活方式。在这波浪潮中,中国如何抢占先机?中国能否站上世界的潮头?中国人工智能发展方面具有五大优势:人口多、市场大;多行业发展,有海量数据;资金充足;政府重视;理工科人才多。因此,中国人工智能的发展势如破竹。中国人工智能企业数量从2012年开始迅速增长,截至2018年6月,全球共监测到的人工智能企业总数为4925家,而其中,中国人工智能企业数量达到1011家,排名世界第二,但与美国的差距仍较为明显(见图1-8)。中国人工智能企业主要集中在北京、上海和广东等一线地区。在全球人工智能企业最多的20个城市中,北京以395家企业位列第一,上海、深圳和杭州的企业数量也不少。从成立时间看,中国人工智能创业企业的涌现集中在2012—2016年间,在2015年达到顶峰,新增初创企业数量达到228家,但自2016年开始,增速有所放缓[①]。

图1-8 人工智能创业公司数量

2017年中国人工智能投融资规模已占全球总规模的70%。虽然在过去的四年时间里,中国在人工智能领域发表的论文数量均位居世界第一,但与此不相称的是,中国的人工智能企业数量位居世界第二,仅为美国的一半。这证明了中国的人工智能科研水平较为前沿,但其在产学研结合方面仍需努力。

---

① 《中国人工智能发展报告2018》,http://www.clii.com.cn/lhrh/hyxx/201807/t20180724-3922939.html。

## 1.2.4 人工智能投融资状况

从投融资的角度来看，中国已成为全球人工智能投融资规模最大的国家。2019 年《斯坦福 2019 全球 AI 报告》显示，全球私有 AI 投资超过 700 亿美元，与 AI 相关的创业投资超过 370 亿元。2014—2019 年，全球人工智能初创企业获得 15 798 笔投资，平均额度为 860 万美元。中国在全球排名居第二位，2019 年融资金额为 967.27 亿元，融资数量为 431 笔。（见图 1-9）①。分地区来看，国内融资金额和笔数最多的是北京，而上海、浙江、江苏和广东等省市的表现也比较突出。

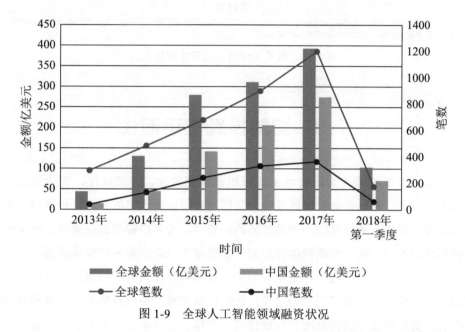

图 1-9　全球人工智能领域融资状况

2017 年中国人工智能市场规模达到 237.4 亿元，相比较于 2016 年增长 67%[13]。核心计算芯片也是巨头们战略布局的一环，谷歌升级 TPU3.0，阿里、华为、小米纷纷推出自己 AI 芯片产品，人工智能产业将继续增长并与垂直行业加深融合。人工智能落地的关键在于丰富多样的应用场景。如图 1-10 所示，2017 年全年最受关注的人工智能应用领域，前四位分别是金融、交通、教育和医疗。其中金融领域远远超过其他行业，智能投顾也深受瞩目。

---

① 《中国人工智能发展现状与未来》，中国经济报告，2018-10-05。

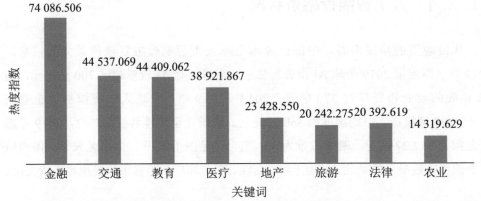

图 1-10　最受关注的人工智能应用领域

## 1.3　智能投顾应运而生

当前，人工智能＋金融技术主要应用在智能投顾、金融风控、智能监管、智能客服等方面。近年兴起的智能投顾，是指用有限或无人工的服务，根据用户大数据偏好特征分析，通过算法和产品搭建数据模型，为客户提供理财建议。随着金融科技向纵深推进，基于智能投顾应用的财富管理也显现出更多的市场机遇[①]。

智能投顾对传统金融的冲击不言而喻。花旗银行在报告中写道："智能投顾的兴起为个人投资者提供了更多的选择，让他们以相较于传统投资组合经理和财务顾问而言以更低的成本获得金融和投资建议。"颠覆，喻示着未来的无限可能。"聪明"的传统金融机构不会放过任何机会，但"去人工化"俨然已经成为资产管理行业的一种必然趋势。

方兴未艾的智能投顾领域现已成为 FinTech 的下一个风口。伴随着智能投顾的热潮，这股风也吹到了中国市场，引起了多方争相布局和抢占市场。由艾媒咨询发布的《2017年中国智能投顾市场专题研究报告》显示，2016年，我国互联网理财用户人数达3.11亿，预计到2017年年底，这一数据将达到3.84亿。而智联招聘发布的《2017年新中产调查报告》显示，我国新中产阶级可投资的资产在20万元至500万元之间，但投资理财自我评分仅为5.3分（总分为10分），认为自己的

---

① 陈彦蓉，《人工智能风口来袭　智能投顾发展几何》，《金融时报》，2017-08-28。

投资理财能力还远远不够。

由此，随着大众互联网理财观念的逐步普及，理财规模随之扩大，智能投顾以低成本、风险分散、无情绪化等特点恰恰迎合了中产阶层、大众富裕阶层理财的需要，加之人工智能获得国家层面的支持，智能投顾正催生我国互联网财富管理市场进一步扩容。

本书将分别从智能投顾的发展历史与业务流程、智能投顾的商业模式与技术支持、智能投顾的政策支持与生态系统三个方面来展开对智能投顾的介绍与分析，并在中国智能投顾市场专题研究报告的最后展望智能投顾的未来发展。

## 1.4 本书概览

本书重点对智能投顾的产生、发展、现状和未来发展趋势等进行梳理和研究。全书共包含9章，主要逻辑结构如图1-11所示。

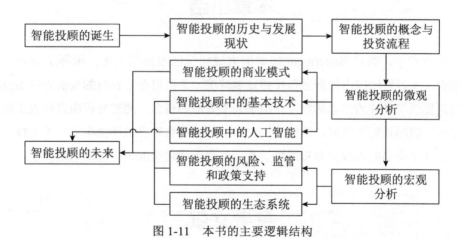

图1-11 本书的主要逻辑结构

在第2章中，首先从智能投顾技术的角度，纵向地介绍智能投顾的发展路线：智能投顾经过四个阶段的发展，从辅助投顾、半自动智能投顾最后到全自动智能投顾，逐步变得更加智能，更加能适应投资市场，并减少人的参与度。其次从智能投顾覆盖范围的角度，横向地介绍智能投顾的发展路线：智能投顾在全球范围内的发展历史、智能投顾如何在中国落地。纵观智能投顾的发展历史与现状，在第3章中明确智能投顾的概念，并通过展现智能投顾的投资流程，从而帮助读者更好地理解智能投顾的概念。

第 4～6 章将从微观角度介绍智能投顾的商业模式与技术支持。在第 4 章中，首先介绍智能投顾主要服务于何种人群、更倾向于投资何种标的，以及智能投顾公司如何使用和推广营销智能投顾产品。第 5 章将介绍传统经济学、统计学、行为学背景下智能投顾的投资理论。第 6 章将介绍在人工智能和金融科技背景下智能投顾的前沿金融智能技术。

第 7 章和第 8 章将从宏观角度介绍智能投顾的政策支持与生态系统。第 7 章将借鉴海外的智能投顾监管经验，从经验中总结智能投顾的监管难点，并介绍现有的智能投顾的监管框架体系和监管技术架构，最终介绍中国政府在智能投顾监管中的指导和行动。第 8 章将介绍金融科技的生态系统，进而阐述智能投顾生态系统的概念与构成、维护和优化。

第 9 章将对智能投顾做出总结和展望。该章将分析人工智能的发展趋势给智能投顾带来何种影响，最终展望智能投顾的未来。

## 本章小结

在本章中，通过 Betterment 的案例来说明智能投顾的诞生；阐释了金融科技的概念，通过对比国内外金融科技的发展状况，总结出金融科技的兴盛为智能投顾的发展提供了良好的生态环境；介绍了人工智能的概念，通过分析国内外人工智能技术的发展和投融资状况，总结出人工智能的崛起为智能投顾提供了技术支撑。最后，总结了全书的内容分布和逻辑关系，以帮助读者全面地把握本书的内容。

## 参考文献

[1] 赵昌文. 科技金融 [M]. 北京：科学出版社，2009.
[2] 全湘溶，吴辉. 我国金融科技发展面临的机遇和挑战 [J]. 信息通信技术与政策，2019（4）：75-78.
[3] 杨望，王菲，王虹珊. 解密全球六大 FinTech 市场发展动因 [J]. 当代金融家，2018（5）：120-123.
[4] 杨望，王菲. FinTech 监管重建金融生态平衡 [J]. 金融世界，2017（11）：42-45.
[5] 戴润静. 金融科技监管的国际经验 [J]. 清华金融评论，2017（10）：97-99.

[6] 王熙. 探索"云大智链"发展机遇下的金融科技创新 [J]. 通信世界，2018（4）：47-47.

[7] 刘霄华. 监管科技发展应用的域外经验借鉴及启示 [J]. 金融科技时代，2019（7）：26-29.

[8] 石纯一，黄昌宁，王家钦. 人工智能原理 [M]. 北京：清华大学出版社，1993.

[9] JOHN MCCARTHY. Artificial Intelligence, Logic and Formalizing Common Sense[J]. Philosophical Logic and Artificial Intelligence，1989：161-190.

[10] 廖斌，刘玉祥，刘欢. 防空武器装备智能化发展探究 [J]. 科学技术创新，2018（18）：20-21.

[11] 李彬. 迎接人工智能时代 [J]. 大众科学，2017（9）：16-21.

[12] 亿欧. 2020 全球人工智能人才培养研究报告 [R]. 亿欧智库，2020.

[13] 杨望. 金融科技未来走向何方？ [J]. 科技与金融，2019（7）：51-54.

# 第 2 章
## 智能投顾的历史与发展现状

## 案例

### 中美智能投顾发展比较

智能投顾起源于美国,得益于美国市场量化投资和ETF(Exchange Traded Funds,交易型开放式指数基金)的蓬勃发展,2008年硅谷的两家金融科技初创公司Wealthfront和Betterment先后推出了以优化长期资产配置为目标的智能投顾产品。美国智能投顾大致可以看成"平价版"投资顾问,是传统投资顾问业态的替代。2016年3月,谷歌围棋AlphaGo战胜了韩国棋手李世石的事情引起了大众对人工智能技术的新一轮强烈关注,中国金融科技领域也因此掀起了智能投顾的服务创新模式,国内的智能投顾也多主打机器学习、大数据、云计算等概念。然而,国内的智能投顾与美国智能投顾在产品与商业模式上存在着较大的区别。区别的根源是什么?投资标的还是监管政策?盈利模式还是商业模式?这些区别是否会导致中美智能投顾的不同结局?让我们先从投资标的、监管政策、服务类型、客户结构这四个方面,对比一下中美智能投顾的发展脉络。

**从投资标的来看**:由于美国市场的ETF产品丰富,而且被动型基金产品①费率较低,因此,被动化投资策略是大多数美国智能投顾公司的选择,投资产品主要为ETF[4]。自1993年美国发行全球第一只ETF基金SPDR以来,美国ETF基金快速发展。截至2019年年底,美国市场ETF数量达2343只,覆盖股票、债券,以及贵金属、能源期货等各个投资领域,而且投资于发达国家、新兴市场国家等全球市场。在国内,截至2020年3月31日,市场上的ETF数量共286只,其中244只属于传统股票型ETF,债券型ETF、商品型ETF数量较少,无法充分地分散风险。优质资产池资源的缺乏,使得国内大多数智能投顾平台转投公募基金,这使得交易的申购费和赎回费增加,投资者的收益受影响。并且国内市场交易规则复杂,不同基金的赎回到账户时间不同,有T+0、T+3,甚至T+7,调仓的时效性无法保证。另外,选择模仿海外平台模式,直接投资海外ETF的平台,虽然满足了投资者全

---

① 根据投资理念不同,基金又可分为主动型基金与被动型(指数型)基金。主动型基金是一类力图取得超越基准组合表现的基金。与主动型不同,被动型基金并不主动寻求取得超越市场的表现,而是试图复制指数的表现。被动型基金一般选取特定的指数作为跟踪对象,因此通常又被称为指数型基金。

球资产配置的需求,但同时受 QDII 基金份额限制以及换汇限额的影响,平台未来发展仍面临较强的不确定性。

**1. 监管政策**

美国的智能投顾和传统投顾一样,都受到《1940 年投资顾问法》的约束、接受 SEC 的监管[2]。并且美国的智能投顾平台需要持有注册投资顾问牌照(Registered Investment Advisor,RIA 牌照)。在 RIA 牌照下,用户可以委托平台对资金进行托管甚至委托平台进行投资。但我国并无此类法规,国内与投资顾问业务相关的法律法规均基于人工服务[23]。《证券投资顾问业务暂行规定》《证券、期货投资咨询管理暂行办法》等法规约束规定"从事证券投资顾问应当具有证券投资咨询机构的资质,证券投资顾问的服务人员应当具有证券投资咨询执业资格,并在中国证券业协会注册登记为证券投资顾问[5]。"2016 年 8 月,证监会明确规定智能投顾中的相关金融业务也需要被监管,智能投顾公司应该根据业务开展的具体情况申请牌照。杜绝部分未持牌照的互联网平台打着"智能投顾、智能理财"旗号进行证券投资产品销售的问题[8]。截至 2020 年 6 月底,中国证监会网站公布的证券投资咨询机构共 83 家,而智能投顾平台却没有一个拿到证监会颁发的业务开展许可。此外,由于中国证券投资资金运作和托管分离的特性,完整的智能投顾过程开展面临较大的政策不确定性。尽管如此,中国的智能投顾监管仍在与时俱进、寻求变革,其在密切关注智能投顾等科技金融业态的发展的同时,借鉴国际上金融监管操作的惯例,拟定因地制宜的监管措施,其中包括三大监管原则:(1)监管一致性原则,防止监管套利;(2)监管渐进适度原则,在鼓励创新与控制风险之间寻找平衡点;(3)注重消费者保护与合规销售[5, 24]。

**2. 服务类型**

除了提供基本的投资建议服务外,由于美国的养老金制度是推动智能投顾发展的重要基础之一,因此美国几乎所有的智投平台都还包含专门管理养老金账户的服务,同时节税服务也占据重要地位。相比而言,中国投资者在市场底部偏好保本基金和债券基金,当市场上涨近顶部时又开始偏好股票型基金。所以,中国的投资者大部分都是以短期赚钱为目标的理财方式而美国很多是以养老为目的的。中国智投平台所提供的服务较为单一,从目前的情况来看大多数仅提供投资建议。

**3. 客户结构**

美国投资者多数为成熟稳健型投资者,投资观念成熟,且以机构投资者为主。从投资风格来看,投资者以长期被动型投资为主,看重资产配置。美国早期智能投顾的用户就是硅谷工程师。而中国投资者以分散投资型投资者为主,超过半数为散户投资者，这也决定了我国的投资风格还是以追涨杀跌为主、追求短期收益，投资水平参差不齐。散户投资偏向短线操作，投机性较强，看中个股机会。因此，中国的投资环境、投资理念对被动投资策略产品的接受还需要时间。

总之，中美的智能投顾发展轨迹相似，但在市场环境、监管环境、投资者结构方面都有较大差异（见表2-1）。

表 2-1 中国和美国智能投顾市场对比

| 项目 | 中国 | 美国 |
| --- | --- | --- |
| 投资标的 | 股票、可转债等主动型资产 | ETF 等被动型资产 |
| 投资者类型 | 散户为主，投资水平差异大<br>偏向短期操作，投机性强 | 成熟稳健型，机构投资者为主<br>长期被动型投资，重资产配置 |
| 政策环境 | 监管主体不明确，目前无智能投顾专门牌照 | SEC 监管，需 RIA 牌照 |
| 技术方面 | 数据基础设施比较落后，尤其是征信体系，不能有效地获取客户信息 | 数据等基础设施良好 |
| 服务类型 | 服务比较单一，销售性质大于顾问 | 养老金管理，合理避税，资产配置 |

在借鉴美国的发展经验时，中国更需结合国情因地制宜，发展有中国特色的智能投顾产品。

## 2.1 智能投顾的发展历史

智能投顾从 19 世纪末发展至今，国内外已经孵化出成百上千个智能投顾产品。全球最早的智能投顾公司是 2008 年在美国硅谷成立的 Betterment 和 Wealthfront，这两家金融科技企业主要面向中产及长尾客户。Wealthfront 的目标客户群是 20～30 岁从事科技行业且具有一定经济实力的中产阶级，如 Facebook 和 Twitter 等公司的职员。Betterment 的目标客户收入大概在 20 万美元以上，核心客户大部分拥有高学历的美国职场人士。当前，美国智能投顾行业依托低成本、自动化、个性化和高透明度等优势得到快速发展[25]，包括 Personal Capital、Future advisor、SigFig 在内的一批新兴公司正逐步发展壮大。从 2015 年开始形成传统金融机构加入智能投顾行业的浪潮，通过自有产品或收购独立平台公司，纷纷推出智能投顾产品或平台，市场规模迅速提升。我们通过梳理部分的智能投顾产品，得到一条智能投顾产业发展的时间线，如图 2-1 所示。通过这条时间线，可以直观地感受到智能投顾产品的蓬勃发展。

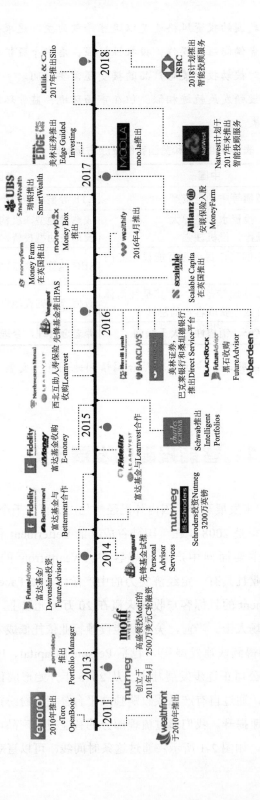

图 2-1 智能投顾的发展历程

资料来源:埃哲森,海通证券研究所。

随着传统机构的加入，美国智能投顾的发展模式日趋多元化，在最初被动型理财平台模式的基础上，拓展到针对中等收入客户的主动性组合投资平台，针对高净值客户、以线下引流为主的O2O混合投顾模式，以及服务机构的互联网资产管理平台等。通过对比市场上现有的智能投顾，我们可以把智能投顾的发展划分为四个阶段，并用图2-2表示。

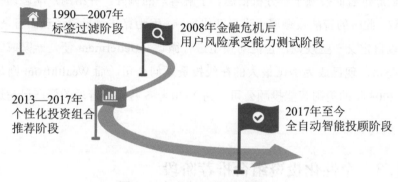

图 2-2　智能投顾的四个阶段

## 2.1.1　标签过滤阶段

这一阶段出现在20世纪90年代后期至2007年，这是智能投顾作为"面向个人投资者、机构投资者的辅助投资工具"出现的[9]。2005年，美国证券商学会颁布法律文件，允许证券经纪人借助投资分析工具帮客户理财[9]，智能投顾平台应运而生。用户在智能投顾平台上回答一个问卷，或手动选择标签，来把不合适的投资产品去掉。智能投顾平台利用一些投资的理论或模型，从剩下的投资产品中计算出适合该用户的产品，或给出一个投资的组合。在这个阶段，智能投顾平台主要在网页和APP上与客户进行对接，并没有与银行进行对接，更没有证券公司开放的API来帮助用户进行交易。客户在获得投资组合建议之后需要到自己开户的证券公司去自行购买。在智能投顾的初期，产品的类别包括股票、债券、基金和其他投资产品。

## 2.1.2　用户风险承受能力测试阶段

2008年金融危机以后，科技公司开始布局金融行业，主要形式为给客户提供多样化的投资辅助工具。用户仍然需要在平台上回答问卷来筛选投资产品,但此时的问卷不仅仅用于筛选产品的类目,还会用于测试用户的风险承受能力。产品的风险系数被预先定义,而智能投顾平台推荐给用户的是符合其风险承受能力的产品。除此之外,用户还可以在智能投顾平台上开户并直接进行交易,而且投资组合的类别不断增多,投资组合有时甚至演变为基金的基金。这个阶段需要真正的投资经理介入,他们通过智能投顾平台分析信息、了解客户的偏好,并给用户动态调整投资组合的建议。此时的智能投顾属于半自动化投顾,因为算法对投资经理而言是透明的,他们可以自定义一些规则,也能对模型进行微调。Betterment 便是一家成立于这个时期的公司,现已成为美国最大的在线投资顾问公司,而 Wealthfront 则是另一家成立于 2008 年的美国智能投顾公司,到 2020 年 5 月,其管理的资产已超过 230 亿美元。

## 2.1.3　个性化投资组合推荐阶段

第三阶段出现在 2013 年左右,传统金融机构陆续开始加入智能投顾的布局,开发自己的产品。虽然相较于初创科技公司,传统金融机构在智能领域起步较晚,但是凭借其先天的金融基因、丰富的客户资源,他们的管理规模很快赶上了科技公司。此时智能投顾平台给出的投资决策和组合再平衡不仅仅考虑用户的风险承受能力,而且投资组合模型变得更加智能化,是基于大数据分析、量化金融模型以及一系列智能化算法计算出来的投资组合,并动态监测投资产品的实时变化。在这一阶段,模型变得更加智能化,但最终的决策由专业的投资顾问给出。投资经理依然需要自行分析用户的投资偏好,结合智能投顾平台计算出来的结果,给用户进行推荐。此时的智能投顾仍然是半自动化的智能投顾。该阶段典型的智能投顾产品有 2013 年推出的澳大利亚智能投顾 Stockspot[1],意大利智能投顾平台 MoneyFarm[2],2013 年推出的瑞士在线理财平台 True Wealth[3]。再例如,Fidelity Investments[4] 和 Betterment 于 2014 年年底宣布了建立合作伙伴关系,这样使用 Fidelity Institutional 管理客户资产的财务顾问就可以使用科技公司的技术和平台。

---

[1] https://www.stockspot.com.au/。
[2] https://www.moneyfarm.com/uk/。
[3] www.truewealth.com/。
[4] https://www.fidelity.com/。

## 2.1.4　全自动智能投顾阶段

第四个阶段，也就是现在各大机构和公司所追求的智能投顾，是结合人工智能、深度学习、云计算驱动的全自动智能投顾系统。在该阶段，用户首先需要回答更加复杂的问卷，以便人工智能算法能学习到用户复杂的风险偏好。同时，人工智能算法也会自动学习出与用户匹配的产品。智能算法能根据用户的操作历史实时捕捉用户的偏好变化，也能通过投资产品的历史数据和当前动态变化来预测投资产品未来的趋势。智能投顾系统能根据这些动态变化的用户偏好和动态调整的市场风格来给用户配置不同的资产。全自动的智能投顾甚至不需要用户的过多参与，便可直接帮助用户管理自己的财富。例如，Betterment 和理财魔方发展至今，已经初步实现全自动化的智能投顾了。

智能投顾经过四个阶段的发展，逐步变得更加智能和适应投资市场，并降低人的参与度。严格来说，按照我们对智能投顾的定义，只有第四个阶段，也就是目前这个阶段的智能投顾才算是真正意义上的智能投顾。

# 2.2　智能投顾产业全球的发展现状

自 2008 年开始，欧美的一批金融科技公司相继成立，并提供在线资产管理服务和辅助投资技术。在线专业投资咨询服务和辅助投资业务也在此时迅速兴起。随着人工智能相关技术的迅猛发展，其增长速度进一步加速[2]。目前，全球提供智能投资顾问服务的公司数量众多，遍布美洲、欧洲、亚洲等世界各地。

## 2.2.1　全球智能投顾发展数据总览

智能投顾发展迅速、生机勃勃。根据 The Statistics Portal 的数据分析可知，从全球的智能投顾资产情况来看，占比最大的仍然是美国，紧接着是中国、英国、德国和加拿大。据日本野村证券研究，截至 2015 年年底，全球机器人投顾资产管理规模已经达到 500 亿美元。① 到 2019 年 6 月，全球在智能投顾总资产达到 7500

---

① 《金融科技助力财富管理行业整体提升》，http://finance.sina.com.cn/roll/2016-11-13/doc-ifxxsmif2889458.shtml。

美元。而仅仅在中国，2017 年中国的智能投顾管理的资产达到 289 亿美元，2019 年达到 1790 亿美元，预计到 2022 年，中国智能投顾管理的资产总额将超过 6600 亿美元[9]，这说明中国智能投顾的发展具有极大的潜力。

随着智能投顾行业的迅速发展，传统投顾公司的市场份额正在逐渐减少；随着互联网的红利，部分资产管理公司的目标客户也逐渐被智能投顾所分流[12]。随着人工智能、大数据等技术的不断成熟，具有品牌与专业程度优势的传统大型资产管理公司也将面临来自金融科技公司的巨大压力。因此，传统金融势力开始争先布局，谋划变革。例如，嘉信理财推出智能投顾产品 SIP；BlackRock 收购 Future Advisor；高盛先后投资 Motif、Kensho 公司来涉足智能投资；先锋基金推出类似服务 PAS[12]。从各国的智能投顾平台数目来看，美国仍然占有优势，其智能投顾平台达到 200 家。其次是德国，有 31 家。而中国也有 20 家。

智能投顾在美国率先起步，商业模式也比较成熟，发展也比较快。经过几年的发展，Wealthfront、Betterment、Personal Capital 等公司都已收到来自多家顶级风险投资管理机构的融资，融资金额超过一亿美元。在英国，智能投顾平台同时提供在线咨询服务和资产管理服务[10]。韩国各大券商也争相开发智能投顾产品，如三星证券等 10 家券商、KB 银行等 6 家银行推出 Quarterback、i-Roboα、Samsung POP RoboAdvisor、QVRobo Account 等 14 个智能投顾系统[2, 12]。新加坡 Dragon Wealth 公司向客户提供投资分析报告，匹配客户投资倾向和资产规模。他们还整合同等收入群体的投资动向、投资组合策略和网上的外部公开信息，并根据整合到的信息为客户提供个性化的投资组合建议[10]。中国智能投顾虽然起步较晚，但是由于人口红利等因素发展速度非常快。

## 2.2.2 美洲

美洲的智能投顾以美国为主。Robo-advisory（智能投顾）概念产生于美国，美国也是智能投顾发展最为迅速的国家，这主要得益于美国市场量化投资和 ETF 基金的蓬勃发展。2008 年硅谷的两家金融科技初创公司 Wealthfront 和 Betterment 先后推出了以优化长期资产配置为目标的智能投顾产品。这些公司在智能投顾市场深耕细作，增长比较稳定。随着大数据分析和人工智能等技术的发展，智能投顾开始在全球呈现爆发式增长，经营智能投顾业务的公司既包括创新型初创科技公司，也包括银行和证券公司等传统金融机构，市场遍布美国、欧洲、中国、澳大利亚、加拿大、新加坡等国家和地区。从业务规模看，美国是智能投顾行业规模最大的市场，同时保持着较快的发展速度。几乎所有的资产管理机构，银行和券商都在使用某种形式的智能投顾服务，而且很多都已经开始开发自己的智能投顾平台。

据 Credio 数据显示，美国智能投顾行业资产规模从 2014 年的 43 亿美元，而 2016 年，资金管理规模已达到 3000 亿美元左右，截至 2019 年 6 月资金管理规模飙升到了 7500 亿美元左右。

在美国，人们投资意愿较强。相比于咨询费率昂贵的传统金融，低费率、低门槛的智能投顾非常有吸引力。例如，有些公司的投资门槛可能低至几百美元，而有些公司对于低于 1 万美元的投资几乎不收取任何咨询费和管理费[3]。这些美国本土的文化和基础非常适合智能投顾公司的发展。目前，美国智能投顾平台的数量，几乎比全球其他地区的总和还要多。美国的智能投顾产品走在了世界的前列，主要包括 Personal Capital、Betterment、Future Advisor、Wealthfront、Motif Investing、LearnVest、SigFig 等。

2009 年，Personal Capital 正式成立，并提供在线资产管理及投资咨询服务，其目标客户为可投资资产在 10 万～200 万美元的中产阶层。Personal Capital 的注册用户数量达到 110 万户，追踪资金规模超过 2700 亿美元，管理资产规模达 34 亿美元。Personal Capital 不仅有智能投顾，而且与人工投顾相结合；既有免费的财务规划工具，也有收费的定制化投资顾问服务：根据用户投资金额的不同收取占总管理资产的 0.49%～0.89% 的费用[3, 12]。

2010 年 5 月，Betterment 正式发布智能投顾产品，其特色为自动化的在线财富管理服务，可为客户提供理财规划、个人退休账户管理、信托基金管理、税收亏损收割等多种服务。Betterment 的资产规模已经超过 60 亿美元，用户数达到 20 万元，人均账户资产约 3 万美元。Betterment 根据客户的年龄和收入推荐三种投资模式——保守型的安全模式、以退休收入为目标的退休模式和保值增值型的普通模式[12]。投资标的由股票 ETFs 和债券 ETFs 组成，包括 6 种股票 ETF 和 7 种债券 ETF[3]。所有的用户都可以以低成本和高流动性的 ETF 投资方式配置全球化资产。Betterment 的服务费用为每年收取管理金额的 0.25%，但它没有最低存款金额限制。相比于其他平台，Betterment 有自动充值、购买零星股的功能，帮助客户充分利用每一分钱。

同样在 2010 年，两位华人创立了一家总部位于旧金山的智能投顾公司——

FutureAdvisor①。截至2019年5月，其资产管理规模达到12亿美元，年费率为0.5%。它利用算法分析，为消费者提供个性化以及规避高税负的投资组合建议。与Personal Capital类似，FutureAdvisor既提供免费的投资组合优化和数据整合，也提供收费的投资代理服务。FutureAdvisor公司具有最优质的投资减税服务和业内独有的教育储蓄账户投资管理服务，这让他们在行业内占据一席之地。

2011年12月，在线资产管理公司Wealthfront正式转型为智能投顾平台，并成为美国证券交易委员会的注册投资咨询业公司。Wealthfront提供自动化的投资组合理财咨询服务：Wealthfront先是根据问卷调查得知用户的风险偏好，在客户的风险承受能力范围内，全自动计算出净收益率尽可能高的投资组合建议，并持续跟踪和维护用户的投资建议，并注重用户的税收优化策略。Wealthfront的目标客户以个人投资者为主，部分法人客户为辅，其投资标的主要为ETF基金。截至2016年2月底，Wealthfront的资产管理规模已经接近30亿美元。吸引超过8万多的用户和超过1.29亿美元的募集资金。Wealthfront实施"前10 000美元免服务费"的策略来吸引客户，超过10 000美元的部分每年收取管理金额的0.25%。另外，它还有最低存款500美元的金额限制。

2013年，Kensho2正式成立。Kensho2的特色是其数据整合能力：它基于云计算，收集了包括企业业绩、经济指标、政策变化、风险参数等9万个变量，容纳了6500万个计算机语言。不仅如此，Kensho还利用大数据分析和机器学习技术，自动爬取最近的新闻动态，可在几分钟内完成一份人工金融分析师平均需要40小时才能完成的投资报告。截至2019年5月，其资产管理规模已经接近110亿美元，拥有8万多位用户，已募集超1.29亿美元的资金[3]。

从2015年开始，传统金融机构也开始加入智能投顾行业的浪潮，纷纷推出智能投顾产品或收购相关业务平台：2015年3月，美国Charles Schwab②（嘉信理财）推出智能投顾产品Schwab Intelligent Portfolios；2015年5月，美国Vanguard③（先锋公司）推出了智能投顾服务personal advisor services。2015年8月底，贝莱德（BlackRock）④这个全球最大的资产管理公司收购了理财服务公司Future Advisor3⑤[8]。

嘉信理财（Schwab Intelligent Portfolios，SIP）的投资门槛为5000美元。

---

① https://www.futureadvisor.com/.
② www.schwab.com/.
③ https://investor.vanguard.com/home/.
④ https://www.blackrock.com/corporate.
⑤ https://goldiraguide.org/future-advisor-review/futureadvisor3/.

嘉信理财收入源自于：（1）经纪业务收入＝经纪业务交易笔数×每笔佣金；（2）财富管理业务收入＝基金服务费＋咨询服务费，均按AUM×服务费费率；（3）信贷业务收入＝生息资产规模×利差＋贷款规模（含经纪业务客户借款及房产贷款等）×规模。嘉信理财通过低价、便捷又优质的服务吸引客户，再通过经纪业务、财富管理业务与嘉信信贷业务变现。其投资标的包括股票、大宗商品、现金等。为了降低风险，它实现分散化投资，每个投资组合由不超过20种不同的资产组成。值得一提的是，在嘉信理财中，用户不仅仅可以选择该平台的ETF产品，还可以跨平台购买其共同基金One Source平台下的各种ETF产品，实现跨平台产品整合。当然，这需要用户支付一定的产品管理费与中介费。客户需要花费30～45分钟的时间在线回答问题，评估个人风险，并填写相关金融信息，然后体验服务。平台会根据测评结果为用户匹配专业的理财顾问，并进行电话或视频交流来探讨用户的理财计划。在客户风险测评中，平台利用算法将客户分成传统分散型、风险分散型、目标驱动型。对于高净值的客户，嘉信会提供比较复杂的理财规划，例如房地产和税算领域等。

Vanguard是全球最大的共同基金和第二大ETF产品提供方。它吸引了2000万位客户，资产规模超过3.3万亿美元。它最大的特色为：低廉的管理费率和收益相对较高的投资组合建议。它创建的投顾帮助客户创建理财计划，并完成资产配置。该平台持续追踪客户的收益状态，提供资产组合再平衡功能以调整组合、合理避税。Vanguard的投资门槛为5万美元，服务管理费用为投资金额的0.3%，该费率介于人工辅助投顾和纯智能投顾的费率之间。Vanguard的另一大特色为：资产超过50万美元的客户可以获得专业财务顾问的建议，他们均持有国际金融理财师执照；而对于资产超过500万美元的用户，不仅收取更为低廉的管理费率，还能享受地产投资服务[3]。从这以后，整个流程就是技术驱动的，但是资产配置改变和类似的活动仍然要通过人工投顾来完成。

除了自身转型研发智能投顾技术、推出智能投顾服务，也有不少传统的金融机构选择直接投资这类创业公司。2017年8月，全球最大的资产管理公司贝莱德收购了智能投顾初创公司Future Advisor[14]。2018年3月，华尔街著名投行高盛宣布收购线上退休账户理财平台Honest Dollar[13]。

尽管不同公司产品的投资门槛、服务费率各有不同，但它们均是利用交易所上市基金（ETF），基于现代投资组合理论所组建的投资组合。表2-2简要地对比了嘉信理财（Charles Schwab）、Betterment、先锋基金（Vanguard Personal Advisor

Service)、Wealthfront、Personal Capital 在智能投顾方面的发展情况。

表 2-2 美国智能投顾平台简单对比

| 平台名称 | 成立时间 | 平台费用 | 投资品种 | 规模/亿美元 | 投资门槛/美元 | 特色 |
|---|---|---|---|---|---|---|
| Personal Capital | 2009 | 0.49%～0.89% | ETF | 34 | 无 | 机器人和人工投顾结合,跨平台财务分析 |
| Future Advisor | 2010 | 0.5% | 低费率 ETF | 10 | 10000 | 自动化的税收盈亏收割服务 |
| Betterment | 2010.05 | 0.25% | 6 种股票 ETF，7 种债券 ETF | 60 | 无 | 自动充值,可以购买零星股 |
| Wealthfront | 2011.12 | 前 1 万美元免费超出 0.25% | 11 类主要资产类别 ETF | 40 | 500 | 注重税收优化策略 |
| 先锋基金 | 2015.05 | 0.3% | ETF 资产 | 410 | 50000 | 帮客户制订中长期理财计划,合理避税 |
| 嘉信理财 | 2015.03 | 无 | 54 只 ETF | 100 | 5000 | 强大的财富管理平台整合实力 |
| Fidelity Go | 2016 | 0.35%～0.4% | 指数、ETF、股票、债券、Fidelity Flex Funds | 2.4 | 无 | 低费率的机器人与人工投顾相结合服务,与 Fidelity 共享退休金管理账户 |
| Merrill Edge Guided Investing | 2017 | 0.45% | 股票，ETF，共同基金和期权 | 2000 | 5000 | 全自动智能投顾,提供全天候的电话技术支持 |

在 2012 年，美国的智能投顾行业规模几乎为零。到了 2014 年，美国智能投顾迅猛发展，截至 2014 年年底，其资产管理规模已经达到 140 亿美元。从目前市场看，传统金融机构已经成为该行业的领导者。咨询公司 A. T. Kerney 调查数据显示，2017 年年初，嘉信（19.2%）和先锋（19.2%）智能投顾产品的用户份额占全美市场前两位，Future advisor（16.9%）排名第三，Wealthfront（15.4%）、Betterment（10%）分列第四位和第五位。截至 2017 年上半年，Vanguard 推出的个人顾问服务 PersonalAdvisor Services 以 470 亿美元位列智能投顾托管资产额第一位；CharlesSchwab 的智能投顾产品 Intelligent Portfolios 以 123 亿美元位列

第二，Betterment 和 Wealthfront 则以 67 亿美元和 43.48 亿美元分别位列第三位和第四位。

## 2.2.3 欧洲

2011 年，英国在线投顾公司 Nutmeg[①] 成立。Nutmeg 给用户提供便利的在线开户服务。其服务费用低至 1%，远低于传统公司收取的 7.5% 交易手续费，因此大受欢迎。截至 2014 年，Nutmeg 就积累了 4 万名客户。Nutmeg 平台共有 10 款理财产品供顾客选择，风险等级从"谨慎"到"高风险"不等，每款产品都是不同投资资产的组合。Nutmeg 为顾客创造了分类投资选项，每类投资不同产品类型。通过这种方式，平台也稀释了投资风险。作为英国在线财富管理公司的领头羊，2017 年 Nutmeg 为英国投资者管理的资产已超过 10 亿英镑。

在 Nutmeg，他们将投资组合内的投资标的分散在不同投资类型和全球各地，保证了投资组合的全球多元化，可以在不影响潜在回报的情况下降低风险。多样化的投资组合可以为投资者提供多于组合内各个部分投资单独相加的回报总和。Nutmeg 也会处理像再平衡这样困难的事情，以确保客户的投资组合的风险水平和其目标一致。通过将投资分散至不同国家、不同市场的资产，Nutmeg 实现了更优质的风险管理和更好的收益率。相较于投资股票、指数基金，Nutmeg 的收益和波动性更好，并且减少了投资人自己分散投资的时间成本。

2011 年，意大利智能投顾平台 MoneyFarm 同时问世。MoneyFarm 首席执行官 GiovanniDaprà 利用数字财富管理平台通过其网站向小型储户提供独立投资咨询服务。2018 年 3 月，MoneyFarm 推出了数字 Sipp 自营投资个人养老金。MoneyFarm 的技术使其能够根据客户的投资目标和风险倾向创建独特的个人资料。MoneyFarm 人员的团队监控投资状况，并根据需要提供建议，根据市场趋势重新平衡投资组合。MoneyFarm 在伦敦、米兰和卡利亚里的办事处运营。作为第一位欧洲机器人顾问，它脱离了"在线"方式，于 2016 年 5 月在米兰开设了实体店。

从 2016 年开始，欧洲一大批传统的金融巨头纷纷布局智能投顾领域。例如，从 2016 年 3 月开始，苏格兰皇家银行陆续裁减 220 名投资顾问。与此同时，为了把客户引流至智能投顾平台，他们还将人工投资顾问的资金门槛从 10 万英镑提高至 25 万英镑，将低于该资金门槛的客户引向机器在线服务。无独有偶，2017 年 12 月，

---

① https://www.nutmeg.com/。

德意志银行也布局智能投顾，推出自己的智能投顾服务 Anlage Finder。目前，英国不仅有在线智能投顾的公司，还相继出现了提供资产管理业务的公司。

2017 年，德国智能投顾市场资产管理规模（Asset Under Management，AUM）达 7.05 亿欧元，由 4.8 万位投资者提供，平均每位投资者贡献的资产有 1.47 万欧元。2017 年，德国的一家专门研究智能投顾的网站，对德国的智能投顾做了全面的调查，并按照多个维度的打分为这些智能投顾做了一个综合排名，排在前 5 位的分别是 Ginmon、Growney、Visualvest、Vaamo、Fintego。Ginmon 于 2014 年年初在德国法兰克福成立，在自动化私人理财市场发展迅速，并获得了德国用户的认可和高度评价。通过交易型开放式指数基金组合（ETF 组合）的使用，Ginmon 将客户资产投资到国内外数以千计万计的股票和债券，以降低单一证券或市场带来的波动，有效控制投资风险，获得更稳健的收益。通过有效的分散投资，使客户在获得长期稳健收益的同时降低风险。低廉的资产管理费用更意味着更高的收益。Ginmon 不设资金池，客户的投资将直接存放于 DAB 银行投资者个人名下的证券交易账户里。除投资者以外的任何机构和个人都无权非法挪用客户账户里的资金。除此以外，客户的资金还享有德国政府特殊资产保护权，即使在银行破产的极端情况下客户仍可以得到银行账户里的所有资金。

## 2.2.4 亚洲

2013 年，Dragon Wealth[①] 在新加坡成立。该公司由瑞士信贷亚洲和太平洋地区私人银行部门的最高负责人和投资咨询部门高管合作创立[10]。Dragon Wealth 公司最大的特色是其优秀的信息收集和信息分析能力。他们与著名的大数据及整体解决方案供应商 Crowd Solution 建立了战略合作关系，致力于提升其公开信息的收集能力并研发自动化的投资分析报告。Dragon Wealth 通过用户画像技术，了解每位客户的投资风格和投资倾向，并为类似的人群推荐与他们相关的投资分析报告、投资组合建议。Dragon Wealth 的管理费用为每月 25 美元。美中不足的是，由于 Dragon Wealth 的用户信息只能由用户主动更新，而无法自动通过大数据技术分析得出，因此平台极其依赖客户的积极性，在运营早期需要投入大量精力来汇聚用户。

韩国金融服务委员会（FSC）积极支持智能投顾服务发展。韩国作为阿尔法 Go（α）的大国，随着人们对人工智能（AI）、机器学习（Machine Learning，

---

① https://dragonwealth.net/。

ML)、深度学习（Deep learning）等技术关注度的提高，开始对机器人理财倍加重视，各大券商争相开发智能投顾产品。韩国传统的金融机构也纷纷推出自己的智能投顾产品。例如，截至 2015 年 4 月 30 日，三星证券、KB 银行等 16 家传统的金融机构研发了 14 个智能投顾系统，包括 Samsung POP RoboAdvisor①、Quarterback②、i-ROBOα③ 等。2016 年，Fount Investment④ 在韩国成立。以 Fount Investment 为例，其目标是基于算法进行资产管理，为客户带来稳定收益。据韩国金融投资协会 3 月 13 日报道，截至 2018 年底，Fount 管理的资金总额为 1376 亿韩元（1.21 亿美元），超过了 Quarterback 管理的 1024 亿韩元。除了技术的发展，韩国政府同样支持智能投顾产业。2016 年 1 月，在韩国总统工作报告中，政府提出了"关于活跃智能投顾"的方案："放宽面对面签订合同规定，允许通过建立完善的设备以电子方式交付合同；坚持推进具备有效性、适应性的计算机程序代替专业人员；引进咨询与销售相结合的 one stop 服务，支持投资者购买金融产品等，以期切实加强金融创新力度。[10, 15]"业界很快对该方案做出响应，提出了"实时非面对面交流的咨询中心（Help Desk）"等推进方案。到了 2019 年，金融服务委员会又出台新文件，允许智能投顾公司运营资产管理公司委托的管理基金和委托资产，允许个人参与韩国证券信息公司的智能投顾测试平台，降低了资本要求，使小型金融公司能够更加容易地提供在线智能投顾服务。在此期间，大部分智能投顾公司首先取得了资产管理咨询业许可证，然后通过与多家证券、银行等现有金融机构建立合作关系来扩展业务，从而迅速发展起来。这些企业尽管有一些计算机逻辑的差异，但大部分都采用美国的 Wealthfront 和 Betterment 的典型 β 战略，大多数都应用现有系统交易和量化分析，而且都采用基于考虑投资者倾向的以机器算法为基础的资产分配方法[11]。例如，在 2015 年 2 月，KB 证券推出了智能投顾产品，目标是自身的整合价值系统与投资咨询业务，基于人工智能算法，通过大数据和计算机运算，对用户的资产进行管理。与其他产品类似，现代证券也致力于匹配用户的投资风格和相应的投资组合。

---

① https://www.samsungpop.com/mbw/assetMng/popRobo.pop。
② www.quartec.co.kr/en/aboutus/aboutus.aspx。
③ www.i-robo.kr/。
④ https://fount.co/zh/home-2/。

## 2.3 智能投顾在中国

和欧美国家相比,中国智能投顾市场起步较晚,尚处于早期阶段,但是发展速度非常快,2015 年以后,智能投顾领域的创业公司和服务陆续涌现。由于不同的国情和发展阶段,中国在智能投顾发展中也呈现出一些自己的特色。

### 2.3.1 中国的智能投顾平台现状

中国从 2014 年开始出现第一家智能投顾平台,在 2014—2016 年分别增加了 19 家、31 家、21 家。目前中国的智能投顾行业仍处于萌芽期与初创期阶段,主要表现在数量众多的公司纷纷涌入智能投顾行业,行业集中度低,平台之间实力差距不明显,整体行业管理规模小,普通民众对于智能投顾认识度较低[13]。中国的部分智能投顾平台如下。

| 蚂蚁财富 | 理财通 | 一账通 | 灵犀智投 | 投米 RA |
| 理财魔方 | 向前金服 | WE 理财 | 小赢理财 | 璇玑 |
| 蓝海财富 | 京东智投 | 优品财富 | 蛋卷基金 | 且慢 |
| Beta 理财师 | 理财易站 | 桔子理财 | 查理智投 | 魔蝎智投 |

从平台主体公司的性质来看,国内智能投顾平台主要可以分为以下三大类。

- 传统金融公司智能投顾平台。传统金融机构,如银行、券商、基金等,自主研发智能投顾线上平台。如银行系智能投顾平台,其资产配置以理财产品为主,主要投资对象为银行理财产品和代销的公募基金,为商业银行理财顾问业务的延伸。客户基础比较庞大,商业银行广泛的客户群体使商业银行推出的智能投顾产品有更庞大的潜在客户;庞大的客户数量也增强了商业银行的数据积累和沉淀。商业银行在金融业中,具有较为完善的风险管理体系和较强的风险承担能力,因此风险管理能力较强。

- 独立第三方智能投顾平台。以初创智能投顾公司和加入智能投顾的互联网金融公司为代表,外加券商基金系智能投顾平台。该类智能投顾平台有几大优势:**高度的资本市场覆盖**,得益于在证券投资领域完善的业务牌照,几乎覆盖资本市场中所有的资产种类,是资本市场财富管理业务的延伸;**良好的业务协同**,自营、资管、直投等众多业务链条为智能投顾资产组合的构建提供了更多选择，能够与传统业务和投资策略很好地兼容；**坚实的投研基础**，券商和基金拥有大规模的资本市场投研团队，对于资本市场投资具有丰富的经验。

- 互联网金融公司智能投顾平台。部分大型互联网金融公司凭借其掌握的流量和技术优势，开始互联网金融业务，并进行智能投顾业务创新。资产配置多样，投资对象不仅包括传统资本市场资产类型，还包括网络借贷等互联网理财产品；既涵盖了国内资本市场，也布局海外资本市场。技术能力突出，在技术方面具有自主研发能力，以技术创新驱动金融创新。场景化适应性强，互联网思维的渗透使这些企业对客户需求能够迅速响应，开发出人性化的产品界面。

不同智能投顾平台的业务模式、产品特征等详细见表2-3。

表2-3 国内主要智能投顾产品对比

| 类型 | 产品名称 | 上线时间 | 投资门槛/元 | 业务模式 | 产品特色 |
|---|---|---|---|---|---|
| 传统金融机构 | 招商银行摩羯智投 | 2016.12 | 20000 | 独立建议型 | 嵌入招行APP，根据投资者的投资期限和自身风险承受等级匹配投资组合 |
| | 工商银行AI投 | 2017.11 | 10000 | 独立建议型 | 根据客户的投资风险等级及投资期限，为客户量身推荐基金投资组合方案 |
| | 江苏银行阿尔法智投 | 2017.08 | 2000 | 综合理财型 | 覆盖了保险、贷款产品，将投融资相结合，提供组合产品一键购买，在线贷款一键申请等模块 |
| | 广发证券贝塔牛 | 2016.06 | 无 | 独立建议型 | 嵌入广发证券APP，提供股票和大类资产配置（ETF为主） |
| 传统金融机构 | 嘉实基金金贝塔 | 2016.04 | 无 | 类智投模式 | 主打服务于国内投资者的社交组合投资平台 |
| | 平安一账通 | 2016.01 | 无 | 综合理财型 | 依托集团优势，全面整合平安银行、保险、投资全领域金融服务 |
| | 量财猫 | 2019.10 | 无 | 综合理财型 | 费用较低，投资组合分散，科学性较强。有时短期来看收益不佳，长期收益稳定，抗跌性能好，反弹能力强 |
| 独立第三方财富管理机构 | 理财魔方 | 2015.03 | 无 | 独立建议型 | 客户定位中产阶级，以严格的风险控制为导向 |
| | 璇玑智投 | 2016.08 | 无 | 独立建议型 | B端，致力于帮助金融机构提供智能投顾解决方案 |
| | 投米RA | 2016.04 | 无 | 独立建议型 | 投资者可以根据自己的主观判断选择合适的投资风格 |

（续表）

| 类型 | 产品名称 | 上线时间 | 投资门槛/元 | 业务模式 | 产品特色 |
|---|---|---|---|---|---|
| 独立第三方财富管理机构 | 蓝海智投 | 2015.03 | 30万 | 独立建议型 | 定位互联网+私人银行，面向中高端净值用户 |
| | 钱景 | 2014.08 | 无 | 独立建议型 | 根据客户的风险偏好，选择不同的投资基金组合 |
| | 同花顺IFinD | 2016.03 | 无 | 配置咨询型 | 实时结合情境对大盘拐点做出判断，筛选高胜率机会，情境变化自动切换 |
| 互联网巨头 | 京东智投 | 2015.08 | 无 | 独立建议型 | 结合京东大数据体系，依托京东金融丰富的产品线，提供免费个性化智投组合 |
| | 蚂蚁财富 | 2015.08 | 无 | 综合理财型 | 定位小白理财群体，自动理财，还会智能抄底 |
| | 雪球蛋卷基金 | 2016.05 | 1000 | 类智投模式 | 部分产品有自行调仓的性质，可提供类似智能投顾的服务 |
| | 腾讯腾安 | 2017.01 | 无 | 类智投模式 | 对于用户投资需求了解、用户触达、用户服务等具有优势 |

总体来看，中国的智能投顾行业仍然处于生命周期中的萌芽起步阶段，虽然发展速度很快，参与主体众多，但是整体智能化程度偏低[16]。

## 2.3.2 中国智能投顾行业发展现状

**1. 智能投顾在中国出现的必然性**

**用户的资产配置理念形成。** 2008年的股灾、2018年的P2P爆雷潮事件，使得中国的投资客户开始意识到资产配置的重要性：单一资产投资容易带来高风险、太容易受到市场波动的影响，只有多元资产投资才能获得相对稳定、可靠的收益。而资产配置，正是智能投顾的核心理念。

**互联网金融热潮的出现。** 随着2012年蚂蚁金服推出余额宝，短时间内造就了中国最大的基金公司。在金融改革的大背景下，随着国家放开各种政策，支持金融创新，鼓励互联投资理财，个人投资者的习惯在这一波热潮中逐渐培养起来。截至2013年，互联网金融行业吸引了42.88亿元的投资。截至2014年，吸引的资金更是成倍地增长，达到85.36亿元资金。到了2015年和2016年，融资次数分别猛增到了339例和277例，融资额分别达到了485.93亿元和826.27亿元[17]。仅在2020年上半年，中国互联网融资额达到112.8亿美元。

受益于国民经济快速发展，居民可支配收入连年保持稳定增长。当老百姓"富起来"时,更加看重财富的保值、增值,参与投资的意向也得以提升。中国居民人均可支配收入过去五年平均增速达6.6%(见图2-3)。中产阶级也随着私人财富快速膨胀而迅速拓展。居民财富不断积累和中产阶级人群不断扩大,将催生大量理财需求,也对资产管理服务的类型和质量提出了更高的要求,中国整体财富管理市场前景巨大[26]。

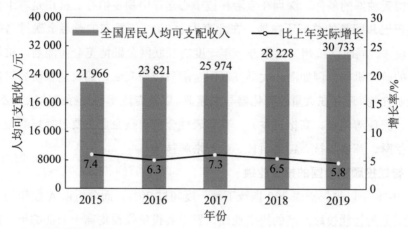

数据来源:中国统计年鉴。

图2-3 中国居民人均可支配收入变化情况

20世纪八九十年代出生的年轻一代现正逐渐成为社会的中坚力量,该群体理财态度更为积极主动,他们的储蓄倾向相比于传统人群大大降低。该群体受过良好教育,习惯于日新月异的科技和新产品带来的变化,对智能投顾这种新兴理财方式的接受度和适应性较好。该群体的行为模式深受社交平台和免费网络服务的影响,重视速度快、质量高、透明化的信息传递,并且希望自己主导获得金融服务及投资决策。传统金融机构在信息与产品上的"权威性"与"特许供应"的地位相对弱化,而智能投顾可以全天候不间断地提供投资咨询,策略建议相对透明,用户可以随时随地注册自己的个性化理财账户、评测风险承受能力、建立投资计划,甚至调整自己的策略组合,在很大程度上符合年轻一代的理财心理,新的理财投资工具也成为一种潜在的刚需。

**2. 智能投顾在中国的地域分布**

从地域来看,国内智能投顾平台主要集中在北京、上海、深圳、广州、杭州等城市。主要原因是这些城市拥有最好的智能投顾生态,发达的经济金融环境、浓郁的创新氛围、有利的政府支持、人才的集中等。然而,最近在地方政府的大力支持下,很多二线城市吸引了众多金融科技企业积极开展业务,其中包括成都、重庆和苏州。在中国,几乎所有的省份都有省级行业扶持基金用于鼓励科技产业的发展,这也使得金融科技能够自然而然地得益于这些行业的发展。

深圳由于汇集着大量的本土科技巨头(华为、腾讯和中信),被称为中国的"硅谷"。深圳同时也被授予了经济特区的地位,也因其靠近世界金融中心香港,凭借着种种得天独厚的条件,深圳在金融科技中心建设中稳步前行。杭州是本土科技巨头阿里巴巴和网易的总部所在地,在北京大学 2017 年发布的普惠金融排名中排在了第一位①,同时,杭州又以举办一年一度的互联网金融博览会而闻名。杭州有一些领先的研究机构,例如浙江大学互联网金融科技研究院、蚂蚁金服研究院以及浙江金融研究院,还存在大量的孵化器与加速器,以及专注于科技行业的风投公司(红杉资本、天使湾创投、高榕资本),其代表性金融科技企业主要包括蚂蚁金服、同花顺、挖财、邦盛科技、趣链科技、金智塔科技等。

**3. 智能投顾在中国的投资业绩**

自 2018 年以来,沪深 300 指数下跌一度超过 20%,而分析以 A 股作为主要资产配置对象的智能投顾产品的投资业绩,发现其投资收益均高于上证综指,也跑赢了采取传统策略的股票型基金的平均收益。各家智能投顾跌幅均很小,少数甚至收益为正,与主动管理类基金相比,超额收益明显。图 2-4 显示了几家知名智能投顾平台 2018 年 9 月的投资业绩。

智能投顾产品 2018 年 9 月整体涨幅有限,平均不到 1%。其中蛋卷基金表现最为优异,平均收益率达到 0.91%,但其平均最大回撤接近 2%;理财魔方回撤控制优异,单月平均最大回撤不足 0.5%,同时平均收益率超过 0.5%;金融界灵犀智投本月继续保持其低波动的特征,将回撤控制在较低水平。2018 年全球市场变化多端,阴晴不定,投资者大多以谨慎为主,但是智能投顾产品表现比较平稳,智能投顾产品的配置优势凸显。但是,受制于市场大环境,大部分智能投顾产品并没有实现正收益(见图 2-5),与市场中表现最好的股票型基金相比也有很大的差距。因此智能投顾对传统投资策略的替代还有很长的路要走。

---

① 《北京大学数字普惠金融指数》,http://img.bimba.pku.edu.cn/resources/file/15/2017/06/13/2017061316358398.pdf。

| 产品名称 | 当月平均收益率 | 当月平均最大回撤 | 今年以来平均收益率 | 今年以来平均最大回撤 | 今年以来平均calmar比率 |
|---|---|---|---|---|---|
| 摩羯智投 | 0.28% | 2.16% | -2.26% | 7.24% | -0.31 |
| 金融界灵犀智投 | 0.31% | 1.12% | 2.91% | 4.41% | 3.29 |
| 理财魔方 | 0.53% | 0.49% | 1.78% | 5.54% | 0.89 |
| 蛋卷基金 | 0.91% | 1.97% | 5.21% | 12.67% | -0.19 |
| 上证综指 | 3.70% | 3.59% | -14.69% | 25.50% | -1.53 |
| 投米RA（人民币组合） | 0.77% | 1.38% | 0.19% | 7.14% | 0.09 |

数据来源：金融界，http://fund.jrj.com.cn/2018/10/22143325237902.shtml。

图 2-4　智投产品业绩

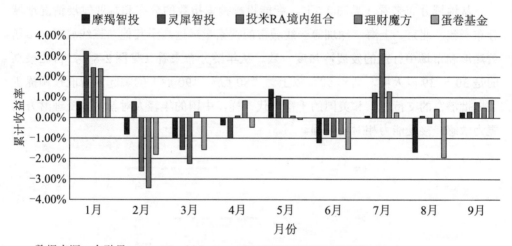

数据来源：金融界，http://fund.jrj.com.cn/2018/08/24175124997864.shtml。

图 2-5　2018 年智能投顾产品月度累计收益率对比

### 4. 智能投顾在中国的市场关注度

智能投顾被引入中国后，一直受到业界和学界的关注。从最新的百度搜索指数可以看出（见图2-6），智能投顾从2015年进入中国后，市场关注度呈现上升的趋势，在 2016 年 8 月达到最大值。2016 年中国众多金融机构特别是传统金融机构开始金融科技领域布局，进行差异化竞争，在智能投顾行业中实现弯道超车，智能投顾市场关注度最高。但受 2018 年 A 股市场疲软表现的影响，以及资管新规推行，净值化管理，打破刚性兑付等的影响，近期关注度有下降的趋势。

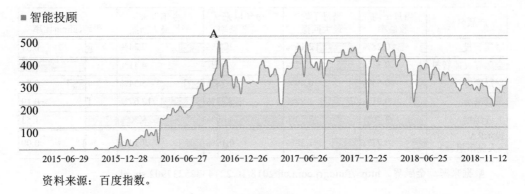

资料来源：百度指数。

图 2-6　智能投顾百度搜索指数

从地域分布来看（见图 2-7），智能投顾搜索指数的分布和行业发展情况地域分布一致，北京、上海、深圳等一线城市的搜索量远远高于其他二三线城市。市场关注度和市场中行业的发展冷热度一致。从年龄分布来看（见图 2-8），占比最高的是 30～39 岁人群，达到 50% 以上。"80 后""90 后"的崛起为智能投顾提供了一批潜在的支持者。和美国的千禧一代一样，中国的年轻人对新的投资理财方式更为敏感，接受能力相对也更强。

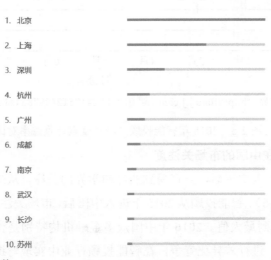

资料来源：百度指数。

图 2-7　智能投顾百度指数地域分布

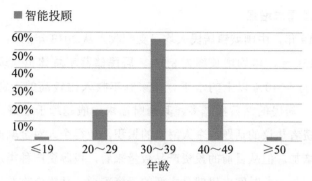

图 2-8 智能投顾百度指数年龄分布图

## 2.3.3 中国智能投顾的发展机遇

**1. 现有投资模式的不足**

尽管中国资本市场创新发展迅猛，专业投资机构的兴起使个人投资者持有的股票市值持续下降。截至 2017 年，个人投资者依然持有市场上四分之一市值的股票，并贡献了八成的交易量，说明散户投资依然是中国股票市场中主流的证券投资模式（见图 2-9）。与个人投资者参与股票交易的热情相对应的是，个人投资者仅赚取了市场上一成的利润，机构整体盈利金额是个人投资者的 3.6 倍。这意味着中国 A 股市场上的个人投资者投资能力较差，但绝大多数中小个人投资者又无法享受到专业的投资顾问服务。这为以低成本、广覆盖为特征的智能投顾提供了大展身手的舞台。与此同时，国内 ETF 大多为传统股票指数型 ETF，缺乏债券型、商品型 ETF，产品同质化严重，结构单一，缺乏创新性，难以满足投资者多元化的投资需求。而智能投顾的出现带动了股票、债券、理财、衍生品、自然资源、房地产等标的的发展。

数据来源：深圳证券交易所，《2017 年个人投资者状况调查报告》。

图 2-9 2017 年各类投资者交易量和盈利情况

## 2. 财富管理需求增强

2013—2019 年，中国城镇居民人均可支配收入从 2013 年的 26 467.0 元增加到 2019 年的 42 359 元，年均增长率为 8.3%。居民储蓄率总体也呈现上行态势（见图 2-10），维持在 30% 以上的水平。在家庭年收入比较高的人群中，年储蓄率可以达到 50%，居民的储蓄额越多，其理财需求一般越趋于旺盛。个人理财已成为中国个人投资者热议的话题。个人财富的累积，使得个人对金融产品和专业理财服务需求逐渐增加。但从目前的投资产品数量来看，投顾资产种类过少。这意味着股票和房产在很长一段时间内仍然是主要的投资渠道。从投资收益率来看，中国近年来理财产品收益率下行，大量散户投资者迫切需要相对专业的投资顾问服务[19]。

数据来源：中国统计年鉴。

图 2-10 居民储蓄率

## 3. 客户资产管理意识不断加强

中国投资者倾向于自助理财，不愿意把资金委托给专家投资。与此同时，投资者的风险意识、财富管理意识淡薄、理财水平参差不齐、习惯于短线操作[12, 18]。然而，随着低风险、收益比储蓄收益更高的银行理财产品的出现，大众富裕阶层也逐步开始转向银行理财。到 2017 年，利率的市场化改革使得存款及银行理财等货币类资产收益有所下降，银行理财产品的受欢迎度有所下降。随着投资市场的逐渐成熟，投资者的理财理念趋于成熟，因此他们也更加愿意把资金委托给专家投资，更加倾向于投资股票和公募基金等理财产品，他们也需要更为专业的知识及经验，也越发注重资产配置。另一方面，专业投顾要求的投资门槛相对较高，而智能投顾的出现恰恰满足了这部分人群的需求。总而言之，智能投顾在推广过程中帮助用户逐步培养起资产管理的意识，又反过来提高了智能投顾的受关注程度，形成了良性循环。

**4. 刚性兑付将逐步打破**

在我国刚性兑付的环境下，资产管理长期笼罩在影子银行阴影下，客户资金成本黏性高，养成了低风险容忍度与高收益预期的特点。随着刚性兑付被逐渐打破，资管行业将回归"代客理财"本源，通过非标产品向标准化、净值型产品转型，将大幅提高产品透明度和流动性[19]。2018年央行等机构联合下发的《关于规范金融机构资产管理业务的指导意见》，明确规定资产管理业务不得承诺保本保收益，至2020年年底的过渡期打破了刚性兑付[21]。逐步打破的刚性兑付将促进智能投顾的良性发展。

**5. 互联网、人工智能等新技术红利**

智能投顾区别于传统投资顾问的重中之重是算法、模型等核心技术，以纯理性机器学习克服人类感性思维中存在的一些固有缺陷，做到传统人力顾问所不能及之事。通过人工智能云计算、大数据等新技术，智能投顾得以做到并行计算，能实时准确地提供千万用户级的服务。近年来，人工智能越来越受到大众的关注，成为新的经济增长点和国际竞争的焦点。各种各样的创新不断发明出来，如机器学习、深度学习、DNN、RNN、CNN、GAN。计算成本也在不断下降，服务器变得越来越强大。其次，数据的产生也以一个非常高的速度在发展，海量数据的生成会进一步推动算法的不断创新和算力的提升。这些都为智能投顾提供了良好的发展机遇。

**6. 监管规则的完善**

我国现行投顾业务监管规则主要包括两点：（1）智能投资顾问业务须持照经营；（2）投资咨询与资产管理业务必须分离经营[27]。2018年3月，中央全面深化改革委员会通过《关于规范金融机构资产管理业务的指导意见》，要求"消除多层嵌套和通道"，将所有的资管产品在一个大资管的环境下统一起来，这可以防止监管套利。客观上，这将导致一些保本保息的理财产品更难寻找到匹配的资产[22]。

# 本章小结

本章以中美智能投顾发展脉络和发展现状作为对比展开了智能投顾的发展史，重点分析了全球智能投顾的发展状况，对美洲、欧洲和亚洲的一些主要国家的智能投顾市场现状进行梳理。对中国智能投顾平台的发展，行业的发展现状，面临的机遇和挑战进行了分析，希望能给智能投顾的开发者提供一些借鉴。中美的智能投顾发展轨迹相似，但在市场环境、监管环境、投资者结构方面都有很大的差异。在借鉴美国的发展经验时，更需结合中国的国情因地制宜，发展出有中国特色的智能投顾产品。

# 参考文献

[1] 史庆盛. 机器人投顾：财富管理的新蓝海——主动量化投资专题研究之（一）[R]. 广发证券，2016.

[2] 姜海燕，吴长凤. 智能投顾的发展现状及监管建议 [J]. 证券市场导报，2016（12）：4-10.

[3] 徐宝成. 智能投顾 美国先行 [R]. 金融博览（财富），2017.

[4] 云佳祺. 智能投顾助力商业银行理财业务转型 [J]. 银行家，2019（6）：83-85.

[5] 尹孜. 智能投顾 财富管理新风口 [J]. 中国战略新兴产业，2016（8Z）：58-61.

[6] 顾晗. 智能投顾业务的类型化风险剖析及法律优化路径 [D]. 上海：华东政法大学，2018.

[7] 邢会强，银丹妮. 智能投顾信息披露法律制度的构建 [J]. 西北工业大学学报：社会科学版，2019（1）：82-89.

[8] 刘颖庆. YH 证券基金智能定投系统项目商业计划书 [D]. 广州：华南理工大学，2017.

[9] 蔡杨. 中美智能投顾生存土壤调查：拿来主义水土不服 [N]. 21 世纪经济报道，2017-3-20.

[10] 路青. 智能投顾海外先行 [J]. 大众理财顾问，2017（6）：46-47.

[11] 安玉花. 韩国机器人理财（Robo-Advisor）市场现状与展望 [J]. 投资与合作，2017（8）：81-82.

[12] 冯永昌，孙冬萌. 智能投顾行业机遇与挑战并存（上）[J]. 金融科技时代，2017（6）：17-24.

[13] 端木宁州. 智能投顾业务模式研究 [D]. 杭州：浙江工业大学，2018.

[14] 尹敏. 我国人工智能投资顾问法律风险研究 [D]. 成都：四川省社会科学院，2019.

[15] 郑韵. 智能投顾监管研究 [D]. 北京：中国政法大学，2017.

[16] 埃森哲. 智能投顾在中国 [J]. 软件和集成电路，2019（4）：66-77.

[17] 杨天楠. 互金公司开启上市大潮 [J]. 英才，2017（12）：76-77.

[18] 周翔. 智能投顾：财资"魔法"——智能投顾，或改写财富市场格局 [J]. 金融博览，2017（16）：34-40.

[19] 冯永昌，孙冬萌. 智能投顾行业机遇与挑战并存（下）[J]. 金融科技时代，2017（7）：16-23.

[20] 武静，江卿伟，姚治菊. 国内智能投顾现状及发展建议 [J]. 金融电子化，2018（3）：87-88.
[21] 王晓明，郭香龙. 解读资管新规之打破刚性兑付 [J/OL]. 中国保险报，[2018-05-28]. http://tz.sinoins.com/2018-05/28/content_262406.htm.
[22] 郑毓栋. 资管新规下智能投顾的发展趋势与国际经验 [J]. 清华金融评论，2018（4）：51-52.
[23] 贺佳雯. 智能投顾势起？[J]. 中国经济信息，2016（24）：44-45.
[24] 陈植. 互联网理财抢滩智能投顾：产品扩容与合规销售瓶颈待破 [N]. 21世纪经济报道，2016-5-19.
[25] 徐慧中. 我国智能投顾的监管难点及对策 [J]. 金融发展研究，2016（7）：86-88.
[26] 陈彦蓉. 智能投顾合规发展可期 [N]. 金融时报，2018-02-12.
[27] 刘畅. 中国智能投顾发展现状与潜力 [J]. 新商务周刊，2018（20）：188-189.
[28] 山成英. 从监管科技看智能投顾监管趋势 [J]. 西部金融，2018（10）：4-7.

# 第 3 章
## 智能投顾的概念与投资流程

> **案例**

## Betterment 的投资流程

Betterment 是个人投资管理平台，创立的初衷是"我们帮你管理财富，这样你可以去追求更美好的生活"。平台会帮用户做研究，然后根据用户提供的要求和偏好，给出投资建议，并利用人工智能技术辅助用户投资。

Betterment 一方面利用大数据分析、量化金融模型以及智能化算法来跟踪投资市场，另一方面通过用户历史操作数据建立用户画像[11]。通过两方面结合，智能投顾达到匹配投资市场和用户偏好、达到最优资产配置和动态理性决策的目的，并最终通过互联网进行数据分析结果的可视化，再呈现给用户，帮助客户管理财富，自动化给出投资建议，优化最终的投资组合。

初次登录 Betterment，需要填写个人的年龄、收入、工作等基本信息，以及投资目的、偏好等投资信息。其他的全部由 Betterment 自动完成，包括配置不同比例的各种基金、定期调整配置、完成税负管理等。例如，给定一个指标：60 岁退休能领到较为可观的退休金或者投资组合要 90% 的股票和 10% 的债券。平台便会利用算法识别用户的风险偏好以及投资能力和投资预期。之后，平台将自动推荐科学、安全、有效、长期的股票、债权配置方案。用户将会获得该配置方案的历史收益、预期收益、风险系数、期限等信息。同时，用户也可以依据自己的风险承受能力，调整股票和债券的投资比例。之后，用户只需要每天微调一下投资产品的比例，以及定期存钱进去，Betterment 就可以帮助你管理财富。

Betterment 投资过程主要分为四步，如图 3-1 所示。

- ❏ 投资计划推荐：用户在首页上填写投资目标相关的基本信息资料（年龄、在职或退休、年收入）。Betterment 基于年龄和收入，为客户推荐了三种投资模式：保守型的安全模式、以退休金管理为目标的退休模式和保值增值型的普通模式。不同模式设定了不同的目标收益范围，因此也配有不同的股票、债券配置比例。

- ❏ 选定初始目标：用户可以根据自己的需求先选定其中的一种投资模式，还可以对投资目标进行更改或增加更多的投资模式。Betterment 会根据不同的投资模式提供不同类型的投资计划建议和推荐资产配置,并告知用户达到目标所需的投资金额。随着时间的推移,Betterment也将不断提供平衡风险和报酬的最新建议。

- 开设账户:填写基本信息,填写财务背景资料,选择主要和备份的安全问题并设置答案。
- 投资交易:注册成功后,该账号与用户的银行账号相绑定,用户可以通过Betterment平台直接投资、查看包括本金和收益的投资余额总额,并查看以仪表盘的形式显示的股票债券的投资比例和余额总额。Betterment根据客户的风险,推荐出相应包含合适的股票和债券的投资组合。在后续的操作中,客户只需要相应调整风险的高低,决定在股票和债券两个投资项间的资金分配比例。剩下的工作就可以由Betterment自动完成了。

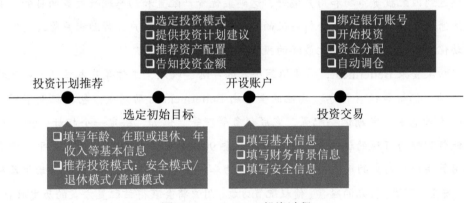

图 3-1　Betterment 投资过程

## 3.1　智能投顾的概念

### 3.1.1　传统的投资顾问

在中国,经常出现一个奇怪的现象:投资产品在挣钱,投资用户在赔钱。这是因为大部分中国的散户投资者偏向"投机"而非"投资",常有赌徒心理,进行错误的主观判断和频繁的短线交易,更没有资产配置、分散风险的理念,这无疑会造成最终巨大的亏损。"全球资产配置之父"加里·布林森曾经说过:"做投资决策,最重要的是要着眼于市场，确定好投资类别。从长远看，大约 90% 的投资收益都是来自于成功的资产配置。"[11] 所以，对于普通投资者来说，提高投资的专业素养是盈利的基石。但由于普通投资者缺乏专业培训、闲暇时间少、理财时间短，这一点很难在短时间内做到。

因此，我们就需要专业的投资顾问来帮助投资者理财。投资顾问是连接用户端和金融产品端的重要桥梁，投资顾问通过一系列细致深入的访谈了解用户的风险偏好，再根据不同的风险偏好对用户进行划分，提供个性化的投资建议。发达的金融产业依靠的是专业化分工和规模效应，投资理财领域存在"金融产品"和"投资顾问"两个层面的分工[12]，如图 3-2 所示。

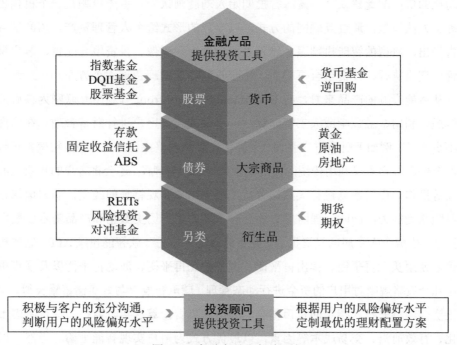

图 3-2　金融产品和投资顾问

### 3.1.2　智能投资顾问

一般来说，智能投顾是指机器智能和投资顾问的结合体[4]。但这样的定义过于简化，而智能投顾的定义千差万别，声称是智能投顾的产品也种类繁多。下面我们将梳理各种定义和智能投顾产品的特征，以得出一个更为准确的定义。

根据广发证券发布的《机器人投顾：财富管理的新蓝海》中的阐释："机器人投顾又称为智能投顾，是一种新兴的在线财富管理服务，它根据个人投资者提供的风险承受水平、收益目标以及风格偏好等要求，运用一系列智能算法及投资组合优化等理论模型，为用户提供最终的投资参考，并根据市场的动态对资产配置再平衡提供建议"[5]。然而，资配易创始人张家林提出：智能投顾有别于机器人投顾。他认为，机器人投顾的核心是"人+机器学习+Web服务"，而智能投顾的核心则是人工智能（AI）+云计算，二者是有区别的[6]。在第一财经主办的"解码新金融——智能投顾"活动中，普华永道对智能投顾做出了如下定义：智能投顾是指通过使用特定算法模式管理账户，结合投资者风险偏好、财产状况与理财目标，为用户提供自动化的资产配置建议[5]。蓝海智投创始人刘震则认为，智能投顾是一个机构投资的理念方法模型，通过互联网的方式，以专户的形式给个人管理资产。招商证券的报告指出，典型的智能投顾服务过程主要包含客户画像、投资组合配置、客户资金托管、交易执行、投资组合再平衡、平台收取相应管理费这六个方面[5]。

从智能投顾的产品来看，有Betterment、Wealthfront等利用互联网为核心的服务渠道，利用金融数学或人工智能算法，引导或代替用户进行财富管理。在国内也有不少产品，例如理财魔方①强调"个性化定制和调整投资方案，服务粒度真正细化到每个用户"，它不仅利用传统的投资模型来控制投资风险，还会将客户的建仓、加仓、减仓等操作的历史数据进行大数据分析，根据用户客观特征的改变，动态地修正用户风险承受能力。同时，理财魔方还会对市场的用户历史数据和产品基本面数据进行挖掘，生成个人专属的投资报告。好买储蓄罐②是另一款智能投顾APP，它的机器人管家使用买入再平衡、卖出再平衡、调整配比再平衡、波动再平衡以及观点再平衡这几个策略规则对用户的资金进行动态管理。璇玑智投③与好买储蓄罐类似，用户的投资金额将先投入指定的货币基金，并由璇玑智投算法实时监控，综合考虑市场变化、有效前沿、交易成本等因素，以最优方式为用户实现智能平衡。当然，以上提到的智能投顾产品只是冰山一角。智能投顾产业因为其效率高、成本低、效果好而得到了迅猛的发展，还有上百款年轻小众的智能投顾产品亟待我们发掘。

综合各个机构给出的智能投顾定义，并通过分析各个智能投顾产品定义的共同点，我们认为智能投顾一方面利用大数据分析、量化金融模型以及智能化算法来跟踪投资市场，另一方面通过用户的历史操作数据建立用户画像。通过两方面结合，

---

① https://www.licaimofang.com/。
② https://www.howbuy.com/subject/cxg1405/。
③ https://x.hongdianfund.com/advantage。

智能投顾达到匹配投资市场和用户偏好，达到自动化财富管理、最优资产配置和动态理性决策、投资组合自动再优化等目的，并最终通过互联网进行数据分析结果的可视化呈现给用户。图 3-3 呈现了理想的智能投顾概念和实现的功能。

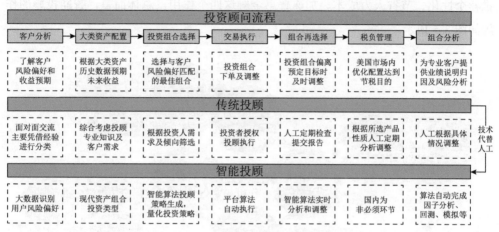

图 3-3　智能投顾的概念和功能

从智能投顾的概念来看，智能投顾的要素主要包括数据、投资模型和决策算法，其中数据是基础，而投资模型和算法是核心。智能投顾中的数据主要包括历史数据和实时数据，如用户基本风险偏好、历史交易、金融资产的历史价格等。投资模型和算法主要是指智能投顾中涉及的资本资产分配模型等，使用的算法包括各种智能算法和机器学习等算法，其关系可以参考图 3-4。

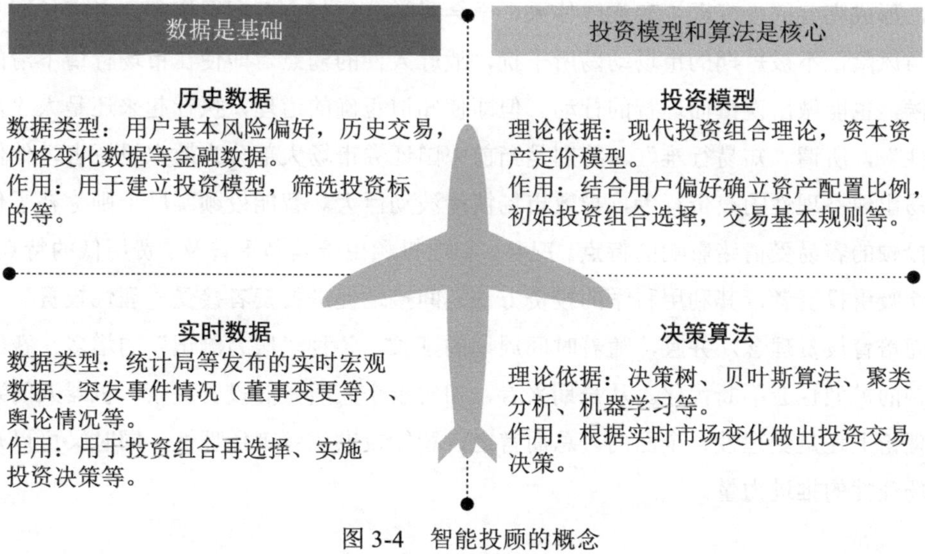

### 数据是基础

**历史数据**
数据类型：用户基本风险偏好，历史交易，价格变化数据等金融数据。
作用：用于建立投资模型，筛选投资标的等。

**实时数据**
数据类型：统计局等发布的实时宏观数据、突发事件情况（董事变更等）、舆论情况等。
作用：用于投资组合再选择、实施投资决策等。

### 投资模型和算法是核心

**投资模型**
理论依据：现代投资组合理论，资本资产定价模型。
作用：结合用户偏好确立资产配置比例，初始投资组合选择，交易基本规则等。

**决策算法**
理论依据：决策树、贝叶斯算法、聚类分析、机器学习等。
作用：根据实时市场变化做出投资交易决策。

图 3-4　智能投顾的概念

## 3.1.3 智能投顾的作用

通过智能投顾的概念分析,我们认为:智能投顾主要有投资行为理性化、理财推荐个性化、节省人力成本、加速普惠金融这四个作用,总体而言,智能投顾的作用如图3-5所示。

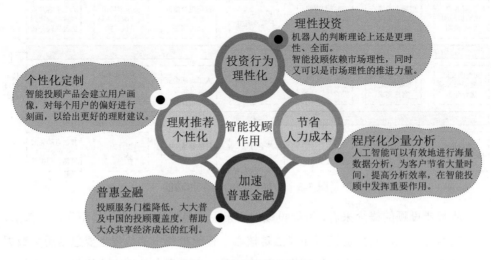

图 3-5 智能投顾的作用

**1. 投资行为理性化**

所谓理性投资,就是投资者需要在投资活动中保持独立思考、反思、总结和学习,形成完善的投资理论和实践体系,学会科学分析与合理配置资产,考虑长期收益与风险,不被短期的市场动荡所干扰,战胜人性的弱点,即使在市场行情下滑的时候,也能做出谨慎而理智的行动。但即使知道正确的道理,执行起来还是太"反人性",所谓"知易行难"。特别是当前中国证券市场大部分为散户投资者,他们容易出现不理性的投资行为,导致市场情绪波动巨大。智能投顾实质上则弥补了传统投顾的容易受情绪影响的特点。况且,智能投顾由于其易于普及、费用低的特点,不断吸引投资者,其利用科学的投资方法,间接地促进投资者接受"理性投资",从而培育投资理念。并且,随着时间周期的延长,各种"压力测试"的增多,智能投顾的模型也会不断优化。从长期来看,相对于个人所做的投资决策,机器人的判断理论上还是更理性、全面的。总而言之,智能投顾依赖市场理性,同时又可以是市场理性的推进力量。

### 2. 理财推荐个性化

一个合格的智能投顾必须要对客户有针对性地进行个性化定制服务，包括使用前调研用户的风险偏好、投资期望，以及在用户投资操作中捕捉其投资偏好。所有的智能投顾产品，例如摩羯智投、Betterment 等都会在给用户使用之前测试用户的风险承受能力和投资目的。而不同的智能投顾产品针对不同的投资目的，适合于不同的用户。如 Wealthfront 给用户提供税收优化的服务，Blooom 专注于定额退休金计划资金管理，Ellevest 针对女性的收入曲线、生命长度等提供专门的智能投顾服务。最后，智能投顾还能在用户投资操作中捕捉其投资偏好。例如，理财魔方会将客户的建仓、加仓、减仓等操作的历史数据考虑进来，根据用户客观特征的改变，动态修正用户的风险承受能力。理财魔方的千人千面逐渐积累对客户的了解以及深入的理解，最后实践到用户的投资以及调整当中。总而言之，一个投顾所能支持的客户群是有限的，因为"物以类聚"，而且"千人千面"，这里就是"智能"能起作用的地方。智能投顾产品会建立用户画像，对每个用户的偏好进行刻画，以给出更好的理财建议。

### 3. 节省人力成本

在进行资产管理之前，我们需要对投资市场的现状和趋势有一个清晰的认识，也需要对投资产品进行分析。而传统的投资需要人工进行大量的数据分析和交易判断，以期望发现最优的投资方向和最佳的投资时机。这虽然能充分利用专业人士的经验，却使得分析效率低下、出现市场动态捕捉不及时等问题。庆幸的是，智能投顾的出现使得人工智能和交易管理、信息分析等领域得以结合。人工智能可以有效地进行海量数据分析，为客户节省大量时间，提高分析效率，在智能投顾中发挥重要作用。例如，Kensho[①] 为分析师提供了高效快捷的数据分析和历史数据比对，使分析师可以快速地验证自己的想法和预测。人工分析类似的问题往往需要花几小时甚至几天的时间，而 Kensho 则可以在数秒之内完成。另外，智能投顾产品还具有智能问答系统。如客户可以在 Kensho 中像谷歌搜索一样提出问题，例如，3 级飓风将至，哪些股票会上涨？苹果将要发布新 iPad，哪些供应商股票会获益？等等。Kensho 具有强大的语言理解能力，并通过大量市场和历史数据分析，最后提供分析报告。

### 4. 加速普惠金融

传统投顾因为费用高、门槛高、投顾效率低下等问题，主要客户为高净值人群，

---

① https://www.kensho.com/。

中产及以下长尾人群很难享受到专业化、定制化的投资咨询服务。如图 3-6 所示，中国有近 13 亿人群没有享受投顾服务。智能投顾的出现使得投顾服务的效率增高、成本减少，因此资产管理公司更加愿意开放普惠的智能投顾产品，使得投顾服务门槛降低，让有充足的现金流、存在强烈的资金管理及投资需求、却没有时间精力和投资知识来打理自己资产的中产及中产以下收入的人群得以享受专业而高效的投顾服务。智能投顾能够大大拓展中国的投顾覆盖度，帮助大众共享经济成长的红利。

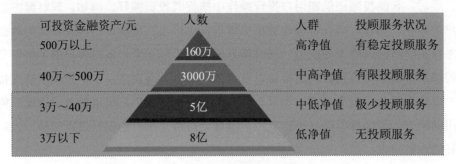

图 3-6　中国享有投顾的人群分布

## 3.2　智能投顾的投资流程

各种不同的智能投顾服务商的业务表现形式可能不尽相同，但一般具有相似的服务流程。纵观当下成熟的智能投顾应用，可以发现它们包含以下一项或多项管理投资者投资组合的核心功能：用户画像制定，大类资产配置，投资组合选择，交易执行，投资组合再平衡，税负管理和投资组合分析。这些智能投顾工具可以分为两组：金融专业人员使用的工具（在此称为"面向金融专业人员"的工具），以及客户使用的工具（这里称为"面向客户"的工具）[6]。而两类不同的智能投顾也有不同的投资流程。2016 年 3 月，美国金融监管局把面向金融专业人员和面向客户这两类智能投顾的共性和异性结合起来，定义了智能投顾标准化的流程[2]，如图 3-7 所示。

图 3-7 美国金融管理局的智能投顾标准流程

## 3.2.1 客户分析

制定用户画像时的一个关键问题是：需要哪些信息来构建才足以刻画用户画像，以便给出合理的投资建议呢？实际上，在给出投资建议之前，一个智能投顾至少需要了解的信息如下。

- ❑ 用户的基本信息，包括背景信息、用户的其他投资状况、财务状况和税务状况等。
- ❑ 客户的风险承受等级和风险偏好。
- ❑ 客户的投资偏好，包括投资目标、投资经验、投资时间范围、流动性需求等。

以上这三方面的信息一般通过调查问卷的方式来进行。用户在使用智能投顾服务之前都需要填写问卷来让智能投顾更加"了解"他们。一般而言，面向金融专业人士的智能投顾可用于收集有关客户的广泛信息。一些智能投顾使金融专业人员能够整合包括客户整体投资情况的信息，而不是单个账户，例如配偶账户的信息、退休收入（例如社会保障和退休金）以及像收入和支出等关于客户财务状况的更详细的信息。然而，最根本的是，金融专业人员可以向客户提出问题，收集补充信息，并对客户的需求有一个细致入微的理解。当然，金融专业人员的专业嗅觉极大地推动了其有效性。相比之下，面向客户的智能投顾依赖一系列独立的问题来刻画用户画像。智能投顾产品的问卷通常会设计 4～12 个问题，一般分为五大类：个人信息、财务信息、投资目标、时间范围和风险承受能力 [13]。以下是一个典型的问卷，来源于金智塔平台①。

---

① www.jztdata.com/。

| |
|---|
| **1. 以下哪项描述最符合您的投资态度**<br>❏ 风险嫌恶，不希望本金损失，希望获得稳定回报<br>❏ 保守投资，不希望本金损失，愿意承担一定幅度的收益波动<br>❏ 寻求资金的较高收益和成长性，愿意承担一定幅度的收益波动<br>❏ 希望赚取高回报，愿意为此承担较大的本金损失 |
| **2. 您的年龄是**<br>❏ 18～28 岁<br>❏ 29～35 岁<br>❏ 36～45 岁<br>❏ 46～55 岁<br>❏ 高于 55 岁 |
| **3. 投资目标是**<br>❏ 不希望本金损失，仅追求资产保值<br>❏ 能承担适当风险，追求资产稳步增长<br>❏ 能够承受较大风险，追求资产大幅增长 |
| **4. 您计划的投资期限是多久**<br>❏ 1 年以下<br>❏ 1～3 年<br>❏ 3～5 年<br>❏ 5 年以上 |
| **5. 您有多少年的投资股票、基金、外汇、金融衍生品等风险投资品的经验**<br>❏ 没有经验<br>❏ 少于 2 年<br>❏ 2～5 年<br>❏ 5～8 年<br>❏ 8 年以上 |
| **6. 年收入**<br>❏ 5 万以下<br>❏ 5 万～20 万元<br>❏ 50 万～100 万元<br>❏ 100 万元以上 |
| **7. 您的工作** |
| **8. 每年多少钱用于投资** |

可以看到，关于智能投顾的问卷有几个方面值得关注，包括它们是否旨在：（1）收集并充分分析关于客户的所有必要信息以做出适宜性的判断；（2）解决对客户简介问卷的冲突回应；（3）将客户的投资概况与适当的证券或投资策略相匹配。

在刻画用户画像和制定投资建议时，风险承受能力是一个重要的考虑因素。至少在两个方面考虑风险承受能力：风险承担能力和风险偏好。风险承担能力可用于衡量投资者承担风险或接受损失的能力。例如，愿意在一年内吸收20%的潜在损失以换取更高的上行潜力的客户比专注于本金保护的客户有更高的风险意愿。另一方面，智能投顾的问卷也需要收集投资者的投资期限，流动性需求，投资目标和投资金额等。例如，一位25岁的用户为退休目的开设账户可能比一位25岁的用户开设一个研究生教育投资，具有更高的风险承受能力。

在了解以上的信息后，智能投顾需要处理用户调查问卷中出现的矛盾或者不一致的回答，评估一位用户是否适合投资（而不是储蓄或还债）以及其风险能力和风险偏好。在接下来的投资顾问服务中，智能投顾还应该定期询问客户的个人资料是否已经更改，或根据用户的操作历史，通过模型和算法，学习出用户的动态偏好。理财魔方便是国内在追踪用户动态方面做得较好的例子。

## 3.2.2　大类资产配置

1990年诺贝尔经济学奖获得者马科维茨（Markowitz）的研究发现，分散投资是金融市场的"免费午餐"，正如我们常说的"不要把所有的鸡蛋放进一个篮子里"[1]。因此在智能投顾的过程中，包含了大类资产配置，以把资金分散投资到不同的资产类别中，以分散风险。

大类资产配置包括现金、股票、债券、外汇、大宗商品、金融衍生品、房地产及实物类投资等。其中股票、债券、大宗商品、现金是智能投顾在大类资产配置中的主要大类品种。智能投顾需要研究的资产选择基础问题，便是它们在不同经济阶段的表现。

尽管目前的一些智能投顾产品专注于特定的资产类别，但大部分的智能投顾产品能为用户提供不同类型的资产，以多样化来降低投资风险和增加用户的选择范围。例如，嘉实基金①在2014年推出的"来钱"智能投顾允许用户自主配置货币基金、

---

① www.jsfund.cn/.

债券基金、股票基金等大类资产的比例；蓝海智投推出的"蓝海财富"①于 2015 年 10 月正式上线，主要投资于国内 ETF、QDII 以及海外 ETF。显然，对于第二类包含多种资产类型的智能投顾，在做投资组合之前，需要先计算出每类资产的配置比例。资产类别的选择应当根据它们预期在投资组合中扮演的特定角色来选择，资产类别的比例应该根据当前的经济情况和市场趋势来选择。例如，由于美国的资本增长、长期的通货膨胀保护和税收效率的特性，投资组合中可能包含美国股票。通胀保值债券可能因其收入、低历史波动率、多元化和通胀对冲属性而被选择。市政债券可能由于其收入、低历史波动性、多元化和税收效率属性而被包含在投资组合中。美国股票、通胀保值证券、市政债券各有各的特点和功能，在计算它们之间的比例时仍需要结合当前的市场状况来选择。例如，在牛市中我们选择更大比例的美国股票，而在市场经济不景气、政府亟待建设时，更多地选择保值的市政债券。智能投顾在大类资产配置中的特色和作用，便是给用户按照自己的偏好调整资产比例，甚至更智能地，从历史信息、新闻信息等数据中学习到整个市场的环境和趋势，给出大类资产配置的方案。

以灵犀智投②为例，他们认为资产的收益存在轮动效应，单一资产无法长期持续表现良好，但对不同资产进行组合配置则能很好地提高收益稳定性。他们分别从宏观和个体两个层面进行考量，决定大类资产的筛选范围：**宏观层面**，他们综合考虑在不同的经济周期环境下每一类资产的历史行为特征、风险 - 收益关系，以及在当前的宏观经济形势下所预测的未来一段时间的收益走势；**个体层面**，他们综合考虑每个大类资产的收益能力、波动率、与其他资产间的相关性、抗通胀属性、手续费等特性，再通过宏观与个体层面的结合，确定大类资产的选择范围。以资产间的收益相关性来说，在相关性较低的情况下，一种资产价格下跌，另一种资产可能会上涨，因此对组合整体收益的影响小，能够有效控制风险。图 3-8 显示了 2005 年 1 月至 2016 年 9 月期间，我国股票、债券和商品三类资产的指数收益相关性。从中可以看出，这三者之间的相关性或为负，或呈弱相关性。因此，基于这三种指数所构造的投资组合能够有效对冲风险，而他们在建立投资组合时，正是基于这个标准挖掘大类资产进行配置的。③

---

① www.clipperadvisor.com/。
② https://1.jrj.com.cn/zntg/。
③ 《灵犀智投介绍》，https://1.jrj.com.cn/zntg/introduce。

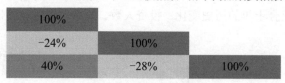

数据来源:巨灵财经。

图 3-8　标普中国 A 股指数、中证全债指数和南华商品期货指数的收益相关性(2005.1—2016.9)

## 3.2.3　投资组合选择

在确定大类资产配置比例之后,我们需要继续细化,确定每个资产类别中的投资产品比例。智能投顾产品利用大数据分析、量化模型及算法,根据用户画像刻画出的投资者的个人预期收益和风险偏好,来提供相匹配的资产组合建议。[7] 在每个特定的类别中,智能投顾产品使用历史数据法构建模型,用最优化方法求解模型,预测出投资产品未来的收益,根据其预测收益来配比投资组合。历史数据法假定未来与过去相似,以长期历史数据为基础,根据过去的经历推测未来的资产类别收益。[8] 最优化方法有两种方式:一种是给定风险(回撤)求最大收益,另一种是给定收益求最大风险(回撤)。根据这两种方式给出模型优化函数,进而求出模型的参数,应用模型来预测投资产品的收益。

投资组合的建议是智能投顾产品最核心的功能。其主要包含投资策略的生成和量化投资策略的执行。从不同的智能投顾产品中都能看到投资组合的身影。例如,"微量网①"提供了多组近期收益情况较好的股票组合,可通过当月收益、实盘收益、昨日收益进行筛选。同时,根据选择量化投资、起投金额还可进行再次筛选,得到更符合需求的股票组合。选择当月收益最佳的股票组合后,平台会显示出该组合当月收益率、实盘收益率、当前净值、股票数目等,以及对该股票组合的评价和沪深 300 指数对比净值走势图等。宜信财富②在 2018 年 5 月推出的智能投顾产品"投米 RA"③则更为智能,我们以用户身份在系统填写风险测评问卷后,根据测评结果,平台为我们配置的产品组合比例为股票 20%、债券 15%、其他 65%(见图 3-9)。用户可查看该投资组合历史涨跌幅度和每只 ETF 组合分配比例。如果用户对计算出

---

① www.wquant.com/。
② caifu.yixin.com/。
③ https://www.itoumi.com/。

来的用户画像不满意,还可以滑动风险指数线,平台将根据风险水平从低到高,显示出该组合十年的历史变化、投资人数、股票、债券及其他产品投资比例等信息①。

注:这里的投资组合仅用于说明,不可作为投资依据。

图 3-9 宜信投米智能投顾资产组合

智能投顾的目的是为了帮助用户管理财富,尽管在智能投顾的流程中,有些智能投顾产品只包含其中的某几个步骤,但所有的智能投顾产品一定会包含投资组合这一步,可见其重要性。

## 3.2.4 交易执行

从交易类型来看,智能投顾产品按照其资产操作方式可以分为两类:**资产管理类和资产建议类**。资产管理类需要更少的人工操作,用户需要给机器更多的信任,让机器自动完成交易。而在资产建议类中,投资者获得建议之后,还需要进行自行判断,交易的执行还需要投资者自行完成。

从交易成本来看,智能投顾产品采取完全透明化的单一费率模式[13-14]。以美国为例,传统投顾服务中的费用包括咨询费、充值提现费、投资组合调整费、隐藏费、零散费等近十类费用,项目反复且不透明,总费率超过投资金额的1%。而智能投顾产品通常只需要收取0.15%~0.35%的咨询管理费。值得注意的是,无论是传统投顾还是智能投顾,交易过程中产生的交易费、持有费等中间费用均由投资者自行承担。

从交易市场来看,智能投顾产品由于涉及各个类别的理财产品,因此也涵盖国内市场、国外市场、股指、债券、商品等多个类型的交易市场。

从交易机制来看,由于智能投顾推荐的理财产品也由传统的理财产品类别组

---

① 《科技金融浪潮来袭智能投顾产品哪家强》,《信息时报》,2016-10-28。

成,因此其交易机制和传统的资产管理机构一样,具体而言,包括信号触发机制、交易执行机制、风险监控机制,等等。

总体而言,交易执行可以概括为图3-10所示的内容。

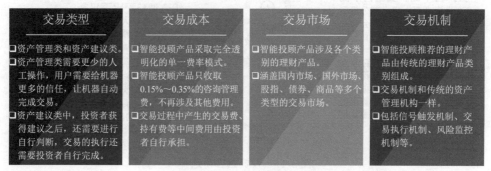

图3-10 智能投顾交易执行

## 3.2.5 投资组合再选择

投资组合再选择是指当投资组合当前资产配置与目标配置出现偏差时,及时调整各类资产的权重以实现投资组合的资产配置符合初始目标水平的策略 [9, 15]。从传统的投资组合来看,买进之后,后续想要调整十分复杂,在基金组合运作的过程中,各只基金的"基本面"都有可能因市场因素、人为因素等客观环境的变化而发生变化,这里包括基金的投资风格、投研团队以及基金公司的风险控制能力等方面。买基金是需要很强的专业和技巧的,需要深入了解每一只基金,并及时了解其基本面变化,还要能随时调整策略。即便如此,投资者还会因为主观因素的影响导致投资组合偏离自己的投资目标。到了智能投顾阶段,就可以在组合投资的基础上解决动态调整这个问题。例如,遇到市场大幅上涨导致底层风险较高的资产的比重显著增大时会自动触发调整点,卖出部分股票资产,买入风险较低的债券资产,恢复到个人投资者个性化的风险承受能力点。智能投顾背后相信纪律、相信资产配置、避免人性影响的价值观非常适合用于投资组合再选择。

投资组合再选择可以分为两类:一类是指当前的市场变化导致投资产品的收益浮动不符合预期,需要定期更换持仓的产品和比例;另一类是指用户的风险承受能力和投资偏好出现变化,需要更换持仓和比例以满足用户的偏好。智能算法需要实现实时分析和调整的功能。投资组合再选择包括以下几种情况。

对于第一种情况,即根据产品收益变动和市场风格变动等因素调整持仓,这里的策略规则主要包含几个平衡：买入再平衡、卖出再平衡，组合调整配比再平衡，波动再平衡以及观点再平衡，如图 3-11 所示。

图 3-11　投资组合再选择

- 买入再平衡、卖出再平衡：在投资者买入卖出部分投资组合的时候，系统会自动调整资金组合接近目标比。
- 组合调整配比再平衡：投资者可以人为调整资产组合配比，系统会将调整后的资产配比当作目标，每次再平衡调整就会接近这个目标（这样的话，就是用户自己进行资产配置，而机器人管家做的就是帮助用户维持用户设定的资产配置比例）。
- 波动再平衡：定期调整资产配置至目标比例，这个目标比例是根据用户偏好的改变或市场的变动，计算出的最优资产配置比例。
- 观点再平衡：现有的模型大多经典的 MAB（Multi-Armed Bandit）算法在 portfolio 中的应用，未来可以结合深度学习等其他技术，构建复合模型。

第二种情况是用户的风险承受能力和投资偏好出现变化，需要更换持仓。在这种情况下，典型的解决方案提供商有浦发银行①的"浦发极客智投"（原"财智机器人"）。它通过数据分析和智能算法，了解和检视用户既往的资产及收益情况，根据用户风险承受能力、资产状况、期限偏好等维度分析，进行个性化的跨种类财富产品推荐。用户在此基础上，还可自主选择修改，一键购买以优化整体资产配置。除了资产、交易、风险偏好等数据外，用户的浏览、点击等行为足迹数据也将被纳入智能算法，形成用户分析、策略制定、产品遴选、交易执行、账户持续跟踪再分析的闭环式智能投顾服务。"理财魔方"同样强调跟踪用户的操作记录，从而捕捉用户的偏好变化，实时修改投资组合策略。

---

① www.spdb.com.cn/。

## 3.2.6 税负管理

由于外国在税收政策上与中国有所区别,因此税负管理在中国并非必须项而在国外则是重要的一环。税负管理指的是由于投资亏损而获得的税负收获,也就是说,通过出售亏损证券来抵消资本利得税的责任。该策略通常用于限制短期资本收益,因为短期资本收益通常以高于长期资本收益的联邦所得税率征税。但是,该方法也可能抵消长期资本收益。通过投资亏损收获,出售具有未实现税收损失的投资,得以对组合中任何已交税的产品进行抵扣。然后用一个类似的资产替换出售的资产,以维护投资组合的资产分配以及预期的风险和收益水平。对许多投资者来说,投资亏损收获是减少税收的最重要工具。虽然投资亏损收获不能使投资者恢复到原来的位置,但可以减轻损失的严重程度。例如,可以出售证券 A 的价值损失来抵消证券 B 的价格上涨,从而消除证券 B 的资本利得税负债。

举个例子,假设投资者截至 2018 年的边际税率最高为 37%。他出售投资并实现长期资本收益,税率为 20%。图 3-12 展示了 2018 年度投资者的投资组合收益和亏损以及交易活动。

---

假设投资者截至2018年,其边际税率最高为37%。他出售投资并实现长期资本收益,其税率为20%。以下是该年度投资者的投资组合收益和亏损以及交易活动:

投资组合:
共同基金A:250 000美元的未实现收益,持有450天
共同基金B:未变现损失130 000美元,持续635天
共同基金C:100 000美元的未实现亏损,持续125天

- - - - - - - - - - - - - - - - - - - - - - - - - - - - - - - - - - - - -

交易活动:
共同基金E:已售出,实现20万美元的收益;基金持有了380天
共同基金F:已售出,实现150 000美元的收益;基金持有了150天

- - - - - - - - - - - - - - - - - - - - - - - - - - - - - - - - - - - - -

在没有减税收获的情况下,这项活动的纳税义务是:
无收获税=($200 000×20%)+($150 000×37%)=$40 000+$55 500=$95 500
如果投资者通过出售共同基金B和C来实现亏损,这将有助于抵消收益,而纳税义务则为:
投资损失节税后应缴税=(($200 000-$130 000)×20%)+(($150 000-$100 000)×37%)
=$14 000+$18 500=$32 500
然后,销售收入可以再投资于销售的资产。

图 3-12 2018 年度投资者的投资组合收益和亏损以及交易活动

可见，税负管理可以帮助投资者赚取更多的钱。因此，在美国的智能投顾产品中，税负管理是重要的一环。

## 3.2.7 组合分析

智能投顾中的最后一步——投资组合分析，主要供专业的金融人士所用。投资组合分析主要分析目前的投资组合相对于持股理想化的平衡，是用作组合优化的手段。

一方面，金融专业人士进行因子分析、进行投资组合的回测和模拟等。这样的分析能帮助专家以不同的角度看待和分析他们的投资产品和投资配比。它可以帮助专家决定何时投入更多或更少的时间和金钱，或者帮助他们决定是否应该从产品组合中删除产品或调整比例。具体而言，智能投顾产品的业绩指标包括产品风险收益概况、产品业绩稳定性对比、智能投顾产品调仓情况等。

另一方面，某些智能投顾产品还会对产品的数据、基本面信息等进行分析并可视化，辅助专家们对投资组合进行分析。某些智能投顾平台利用数据挖掘算法与数据可视化工具投资分析报告，内容包括业绩展示、业绩归因、风险因子分析、组合描述性统计分析、回测和模拟等。例如，以色列的 Bondit[①] 公司提供一款专注债券投资的智能投顾 SaaS 软件，该软件的目的是辅助固定收益投资的从业人员能设计并销售债券。具体而言，他们基于领先的机器学习算法所构建的模型，让数据可视化，并提供债券投资组合设计、优化、调整、监控及分析的一站式服务。

# 本章小结

本章通过 Betterment 的案例来说明智能投顾的概念和投资流程。通过阐释传统投资顾问的重要性、传统投资顾问和智能投资顾问的对比，总结出智能投顾的定义：智能投顾一方面利用大数据分析、量化金融模型以及智能化算法来跟踪投资市场，另一方面通过用户历史操作数据建立用户画像。通过这两方面结合，智能投顾达到匹配投资市场和用户偏好，达到最优资产配置和动态理性决策的目的，并最终通过互联网将进行数据分析结果的可视化呈现给用户。

---

① https://www.bonditglobal.com/。

智能投顾是用户投资理财的实用工具。为了更深入了解智能投顾的操作，我们参考了美国金融监管局给出的智能投顾投资流程，并对每一步的具体操作和智能算法进行展开，让读者对智能投顾的投资流程有一个全面而细致的把握。

# 参考文献

[1] MARKOWITZ H. Portfolio selection[J]. The journal of finance，1952，7（1）：77-91.

[2] FINRA. Report on Digital Investment Advice[R]. 2016.

[3] 尹孜. 智能投顾 财富管理新风口 [J]. 中国战略新兴产业，2016（8Z）：58-61.

[4] 杜宁. 人工智能在金融领域的应用、趋势与挑战 [J]. 人工智能，2018（5）：84-92.

[5] 范毓婷，郑子辉，王喻. 智能投顾的现状与发展趋势[J]. 信息通信技术与政策，2019（6）：67-70.

[6] 邢会强. 人工智能投资顾问在我国的法律界定——从"智能投顾"到"智能财顾"再到"智能投顾" [J]. 人工智能法学研究，2018（1）：80-95.

[7] 莫涛. "智能投顾"的征战：传统与创新的竞合 [J]. 现代商业银行，2017（10）：40-44.

[8] 葛波波. QFⅡ与我国证券投资基金投资行为比较 [D]. 上海：上海师范大学，2012.

[9] 赵邦欧. Z银行智能理财产品营销策略研究 [D]. 北京：北京邮电大学，2019.

[10] 周轩千. 银行智能投顾，你用了吗？[N]. 上海金融报，2018-03-02.

[11] 李淑兰. 基于用户投资偏好加强的汤普森采样投资组合决策模型 [D]. 杭州：浙江大学，2018.

[12] 李四立. 多元统计方法及其应用 [D]. 武汉：武汉大学，2018.

[13] 杨鹏. 智能投顾监管法律问题研究 [D]. 重庆：西南政法大学，2018.

[14] 宋艺. 基于同花顺案例的智能投顾行业风险管理研究 [D]. 成都：西南财经大学，2017.

[15] 张小勇. 中国上市房地产公司股票与股票市场的关联性研究——基于收益波动的溢出效应与动态相关性分析 [D]. 上海：上海财经大学，2010.

# 第 4 章

## 智能投顾的商业模式

## 案例

### Betterment 的商业模式

2008年，Betterment在美国纽约成立。Betterment由于无门槛、费率低的特点，成立之后便得到迅速发展。2017年7月，Betterment进行了7000万美元的融资。目前，它已经成为美国最大的智能投顾平台之一。截至2018年3月，Betterment已经吸引了超过110万位用户、超过135亿美元的资产规模，人均账户资产约为1万美元。Betterment的商业模式为何能如此成功呢？归根到底，是因为Betterment目标客户定位准确、投资标的灵活、业务模式清晰、盈利模式易行等因素。

**1. 目标客户**

Betterment的一个独到之处，是他们的投资策略以目标导向型为基础。Betterment对用户进行了划分，分为三类：零售用户、机构用户及退休用户[21]，因而分别推出了三类平台：Betterment、Betterment for Advisor（B4A）及Betterment for Business（B4B）①。它们可为客户提供理财规划（Financial Planning）、个人退休账户管理（IRA）、信托基金管理（Trusts）、税收亏损收割（Tax Loss Harvesting）等多种服务。具体来说，Betterment平台上可供选择的财务规划目标如表4-1所示。

表 4-1 Betterment 的财务规划目标

| 财务规划目标 | 股票配置比例 | 参与期限 | 提现设定 |
| --- | --- | --- | --- |
| 退休 | 56%～90% | 最多50年 | 在预定日期将余额转移到退休收入账户 |
| 退休收入 | 30%～56% | 最多30年 | 在预定日期之前以稳定的速度撤回 |
| 安全保障 | 40% | 滚动升级 | 在任何时间都可以随时变现清算 |
| 一般投资 | 55%～90% | 无限制 | 无清算 |
| 购买大件（房产、教育及其他） | 5%～90% | 最多30年 | 在预定日期全部清偿 |

---

① 《想了解互联网金融？这里有你不可错过的十大案例！》，微口网，http://www.vccoo.com。

**2. 投资标的**

Betterment 的投资标的由股票 ETF 和债券 ETF 组成，包括 6 种股票 ETF 和 7 种债券 ETF。所有的 Betterment 用户都可以以低成本和高流动性的 ETF 投资方式配置全球化资产[2]。在 Betterment 中，每个用户的账户投资的 ETF 不多于 12 只。通过股票型 ETF 与债券 ETF 进行组合，来达到用户的配置目标。

**3. 业务模式**

不同的投资用户有不同的投资目标，而 Betterment 的主要业务模式帮助不同的用户根据自己的目标，推荐和管理分散化的投资组合。只要用户在使用之初设定投资期望、投资期间、投资偏好等，Betterment 就能给用户推荐投资组合建议。Betterment 根据客户的风险，推荐出相应包含合适的股票和债券的投资组合。在后续操作中，客户只需要相应调整风险的高低，决定在股票和债券两个投资项间的资金分配比例。剩下的工作就可以由 Betterment 自动完成了。

**4. 盈利模式**

Betterment 通过收取管理费实现盈利，无起投门槛。低于 1 万美元，每年收取 0.35% 的管理费（如果账户存款低于 100 美元每月额外收取 3 美元）；1 万美元至 10 万美元，每年收取 0.25% 的管理费；高于 10 万美元，每年收取 0.15% 的管理费[5]。通过个人专属链接注册用户超过 3 人，可以获得一年的账户管理减免优惠。Betterment 旨在为个人账户和家庭账户提供智能投顾管理服务。从费率结构上来看，优惠的费率也主要针对投资金额超过 10 万美元的账户。

总而言之，Betterment 更专注于投资管理建议，偏目标导向和自助操作，用户可以根据自己的不同需求同时设立多个投资目标。Betterment 是业务全面发展的美国智能投顾平台，也是智能投顾的鼻祖，其商业模式有很多值得我们借鉴的地方。

## 4.1 智能投顾的目标客户

传统投顾因为费用高、门槛高、投顾效率低下等问题，主要客户为高净值人群，这使得中产及中产以下长尾人群很难享受专业化、定制化的投资咨询服务[6]。智能投顾的出现使得投顾服务的效率增高、成本减少，因此资产管理公司更加愿意开放普惠的智能投顾产品，使得投顾服务门槛降低，让有充足的现金流、存在强烈的资金管理及投资需求、却没有时间精力和投资知识来打理自己资产的中产及中产以下收入的人群得以享受专业而高效的投顾服务。除了长尾客户之外，传统的金融专业人士也会利用智能投顾产品来帮助他们更好地分析数据、分析客户画像。因此，智能投顾的目标客户可以分为中产及中产以下收入的人群和金融专业人士等，主要有C端和B端两大类客户。

## 4.1.1 中产及中产以下收入人群

随着私人财富快速膨胀，我国中产阶级的人数逐渐增多[7]。美国年收入3到20万美元属于中产阶层，占总人口80%左右。而在中国，得益于改革开放四十多年经济的高速增长，人均可支配收入逐步上涨，居民财富迅速积累。根据波士顿咨询公司的测算（见图4-1），2018年中国个人可投资金融资产的规模已经稳居世界第二[8]，达到39万亿元人民币，财富管理市场的资产规模高达百万亿元级。预计到2023年，中国个人可投资金融资产将稳步增长、规模达到82万亿元人民币，中国财富管理市场将持续令全球瞩目[3, 22]。预计到2022年，中国中产阶级的数量将达到6.3亿，而到2030年将有70%的中国人成为中产阶级。庞大的中产阶级人群，除了购买常见的金融产品之外，还寻求更优的资产配置、资产管理服务的类型和质量。因此中国智能投顾行业的前景巨大。

来源：波士顿咨询公司中国财富市场模型（2018）；BCG分析。
¹高净值个人定义为可投资资产大于600万元人民币的18岁以上成人。

图4-1 中国个人财富增长与中国高净值家庭

传统投顾投资门槛比较高，主要客户为高净值人群。传统投资顾问公司依赖于投资顾问的专业性，投资顾问需要与投资客户进行点对点的沟通，熟悉客户的风险偏好，并根据他们对市场的把握和判断从而推荐最优的投资组合。传统智能投顾由于以下原因而难以服务于长尾投资者：（1）各银行及理财公司产品不够丰富，且倾向于推销自家产品或合作商的产品，很难完全与用户的风险偏好相匹配；（2）中长尾客户无法承担昂贵的咨询费，且相对应的回报较低。传统投顾的投资门槛超过百万元，私人银行理财起点也多为 600 万元甚至千万元以上[6]，大部分中产及中产以下长尾人群很难享受专业化、定制化的投资咨询服务。然而，这类人群不仅基数大，在理财上也一直有着资产保值、增值的强烈诉求[9]，因此有很大的潜在市场。

智能投顾与传统投顾公司的高净值目标人群并不完全一致。智能投顾的主要目标客户是有充足的现金流，存在强烈的资金管理及投资需求，却没有时间精力和投资知识来打理自己资产的中产及中产以下收入的人群。智能投顾平台的投资门槛普遍为 1 万～10 万元，有些甚至更低。例如，证通财富奇点智投起投金额甚至只需要 5000 元。这样的设定迅速吸引了各层次的投资者前来进行私人财富管理，在真正意义上实现了全民理财、普惠金融，从而将 C 端客户的数量指数级扩大。智能投顾通过算法降低人力成本，扩大服务范围，为长尾客户提供普惠式的投顾服务，将有效弥补财富管理版图中空白地带，实现真正意义的普惠金融[10]。

表 4-2 对比了国内外智能投顾产品的目标客户。可以看到，无论是国内还是国外，其智能投顾平台客户中，大部分为中产及长尾客户。

表 4-2　智能投顾的目标客户

| 地区 | 平台 | 起投门槛 | 目标客户 |
| --- | --- | --- | --- |
| 国外 | Wealthfront | 5000 美元 | 目标客户群是年龄为 20 到 30 多岁的从事科技行业且具有一定经济实力的中产阶级，如 Facebook、Twitter、Skype 等公司的职员 |
| | Betterment | 零门槛 | 目标客户收入大概在 20 万美元以上，核心客户群体大部分是拥有高学历的美国职场人士 |
| | Personal Capital | | 可投资资产在 10 万到 200 万美元，具有一定消费和投资实力。年龄为 35～65 岁的普通中产阶级 |
| 国内 | 投米 RA | 500 美元 | 可投资资产在 30 万～300 万元之间的客户 |
| | 蓝海智投 | 5 万美元 | 目标客户定位为资产在 100 万～1000 万元的高净值个人 |
| | 弥财 | 5000 美元 | 介于高净值个人与中产阶级之间的高端用户 |
| | 招行摩羯智投 | 20 000 人民币 | 普通投资者 |

资料来源：东方证券。

## 4.1.2 金融专业人士

虽然智能投顾产品开始的初衷在于服务中产及长尾客户,但随着智能投顾产品的发展,更多的功能随之产生,如用户画像分析、投资状态实时分析、即时行情分析等,因而智能投顾的目标客户不仅仅限于中产及长尾客户,更多的金融专业人士,如专业大额投资者或投资经理,会利用智能投顾的这些功能来辅助他们做决策或者给他们的客户建议。

目前一些智能投顾平台除了会给出投资组合的建议或者帮助客户进行个性化的投资,还会对客户的资产状态、投资变化等进行实时分析,并以图表等可视化的形式展示给用户,让用户更直观地了解到适合自己的投资倾向和资金管理状态。与此同时,投资经理也能借鉴智能投顾对客户的分析,在自己对客户的分析之上参考智能投顾测试的结果,从而帮助投资经理更好地服务客户。

针对我国散户多、投资偏好主动投资等特点,多家机构开发了基于大数据和量化模型、有志于挖掘超额收益的智能投顾平台,其商业模式与美国 Motif Investing 类似。不同于传统模式的大类资产配置思路,其模式是通过人工智能、大数据等算法,自动化分析包括公司财报、网络舆情等在内的各种宏观和微观数据,提供各种垂直化、辅助化的金融服务,如预测公司财务变动、新闻舆论传播对市场的影响等。这一类具有代表性的智能投顾平台包括百度股市通、嘉实基金金贝塔、同花顺 iFinD 等一系列智能投顾平台。

例如中国的蓝海财富,在其平台提供的投资组合诊断功能中,有过去 1 年实现收益情况、未来 5 年预期收益及风险、收益诊断、风险诊断、夏普比率诊断、投资分散化诊断等,每个诊断过程都采用了图表的形式,给予更直观的数据收益分析。另外,新兴金融科技公司"璇玑投资"[①] 的理念是:"您的投资金额将会先进入指定货币基金,并由璇玑智投算法实时监控,综合考虑市场变化、有效前沿、交易成本等因素,以最优方式为您实现智能平衡。"[11] 同时给予实时监控和分析的功能,使得投资顾问能更好地了解每一位客户的投资状态。

总而言之,智能投顾在高净值客户财富管理市场更多地扮演着工具的作用,利用人工智能技术,将投资流程统一化、财富管理数字化、资产建议智能化,帮助财务顾问更好与更有效地服务其客户[12]。

---

① https://lj.hongdianfund.com/。

## 4.2 智能投顾的投资标的

### 4.2.1 常见的投资标的

智能投顾常见的投资标的为全球范围内的股票、债券、期货、基金、另类投资等传统的标的。表 4-3 分析了国内外比较大的几家智能投顾公司,他们的投资标的均为传统金融机构的投资标的。

表 4-3 智能投顾的常见投资标的

| 平台 | 资产类别 |
| --- | --- |
| Wealthfront | 十一大类:美股、海外股票、新兴市场股票、股利股票、美国国债、新兴市场债券、美国通胀指数化证券、自然资源、房产、公司债券、市政债券 |
| Betterment | 一般通过 ETF 进行配置 |
| 弥财 | 包含国内外股票指数、政府/企业债券、黄金期货等在内的 ETF 投资组合产品 |
| 投米 RA | ETF 基金 |
| 蓝海智投 | 成熟及新兴市场股权、债券、商品及房地产 |
| 招行摩羯智投 | 以公募基金为基础的全球资产配置 |
| 摩羯智投 | 以公募基金为基础、全球资产配置的"智能基金组合配置服务" |
| 理财魔方 | 以基金投资为主 |
| 拿铁智投/拿铁财经 | 以基金投资为主 |
| 蚂蚁财富 | 聚合了余额宝、招财宝、基金和股票的一站式移动理财平台,分别对应活期、定期、基金、股票等不同层次的理财需求 |

根据表 4-3 的归纳,可以认为目前智能投顾产品的投资标的类别与传统投资顾问的投资标的区别不大。智能投顾给用户呈现的是一个投资组合,背后其实也是全球范围内的股票、债券、期货、基金、另类投资等传统的常见的标的(见图 4-2)。还可以看到,无论国内还是国外,公募基金均是智能投顾的主要标的,其中 ETF 为主流。下面将重点分析国内外智能投顾产品中的 ETF。

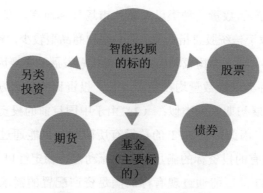

图 4-2  智能投顾的投资种类

美国典型智能投顾平台投资标的大部分为 ETF（交易所交易基金），而目前国内的 ETF 产品太少，智能投顾也处于起步萌芽状态。例如，招行摩羯智投的投资标的仅仅是由多个公募基金构成的投资组合，与 FOF（Fund of Funds）类似。

为了丰富投资标的的多样性，为用户提供全球范围内的投资组合，一些智能投顾平台会与第三方 ETF 基金公司或国外金融机构合作。例如 Wealthfront 涉及多达 11 项资产类别，包括美股、海外股票、债券、自然资源、房产等，投资组合的载体为指数基金 ETF；而投米 RA 为用户提供专门的美股账户用于投资美国股票，RA 账户用来投资智能投资组合，包含精选 ETF，追踪美国、中国及其他发达国家和发展中国家的股票、债券、房地产市场等相关指数，境内理财则是由投米 RA 提供国内固定收益类产品理财服务（P2P 理财），涵盖活期、短期、中期、长期产品。

而我国智能投顾平台上最常用的投资标的依然只是公募基金，ETF 数量相对较少。EFT 基金在国内市场发展空间受限的原因可以通过中国的投资者结构来分析，主要原因是中国的散户相对多，机构投资者相对少，而散户对 ETF 的偏好不高。中登公司公布的最新数据显示，当前 A 股市场的投资者数量合计为 11 906.67 万户，其中，自然人数量高达 11 873.70 万户。另一方面，ETF 基金作为一种配置型的、跟踪指数的被动投资工具，主要的持有者为机构投资者。而在 A 股市场，机构投资者占比均相对较低，这也是 ETF 在中国还相对较少的重要原因。[4]尽管传统的金融机构仍然以公募基金为主要标的，但新兴的智能投顾平台考虑到 EFT 的交易成本低的优势，已经逐渐开始青睐 ETF 标的 [1]。可见 EFT 未来发展的空间十分大。

另一方面，我国 ETF 产品数量和资产净值增速迅猛。在 2011 年，中国仅有 37 只 ETF，资产净值为 785.02 亿元，而到了 2018 年，资产净值突破 5000 亿元。

但是对比美国 ETF 产品数量、种类以及整体市场规模而言，我国 ETF 产品结构还相对单一，大多数属于传统股票指数型，债券型和商品型较少，整体规模体量较小[5]（见图4-3）。不过，这不会构成制约中国智能投顾发展的主要因素，其原因包括：（1）中国 ETF 的种类以及数量均在稳步增长，投资标的供给方面将有明显改善，这与美国 ETF 的发展初期较为类似；（2）由于中国目前的投资顾问平台主要推荐基金、理财产品等，因此即使 EFT 的数量有所限制，也能通过其他投资标的得以弥补；（3）由于现有的投资标的满足一定的流动性、稳定性以及风险配置分散性，因此即使不使用 ETF，也能通过现有标的满足资产配置的需求。总而言之，虽然目前中国 A 股市场 ETF 数量不足、规模较小，但这并不会成为阻碍中国智能投顾的快速发展。各个智能投顾平台也将会根据其实际情况对于其所投资的资产标的进行调整，以便满足投资者的理财方案[13]。

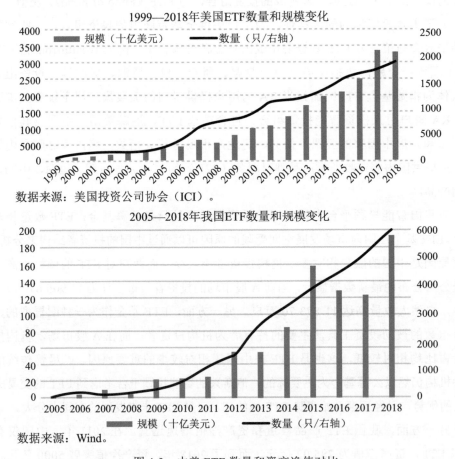

图 4-3　中美 ETF 数量和资产净值对比

## 4.2.2 新兴的投资标的

2018年3月末,中央全面深化改革委员会审议通过《关于规范金融机构资产管理业务的指导意见》(以下称《资管新规》),伴随资管新规的通过,财富管理行业会迎来飞速发展,刚性兑付的打破将助推智能投顾市场发展[14]。

《资管新规》取消了"智能投顾"的表述,而以"运用人工智能技术开展投资顾问业务""运用人工智能技术开展资产管理业务"代之。这不仅有利于区别智能投顾产品推荐和销售业务,也有利于金融企业在投资顾问和资产管理两类形态中找到合适的监管依据。同时,《资管新规》强调智投技术应避免同质化交易,这仍是监管层防止金融过度顺周期对金融市场造成冲击的意图。这也体现出监管层实际上更希望智能投顾不要局限于"千人千面",而是做到"千人千面"和"千时千面",从而弱化智能投顾可能触发的"羊群效应"①。要做到"千人千面""千时千面",可以考虑增加一些其他的投资标的,来适应不同用户的投资偏好,来分散化投资、降低风险。

过去20年,除了以上提到的投资标的,结合互联网的特征,还有一些银行理财产品、信托等互联网金融产品有望成为智能投顾的投资标的。在中国发展的智能投顾,可以利用中国的互联网成熟、多样等优点,来增加更多适用于智能投顾的投资标的。例如,如果智能投顾能找到合适的评估、交易方法,帮助其分析标的的风险、价值,那么智能投顾平台便可以把这些新兴标的,如信托、互联网理财等纳入投资标的中。

以信托为例,信托公司在制度载体、过往经验及投资能力上,是非常适合智能投顾业务的。从交易制度来看,信托公司可以跨货币市场、资本市场和实业投资来对资产进行配置;从准入门槛来看,各类资产交易的平台也都准入信托,因此信托的跨平台配置不受限制,极其适合智能投顾的投资标的。为了让这种新型的投资标的落实到智能投顾中,具体业务思路有三:

- ❑ 顺应出境投资需求和伞形分账户技术,帮助客户投资海外ETF。根据客户风险偏好,依托QDII通道和海外合作智能投顾公司,帮助客户配置海外ETF产品。
- ❑ 在家族信托中引入智能投顾。家族信托产品起点较高,规模相对较大,需要长期的配置和调整。而目前家族信托受制于无法向客户收取合理费用和

---

① 羊群效应,即从众效应或乐队花车效应,是指人们受到多数人的一致思想或行动影响,而跟从大众之思想或行为。从众效应是诉诸群众谬误之基础。

管理成本较高等因素而无法盈利，智能投顾的引入恰好可以降低成本。
- 互联网信托账户体系。通过互联网技术，吸引众多客户在信托公司开立单一信托计划，信托公司采用信托投资基金（Trust of Trust，TOT）的模式，以智能投顾帮助其配置资产，可以解决跨平台配置和管理成本较高的问题，真正发挥智能投顾的优势。

银行的理财产品是近年来发展速度快、规模庞大的产品。据银行业理财登记托管中心数据表明，2004年至2016年，我国银行理财产品规模迅速发展，截至2016年年底，银行理财产品已经达到29.1万亿元，体量巨大，产品投向不断拓展，成为金融市场上一支举足轻重的力量。《资管新规》中对银行理财产品统一进行了严格的监管，增加了银行理财产品的稳健性。同时，随着银行理财产品规模的上升，我国银行理财产品的类型也逐渐多样化，以期满足不同投资主体的需求。2017年，共有554家银行发行了理财产品，其中建设银行发行数量最大，为10 818款银行理财产品。产品的多样化分散了投资风险。结合强监管和多样化两个特征，银行的理财产品同样适合作为智能投顾的投资标的。

总而言之，智能投顾产品适合的标的需具备流动性好、透明度高、管理费低、且具有市场代表性等特点[24]。除了选择合适的标的，更应该关注资产的配置比例。因为财富管理收益的约80%应该来自于资产配置优化，而非选股决策。智能投顾平台如果盲目地增加标的而不考虑资产的配置，将会增大投资组合的风险，妨碍产品的发展[17]。

## 4.3 智能投顾的业务模式

智能投顾的业务模式如图4-4所示。

图4-4 智能投顾的业务模式

## 4.3.1 全自动与半自动投顾

目前,市面上各类智能投顾公司和业务林林总总,不下百家。从服务模式上看,智能投顾涵盖了很多不同的方向,从市场分析到智能交易,各个资产管理业务的方向都可以利用人工智能得到发展。从技术上看,有些公司以科技为本,完全利用科技进行自动化管理,而有一些公司则以传统的投顾业务为基础,利用科技进行辅助。从业务模式上看,根据是否需要人工参与,可以分为全自动和半自动两种模式。两种模式的流程对比如图 4-5 所示。

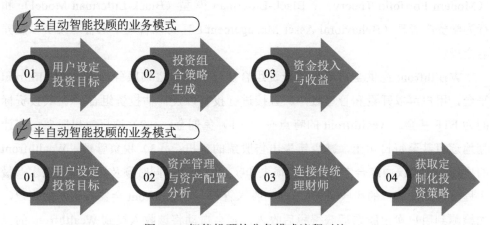

图 4-5 智能投顾的业务模式流程对比

**1. 全自动量化投资**

全自动量化交易,顾名思义,就是不需要用户过多地参与或基本不需要用户参与,便能帮助用户管理财富。全自动量化交易的运作模式分为三步——用户设定投资目标、投资组合策略生成、投资金投入与收益。

智能投顾发展最广泛的领域就是智能资产配置和管理。绝大部分智能资产配置都使用了现代投资组合理论(Modern Portfolio Theory)。这个理论简言之就是投资需要多样化,不能把鸡蛋都放到一个篮子里。投资组合应该含有多种资产,以此来降低整个投资组合的市场风险。由于各种产品的收益、风险以及相关性都可以计算,因此使用人工智能可以很快地建立并优化投资组合,尽可能达到在同等收益情况下风险最小、在同等风险情况下收益最高的优质模型。

很多在线智能投顾平台正是通过这一方法为客户进行资产分配。一般的投资组合都会涉及股票、债券、市场可交易基金(ETF)甚至外汇和商品等。通过不同的资产组合和客户的风险偏好，智能投顾平台为客户提供适合的投资组合产品。这一类服务的基本特点是成本低、自动配置、自动调仓，以及税收优化。客户直接将资金委托给在线智能投顾来管理投资，基本无须过问投资的细节内容。这一类中的典型代表是 Betterment、Wealthfront、Collective2、iSystems 等。

  Betterment 是一家于 2008 年在纽约成立的在线资产管理公司，同年 Wealthfront 也成立于加州。它们几乎同时进入智能投顾领域，向客户提供多样化、全自动、低成本的在线资产管理服务，是目前该领域的主要代表。这两家公司主要提供被动型指数基金和 ETF 的投资组合，核心管理机制包括了现代投资组合理论（Modern Portfolio Theory）、Black-Litterman 模型（Black-Litterman Model）和行为学资产管理（Behavioral Asset Management），可以管理个人普通投资以及养老金投资。

  Wealthfront 提供全自动化的投资组合建议和理财咨询服务，通过 Wealthfront 平台，用户可以开设和管理账户、直接进行投资以及评估投资组合[18]。其投资标的为 ETF 基金。Wealthfront 的特点有：（1）免佣金；（2）逐日卖出股票，有计划地逐日甚至每日卖出，减少错失出售股票的良机；（3）税负管理。Wealthfront 的投资买卖建议中综合考虑了税收损失和收益的平衡，同时顾及短期资金需求，最大程度地降低用户的税收负担；（4）收入管理，Wealthfront 会监控用户的账户，如检测到用户卖出股票后获得税后收入，则会自动将该收入投到 Wealthfront 的投资组合中，把握每一刻的投资机会；（5）灵活的操作机制。用户可以根据需要随时中止、更新、重新设置售股计划，也能够随时清仓、资金转移至其他经纪账户中。

  Collective2 配备自动外汇交易系统。该服务自动为用户提供资本市场信号，使他们能够及时采取行动。同时，Collective2 还配备专业人士来对用户提供援助。当用户使用这个系统的时候，用户并不需要是外汇高手，也不需要具备对外汇市场的知识，用户可以直接开始使用这个系统。除此之外，Collective2 还有一个自动跟单系统，自动化地对跟单资金进行成比例的放大缩小。因此不同资金体量的用户都可以很方便地进行跟单，同时也可以在止损加减仓等方面实施人工干预。

  另外，时瑞金融也推出了智能交易服务——iSystems，正式加入程序化交易的革命浪潮。多达 1000 余条自动交易策略可供您选择。这是一个完全自动化的软件。它有一个自动化的风险管理计划，并提供了 300 个交易性金融资产。在 iSystems 中，用户还可以方便地在多个市场中进行交易。可以有效地对策略进行回测和实测，以保证实时交易能完好地运行。

### 2. 半自动智能投顾

有不少的智能投顾公司开始了面向传统个人理财师或者基金经理的服务。不同于第一类全自动直接面向投资者的服务，这一类公司帮助传统的投资顾问更好地为客户服务。半自动投顾资产配置计划也由智能投顾给出，但只是作为一种参考，最终投资建议必须经过专业投资顾问的检查、处理后才能提供给用户使用。在半自动智能投顾模式下，传统投资顾问由于和用户有更多的互动，因此也会更全面地了解到客户的偏好和需求，例如用户是否有税收筹划、房地产投资、子女教育投资等更广泛的财富管理需求。由于传统的金融机构本身具备专业的投资顾问、平台资源和客户渠道，很适合结合自身优势发展半自动智能投顾，因此半自动智能投顾主要是由他们自主研发或是吸收兼并全自动智能投顾公司产生的，典型的有先锋基金 PAS、嘉信理财 SIP 等。

对资深投资者来说，半自动智能投顾在给出投资建议之后，用户仅仅将其作为参考，最终的买入卖出还是需要用户自行操作的。这一类服务不仅涵盖投资，它还包括了个人理财的其他方面，例如银行账户管理、贷款、养老金等，能提供全方位的个人财务分析。另外，专业的金融投资者还能利用半自动智能投顾的新闻分析、行情分析、历史数据分析等功能来帮助他们决策。对于投资经理来说，投资经理也能利用智能投顾的用户画像分析功能来帮助他们更好地了解他们的客户。这样的业务模式叫作半自动智能投顾，因为此时智能投顾不会帮用户做决策，而只是作为用户决策时的一个参考。

半自动智能投顾的运作模式分为四步——用户设定投资目标、智能平台进行各类资产管理与资产配置分析、连接传统理财师、获取定制化投资策略。客户在投资以前，可以选择想要达到的目标，例如为退休做准备、为买房做准备或者为子女上大学的费用做准备。根据客户现有的银行账目、消费以及投资情况，智能投顾产品可以进行合理分析，并寻找后台或线下的理财师和财务顾问。财务顾问可以利用智能投顾平台进行非常有效的资产管理和投资交易，让客户得到更好的服务。客户也可以直接在平台上对自己的财务情况有一个全盘的监测和分析。

这一类公司中典型的代表包括 Personal Capital、SigFig、嘉信理财等。

Personal Capital 平台利用计算机技术、数据分析，通过链接使用者账户为其提供 360 度的全方位金融账户跟踪与分析，提供完全免费的多功能资产管理软件。Personal Capital 提供的服务相当全面，用户喜欢称其为 Aggregator（整合者），能够帮助他们跟踪分析所有的金融账户并以图表的形式展现。用户首先链接自己所有的金融账户，包括信用卡、银行账户、券商账户、养老金账户，甚至 LendingClub 的 P2P 账户等，然后平台能够提供免费的分析服务——资金流动分析、投资组合、资产配置、养老金分析、用户的独有股票指数、转账提醒，等等。其次，平台有专业的线上一对一人工投资顾问为使用者提供收费的投资分析与建议服务，这也是 Personal Capital 唯一的盈利手段。Personal Capital 的投资顾问团队由 65 名有着多年成功管理数十亿美元资产组合经验的分析师组成。可投资资产达到 10 万美元以上的用户才能申请这一服务，提出申请后，平台会验证用户的身份与资产、信用情况，一旦通过申请，用户将资金转入 Personal Capital 为其单独创立的账户中，随后平台的投资顾问会通过电话、视频、邮件、同窗口浏览（即双方通过网络浏览同一网页、观看相同内容）等方式与用户沟通，通过用户的风险偏好与未来计划制订个性化的投资组合计划和投资策略，然后平台的智能技术会根据指令为用户进行避税计划、最优化投资组合，然后自动交易。投资产品一般有股票、ETF、债券等，投资期限为 12～18 个月。

　　SigFig 提供多个平台接口，用户可以导入自己的投资账户的数据，并用数据可视化来直观地反映投资者的收益变化。然后，通过人工智能算法，SigFig 会推荐出比现有投资组合收益更高的基金，以此给用户提供理财建议。在计算过程中 SigFig 也同时考虑了券商平台的隐性费用等，同一般的投资顾问不同，SigFig 是纯依靠数据算法的。

　　2017 年 3 月 14 日，嘉信理财正式推出智能投顾业务，它是人工投资顾问和机器智能投顾的结合体 [19]。通过这项新业务，投资者不仅可以有 24 小时的在线理财顾问，同时也可以得到算法打造的量身定制的基于 ETF 的投资方案。嘉信理财执行副总裁 Neesha Hathi 表示，大众投资者有强烈的理财需求，但通常因为缺乏信任和透明度、费用、复杂性等原因，没有找到适合他们的理财服务模式。该业务将智能投顾和人工投顾充分连接，既为投资者打造一个简单易用、低成本的投资平台，又可使投资者随时获得专业理财顾问的咨询服务，增加用户的黏性。

　　从行业发展情况来看，半自动智能投顾模式由于依托传统金融机构的平台资源和客户渠道，目前处于领先地位。随着技术进步，更能体现智能投顾优势的全自动智能投顾模式将成为未来的市场主流。

## 4.3.2 投资平台与相关智能服务

**1. 投资平台**

这一类产品搭建了投资策略提供者与客户之间的平台,让客户可以找到合适的策略提供者。常见的模式有各类交易跟投平台,或者定向投资组合平台。在交易平台上,交易策略提供者可以创建并发布各种交易模型。这些交易模型拥有完整的回测和实盘操作数据、风险评级、适用范围,等等。客户可以自己选择或通过平台推荐,来找到适合的交易模型和投资组合。或者平台可以挑选优质的交易模型,与策略提供者一起进行自营投资。这类公司包括 Quantopian[①]、StockCharts[②] 等。另一种平台则提供了定向的投资组合,投资组合由专业的基金经理来管理。客户通过自己的投资回报期望和风险偏好,来选择合适的基金,例如 Motif Investing[③] 等。

Quantopian 在 2011 年成立于波士顿。它为交易策略的创建者提供了比较完备的在线开发环境和回测机制。Quantopian 通过挑选优质稳定的投资策略,来进行实盘投资。StockCharts 则面向大众,由策略提供者发布交易策略和投资信号,客户可以通过付费订阅的方式,得到具体的投资买卖信息。这一类平台一般也融入了社群互动的模式,使用户可以共同学习和讨论。

**2. 与投资相关的智能服务**

除了进行资产管理,人工智能还可以用在投资相关的领域,例如交易管理、信息分析等。传统的投资需要人工进行大量的数据分析和交易判断,以期望发现最优的投资方向和最佳的投资时机。而人工智能可以有效地进行海量数据分析,为客户节省大量时间,提高分析效率,在智能投顾中发挥重要的作用。人工智能更偏重于大数据分析,利用机器学习算法分析各种海量的公开信息,包括公司财报、宏观数据、网络舆情等。基于人工智能技术,一些智能投顾公司研发了各种垂直化金融服务,如预测上市公司收入、基于突发事件给予投资指导、提供股票策略等[20]。这一类具有代表性的智能投顾平台包括国外的 Trefis、Kensho 和国内的百度股市通、同花顺 iFinD、胜算在握、资配易、理财魔方等一系列智能投顾平台。值得注意的是,针对我国散户多、投资偏好主动投资等特点,该类型的智能投顾重点在于辅助用户进行投资决策,如选股选基和优化资产配置,而非重在策略和交易。Kensho 为分析师提供了高效快捷的数据分析和历史数据比对,使分析师可以快速地验证自己的

---

① https://www.quantopian.com/。
② https://stockcharts.com/。
③ https://www.motif.com/。

想法和预测。Kapitall、TradeKing 为客户提供了方便智能的交易平台，还可以进行交易策略的分析和交流。

2013 年 Kensho 成立于马萨诸塞州剑桥市，其工程团队是谷歌、苹果等公司的顶尖工程师。产品的主要特点是基于自然语言处理算法的专业金融分析工具（见图 4-6）。客户可以像谷歌搜索一样在 Kensho 中提出问题，例如，3 级飓风将至，哪些股票会上涨？苹果将要发布新 iPad，哪些供应商股票会获益？Kensho 具有强大的语言理解能力，并通过大量市场和历史数据分析，最后提供分析报告。人工分析类似的问题往往需要花几个小时甚至几天的时间，而 Kensho 则可以在数秒之内完成。Kensho 的风险分析部门可以帮助大型银行和金融机构理解非交易性风险，用历史数据帮助他们分析诸如地理、天气这种影响因素带来的风险。Kensho 公司一个名为 Warren 的算法，可以通过分析数百万的市场数据发现相关性和套利机会。虽然技术很复杂，但界面很简单：用户在文本框中用简洁的语言写下复杂的问题。提出疑问后，Warren 将会搜索 90 000 个事件，例如药物审批、经济报告、货币政策变化、政治事件，并评估它们将会对金融资产产生的影响，即刻给出答案。

图 4-6　Kensho 使用界面：当提问"When crude drops, these stocks follow suit"时得到答案

## 4.3.3　大类资产配置、投资策略与社交跟投等

**1. 大类资产配置**

基于现代资产组合理论，在全球范围内配置不同的大类资产能够适应不同风险承受能力，如美国股票类、公司债券类、房地产类、防通胀证券类、自然资源等。该模式的关键在于被动投资，适合风险偏好较低、追求长期效益稳定的投资者[20]。国外的代表性公司有 Wealthfront、Betterment 等。我国目前上线的大类资产配置型

智能投顾平台其商业模式与国外的 Wealthfront、Betterment 等平台相仿，其主要特点是采取与海外经纪公司合作的模式，帮助投资者在全球范围内遴选全球优质的投资标的，分散风险，帮助投资者实现跨区域、跨资产类别的全球资产优化配置，并为投资者带来长期稳健的投资回报。相较于其他平台而言，其资产种类更为丰富而且多样，充分实现资产风险分散化与多样化、同样也可以成为国内用户投资海外市场简单而且高效的工具。国内具有代表性的智能投顾平台，包括投米 RA、蓝海智投、弥财等。

### 2. 投资策略

投资策略型的智能投顾更偏重于策略与交易，主要有量化策略和主题策略两大类，可以自行开发或者搭建平台。由于投资策略尤其是量化策略的实施效果与交易过程直接相关，故这类智能投顾公司交易系统开发的要求更高。国外的代表性公司如基于主题策略投资的 Motif 采用的是社交金融模式，以美股为标的进行组合，主要目标用户群是有一定投资经验的人群，主打社交化投资。

### 3. 社交跟投

社交跟投是将职业或业余投资高手的投资业绩和持仓情况分享出来，供投资者参考，让普通投资者享用投资咨询服务[20]。其最直接从社交投资网络中获益的方式就是复制/跟投其他用户的投资策略。社交跟投型的智能投顾代表性平台包括国外的 Covestor，国内的雪球网、股票雷达和嘉实基金推出的金贝塔等。

还有一些传统的金融公司会通过对接自己的内外部资源，将智能投顾功能较好地整合到自己原有的运营体系中，更好地服务原有体系的客户，吸引更多投资者。如国外的先锋基金和嘉信理财，国内的平安一账通（平安保险）、摩羯智投（招商银行）、璇玑智投（民生证券）、贝塔牛（广发证券）等；互联网金融公司在智能投顾方向的切入，如国内的京东金融推出的京东智投等；以及第三方财富管理平台的智能化，如国内的聚爱财 PLUS（聚爱财）、钱景私人理财（钱景财富）等。

## 4.4 智能投顾的营销模式

互联网证券的兴起促使行业竞争格局发生改变，智能投顾业务是必争之地。互联网证券的兴起，证券行业中原有的竞争格局被打破，传统的券商以及致力于切分证券业市场的互联网企业，均有强烈的意愿在智能投顾领域取得先发优势。智能投顾的营销模式包括：打造明星产品、分级客户群匹配服务、利用大数据进行精准营销这三类，如图4-7所示。

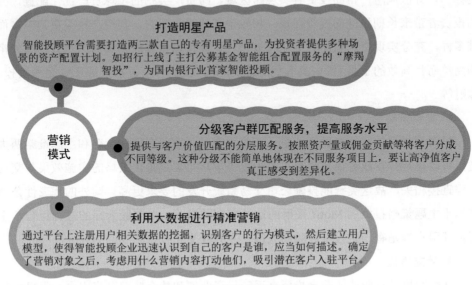

图4-7 智能投顾的营销模式

## 4.4.1 打造明星产品

第一种常见的营销方式是打造明星产品。目前大多数智能投顾平台提供的产品和服务都比较同质化，缺乏拳头产品或服务。要改变现状，智能投顾平台需要打造两三款自己的专有明星产品，为投资者提供多种场景的资产配置计划。在国内，招商银行上线了国内银行业首家智能投顾——摩羯智投平台，主打公募基金的智能投资组合。摩羯智投系统已经对3400多只公募基金进行了分类优化和指数化编制，每天还要做107万次计算，确保系统能给予适合投资者的最优风险收益曲线与投资组合方案[25]。而"平安一账通"的亮点是客户风险分析更精准，其风险偏好识别系统是在平安集团百万以上已有风险测评用户的数据基础上建立起模型，除了用户基本属性、订单交易等信息之外，还包括用户的资产分析、消费水平、收入水平、投资经验、投资期限等数据，更为全面的数据可以为用户提供更为精准的风险承受评分。在国外，智能投顾平台Motif虽然有自动股票投资组合（Automated investing）、外汇股权投资（Intuitive stock trading）、投资策略制定接口与分享（Easy portfolio building & sharing）这三个产品，但其主打的还是其策略制定与分析产品。

在 Motif 上，用户可以自助加入分享的圈子，并基于当下热门和时效性的主题生成一系列股票投资组合。

## 4.4.2 分级客户群匹配服务，提高服务水平

第二种常见的营销方式是提供与客户价值匹配的分层服务。按照资产量或佣金贡献等将客户分成不同等级。这种分级不能不简单地体现在不同的服务项目上，要让高价值客户真正感受到差异化。在服务内容、方式、资源投入等方面都要匹配客户贡献。为高净值客户配备一个单独的投资顾问来对接，除了通过机器人等进行智能投资推荐外，还匹配单独的客服为其服务。如嘉信理财、Betterment 等都为高端客户提供了人工咨询服务，对客户分层、分级、分类，分而待之。通过具体分析嘉信理财的产品。例如嘉信理财平台自动刻画出用户画像，将客户分为三种不同的类别，并针对不同的类别使用不同的推荐方式：传统分散型（Traditional diversification）、风险分散型（Risk budgeting）和目标驱动型（Goal driven），给不同层次的客户提供不同的投资组合。Betterment 的产品也对客户群体进行了分类，理财入门者可以通过个人导航产品（Personalize guidance）对退休、买房、育儿等遇到的理财问题进行在线咨询；资深投资者可以通过税负投资产品（Tax-Smart Investing）来让机器自动计算投资过程中产生的税负，从而优化投资组合，简化投资者的税负管理；职场人士可以通过退休金管理产品（Retirement Planning）来选择更符合自身需求的退休金计划。这些不同的产品分别针对不同层次、不同类别的客户，满足不同的投资期望，极大地提高了服务水平。

## 4.4.3 利用大数据进行精准营销

第三种常见的营销方式是利用大数据进行精准营销，主要通过对平台上注册用户相关数据的挖掘，识别客户的行为模式，然后建立用户模型，使得智能投顾企业迅速认识到自己的客户是谁，应当如何描述。确定营销对象之后，考虑用什么营销内容打动他们，吸引潜在客户入驻平台。

**1. 传统大型券商：利用本身的资源投研**

随着佣金率持续下行以及一人一户政策的放开，长期积累的客户群体黏性显著降低，客户拥有更多选择空间，且新增投资者选择开户券商的标准已不再是传统的

品牌形象,而更青睐佣金率、服务等方面。因此,传统券商为保持竞争力,将积极探索智能投顾,同时进一步发挥自身投研、产品设计等证券专业领域的能力优势。

#### 2. 中小型券商:利用互联网降低获客成本

传统的券商依靠营业部拓展市场规模的方式成本高、效率低,导致其动力不足,往往选择深耕区域市场。随着互联网证券的兴起,中小型券商迎来了发展契机,通过建立互联网用户渠道低成本获取海量客户资源成为其发展主战略。为弥补其本身品牌、实力短板,中小型券商将更积极发展智能投顾等各类特色服务,提升客户吸引力。因此,中小型券商将成为最积极拥抱互联网证券、创新动力最强的证券公司。

#### 3. 致力于切分证券市场的互联网企业:利用技术优势进行营销

互联网企业由于其本身的IT技术优势显著,且凭借成熟的互联网思维,最为重视客户潜在需求的挖掘和产品服务的创新,必定会重视发展智能投顾等新兴业务。互联网企业目前切入证券市场存在两条路径:(1)收购或申请券商牌照,如东方财富、银之杰等;(2)通过与券商展开全面合作,如同花顺、奇虎360等,无论采用何种方式,智能投顾都将成为需要重点拓展的蓝海市场。未来互联网公司将依靠大数据、人工智能等技术领先优势,有望在智能投顾领域率先取得突破。

利用大数据进行精准营销的三类企业的营销模式对比,如图4-8所示。

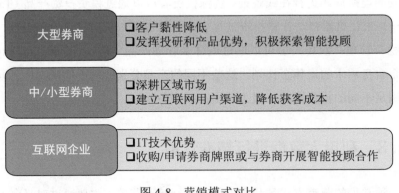

图4-8 营销模式对比

## 4.5 智能投顾的盈利模式

目前智能投顾平台的盈利模式主要包括两大类:前端收费模式和后端盈利模式,每种模式都有一些代表平台。图4-9展示了两大盈利模式涉及的费用类型。

图 4-9 智能投顾的盈利模式

## 4.5.1 前端收费模式

前端收费模式主要有收取资管费、盈利提成费、其他服务费等几种。部分智能投顾平台根据客户委托管理的资产规模收取一定比例的管理费。在美国，大部分智能投顾平台通过资本管理费来盈利，费用为本金的 0.25%～0.5%。不同的智能投顾平台定价不一，具体比例根据不同投资平台的价值而定。投资者方面，则还需要支付不超过 0.15% 的 ETF 费用。虽然看起来费率较低，但是由于美国的智能投顾业务成熟、客户群体庞大，公司营收状况仍能保持良好。智能投顾在美国，主要的作用是帮助客户进行税负管理、降低不必要的税负成本。例如，假设 Wealthfront 通过税负管理，帮助客户"节省" 4.6% 的税负，则该公司会收取 0.25% 的年管理费，低廉的费用使得用户的付费意愿度也会比较高。

> **Wealthfront 与 Betterment 的前端收费盈利模式：资管费、服务费**
>
> Wealthfront 会按照投资者的账户金额收取相应的服务费：在每月第一个工作日，对每个用户收取其账户余额扣除 10 000 美元之后的 0.25% 的佣金。而 Betterment 则根据账户余额的 0.15%～0.35% 计算年费。投资金额越多，费用越低。如果账户存款低于 100 美元，每月额外收取 3 美元管理费；对于低于 10 000 美元的账户，每年收取 0.35% 的管理费；账户金额在 10 000～100 000 美元，每年收取 0.25% 的管理费；高于 100 000 美元的账户每年收取 0.15% 的管理费。

盈利提成费则是指为客户获得超额盈利之后抽取一定比例的提成。有部分投顾平台收取其他服务费：在交易、充值提现、资产自合调整等环节收取服务费。目前国内大多投顾平台都免费提供咨询服务，未来可以通过盘活存量客户，增加经纪业务收入等方面提高盈利能力。

## 4.5.2 后端盈利模式

后端盈利模式主要包括利差收益和销售分成。利差收益是指平台以批发价获得金融资产，再以稍高的价格出售给客户，赚利差钱。而销售分成则通过帮助金融机构出售产品，获得销售分成。然而，前端盈利模式不仅使得智能投顾公司的收入波动幅度增大，而且并不一定能满足客户保值、增值的利益诉求，甚至有所冲突。相比而言，财富管理后端收费的商业模型更加稳定合理，从这个角度来说，智能投顾可在前后两端拓展盈利模式，因而具有打通财富管理价值链的战略意义。

> **智能投顾后端盈利模式：通过利差转为服务费的盈利模式**
>
> 一位智能投顾平台负责人向北京商报记者表示，他们目前主要是通过将资产端和投资端的利差转变为服务费的模式来盈利的。他说："资产包的利率与投资人的利率有一个利差，平台会转变为服务费，这个也是我们目前的收入模式。"[16]

# 本章小结

本章探讨了智能投顾的目标客户、投资标的、业务模式和营销模式，更加清晰了智能投顾的目标和发展脉络。总体来说，智能投顾的目标客户为所有有投资需求的人群。投资标的方面，智能投顾也不囿于传统的投资标的，而更应该结合互联网的特点和优势，把互联网的新兴的理财产品也纳入考虑，或是用新的方式来定义和考量这些理财产品，或者用已有的技术手段来匹配互联网理财产品的资金端和资产端，以丰富投资标的，分散风险。在业务模式上，我们也归纳了智能投顾产品两类业务模式——全自动智能投顾和半自动智能投顾。这两类智能投顾相辅相成，帮助长尾客户及专业投资人士、投资经理等更好地投资、更好地帮助客户。最后，智能投顾也是目前金融界最热门的话题，各类金融公司分别推出自己的智能投顾产品，在智能投顾领域进行新的尝试。不同类别的金融公司表现出不一样的营销模式和推广模式，我们总结了传统大券商、新兴的互联网企业在智能投顾上不同的营销模式，给想加入智能投顾队伍的公司参考。我们看好在基金销售端占据优势以及拥有庞大客户资源的互联网系蚂蚁金服、理财通、东方财富等在智能投顾领域的潜力。此外，拥有广泛的零售客户、庞大的投顾团队、众多的线下网点以及强有力的基金销售渠道优势的券商系、银行系巨头同样也在智能投顾领域具有一定的优势，而在大数据以及算法模型方面拥有较为成熟技术的上市公司如恒生电子、同花顺等较其他平台也具有先发优势。

# 参考文献

[1] 李海涛. 智能投顾：大众财富管理市场的搅局者？[N]. 第一财经日报，2017-08-02.

[2] 徐宝成. 智能投顾 美国先行 [J]. 金融博览，2017（16）：52-55.

[3] 杨红梅. 中国富裕人群财富管理需求悄然生变 [N]. 中国财经报，2017-05-09.

[4] 张筱翠. 国内的 ETF 基金为什么"长不大"？[N]. 中国基金报，2017-03-06.

[5] 樊胜男. 我国智能投顾平台发展问题探析 [D]. 保定：河北大学，2019.

[6] 周轩千. 银行智能投顾，你用了吗？[N]. 上海金融报，2018-03-02.

[7] 张华强. 中国智能投顾市场的发展分析及产品设计 [D]. 苏州：苏州大学，2018.

[8] 周月秋. 银行业推进金融供给侧改革思考 [J]. 中国金融，2019（9）：13-15.

[9] 董少广，李忠. 银行智能投顾的跨越式发展 [J]. 中国外汇，2018（12）：64-66.

[10] 端木宁州. 智能投顾业务模式研究 [D]. 杭州：浙江工业大学，2018.

[11] 金融界基金. 中国智能投顾行业 2018 年 6 月报：年中收官 表现依旧平稳 [EB/OL]. [2018-07-18]. http://fund.jrj.com.cn/2018/07/18160824833612.shtml.

[12] 莫涛. "智能投顾"的征战：传统与创新的竞合 [J]. 现代商业银行，2017（7）：40-44.

[13] 常乐. 基于产品驱动的 A 证券公司经纪业务竞争策略研究 [D]. 深圳：深圳大学，2018.

[14] 郑毓栋. 资管新规下智能投顾的发展趋势与国际经验 [J]. 清华金融评论，2018（4）：51-52.

[15] 杨云光. P2P 网络借贷风险与监管对策初探 [J]. 时代金融，2019（4）：47-49.

[16] 崔敏. 智能投顾受追捧 企业布局能力成关键 [N]. 中国企业报，2016-06-21.

[17] 冯永昌，孙冬萌. 智能投顾行业机遇与挑战并存（下）[J]. 金融科技时代，2017（7）：16-23.

[18] 冯珊珊. 猎狗投资：公募基金筛选器 [J]. 首席财务官，2016（10）：33-35.

[19] 黎致雅，杨向乐，林丽珠. 智能投顾，投资理财的新时代 [J]. 时代金融，2018（30）：358-359.

[20] 周翔. 智能投顾：财资"魔法"——智能投顾，或改写财富市场格局 [J]. 金融博览，2017（16）：34-40.

[21] 吴超. 金融科技时代财富管理企业核心竞争力研究：量化投资技术和商业模式创新维

度 [D]. 北京：中国科学院大学，2017.
[22] 周昱彤. LC 证券 YT 营业部财富管理业务营销策略研究 [D]. 济南：山东大学，2019.
[23] 刘畅. 中国智能投顾发展现状与潜力 [J]. 新商务周刊，2018（20）：188-189.
[24] 王婧涵. 基于资产配置视角的智能投顾分析——以"中银慧投"为例 [J]. 经济论坛，2018（8）：67-70.
[25] 阮晓东. 新风口下的银行转型之路 [J]. 新经济导刊，2017（10）：22-26.

# 第 5 章
## 智能投顾理论入门

> 案例

### 马科维茨理论的产生

1952年,诺贝尔经济学奖获得者、芝加哥大学的哈里·马科维茨(Harry Markowitz)(生于1927年8月24日,见图5-1),在现代投资组合理论方面取得了开拓性的研究成果。他在《资产组合选择——投资的有效分散化》一文中提出了"投资组合"的概念,研究资产风险和回报之间的相关性和分散投资对可能的投资组合回报的影响。论文参考并运用了帕斯卡、高斯、棣莫弗、伯努利、冯·诺依曼等人关于抽样、概率论、均值等的相关理论,提出在分析投资者的投资组合时,应该在资产组合的基础上配合投资者的风险偏好,并且在此文的基础上他提出了有价证券投资理论。[1]对投资者们而言,马科维茨理论是他们衡量不同金融资产投资风险和收益的工具,也能协助他们估计和预测股票、债券等证券的价格,以达成获得最佳资产组合的目标,从而使投资报酬最高,投资风险最小。与此同时,基于马科维茨的投资组合理论可以推导出投资组合的有效前沿,拉开了现代投资组合理论的帷幕。

图5-1 诺贝尔经济学奖获得者马科维茨

本章将从马科维茨投资组合理论开始,介绍现代投资组合理论(Modern Portfolio Theory,MPT)、贝叶斯投资组合模型的相关理论,进而延伸到量化投资理论、行为学资产管理领域,以及这一系列理论的应用和优缺点。

## 5.1 马科维茨投资组合理论

投资中有两个核心关注点：投资者们各自的预期收益和他们对于风险的承担能力。因此，如何在为每位投资者提供最符合他/她个人偏好的个性化投资组合的同时将风险控制在其可承受范围之内，成为市场投资者迫切需要解决的问题。1952年，美国经济学家马科维茨就是在这样的背景之下提出投资组合理论的。

其中，马科维茨的风险定价思想集中表现在同样是他创建的"均值-方差"二维空间中投资机会集的有效边界上。

### 5.1.1 现代投资组合理论概述

现代投资组合理论（Modern Portfolio Theory）研究在不确定的投资回报条件下的投资业绩，这是美国经济学家哈里·马科维茨在1952年提出的[3]。这一理论为希望增加个人财富但不敢做出高风险、高收益决定的投资者提供了指导。风险与收益相伴而生，换言之，投资者在追求高回报时可能面临高风险，大多数投资者利用证券投资来增加收益，但分散投资可以减少风险。

马科维茨的投资组合理论基于风险与收益之间的矛盾，采用了二次规划方法来平衡收益与风险，提出了投资组合的最佳选择。基于该想法，他完成了一篇论文并于1959年发表，其中不仅分析了分散投资的重要性，而且分析了如何采取正确的做法。

马科维茨的贡献是制定在不确定情况下使投资组合合理化的理论和方法，它是第一种显示了多样化好处的定量方法。作为第一种显示了多样化好处的定量方法，它利用数学中的均值-方差模型，使人们能够按照自己的偏好准确地选择投资组合。

投资组合理论可作狭义和广义的划分[4]。狭义的投资组合理论指的是马科维茨投资组合理论。广义的投资组合理论除了马科维茨的投资组合理论外，还包括资本市场理论，即资本资产定价模型和证券市场有效理论。

## 5.1.2 投资组合的可行集和有效集

理性的投资者总是厌恶风险,更喜欢收益,因此,对于同样的风险水平,人们将选择一种能够产生最大预期收益的组合;同样,为了同样的预期收益,人们将选择风险最低的组合,符合这两个条件的组合是一个有效的集合(Efficient Set),也称为有效边界(Efficient frontier),有效边界组合称为有效的组合(Efficient Portfolio)[5-6]。

针对有效边界,马科维茨提出以下几个基本假设[7]:

- 投资者想要更多的财富,而投资的有效性取决于财富的增长,但财富的边际效用是下降的。
- 投资者假设投资回报的分布是正态的。
- 投资者对投资效用的最高期望取决于预期收益和风险,因此,影响投资决策的主要因素是预期收益和风险。
- 投资者都是风险厌恶的,投资风险以预期收益的方差或标准差来预估。
- 投资者都是理性人,即在预期收益相同的情况下选择风险最低的证券,或在相同的投资风险下选择预期收益最高的证券。
- 市场是有限市场,即市场中的资产的现有市场价格能够充分反映市场上的所有信息。

以图 5-2 为例,平面上的点代表可能的投资组合的收益和风险。双曲线的上半支 bc 曲线代表投资组合的有效边界,其上的每一个点都是一个最优资产组合,即使得同一风险水平下收益最高或者同一收益率下风险最低的投资组合。而曲线 ab 的收益却没有达到预期,因此不属于最优资产组合。在整个曲线上,b 点处投资组合方差达到最小,这也就对应着该点代表的投资组合的风险最小。有效边界曲线上的所有点都是投资组合中最有效的部分,而有效边界线内的部分则是非有效的。

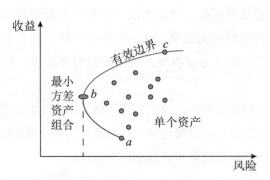

图 5-2 投资组合的收益和风险

投资者对投资组合的选择取决于他们的偏好。例如，在图 5-3 中，$I_1$、$I_2$ 和 $I_3$ 代表了三种投资偏好的无差异曲线，同一无差异曲线代表投资者有相同的投资风险偏好。对每一个投资者来说，无差异曲线位置越高，相应的投资组合给投资者带来的满意度就越高。在图 5-3 中，三条无差异曲线的满意度为 $I_1<I_2<I_3$。无差异曲线和有效边界的切点 A 就是投资组合的最佳组合点。

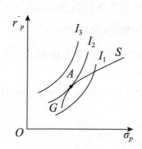

图 5-3　有效边界模型中的无差别曲线

马科维茨理论本质上是在预期收益和风险之间进行权衡，从而找到平衡收益 - 风险两因素的最优投资组合。目前国内外大多数的智能投资平台是基于马科维茨理论的，利用人工智能技术和大数据精密把控收益 - 风险水平，创建最优投资组合，以获得长期收益。

## 5.1.3　均值方差分析方法

投资者在一定时期内投资一定数量的资金，则会希望在这一时期开始时选择最佳的投资组合，其决策有两个目标：最高收益和最低不确定性风险。具体过程如图 5-4 所示。

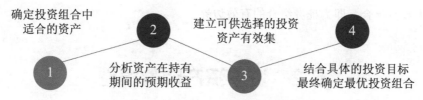

图 5-4　确定一个投资组合的流程

而当把问题转换为寻找有效边界时，就可以把投资组合问题转化为两个优化问题之一：

(1) 在特定收益条件下尽量减少风险；

(2) 在特定风险条件下尽量增加收益。

假设 $r_p$——组合收益；

$r_i$、$r_j$——第 $i$ 种、第 $j$ 种资产的收益；

$w_i$、$w_j$——资产 $i$ 和资产 $j$ 在组合中的权重；

$\delta^2(r_p)$——组合收益的方差即组合的总体风险；

$\text{cov}(r_i, r_j)$——两种资产之间的协方差。

如果假设问题 1，则问题的目标是最小化组合风险，得到：

$$\min \delta^2(r_p) = \min \sum_{i,j=1}^{n} \omega_i \omega_j \text{cov}(r_i, r_j)$$

$$\text{s.t.} \sum_{i=1}^{n} \omega_i r_i = c$$

$$\sum_{i=1}^{n} \omega_i = 1$$

在这样的情况下，投资组合的期望收益为：

$$Er_p = E\left(\sum_{i=1}^{n} w_i r_i\right) = \sum_{i=1}^{n} w_i (Er_i)$$

这就是马科维茨创立的最基本的投资组合模型[1]，对资产投资组合的期望收益和期望风险进行量化，提出分散化投资可以降低投资组合的总风险的概念，并首次提出投资组合理论（Portfolio Theory）。

马科维茨利用均值、方差来衡量单一证券的收益和风险，利用单一证券与其他证券的协方差来衡量证券组合的风险，以此来确定最有效的证券组合。他首次将投资组合选择问题成功转化为限定条件下最优解的求解问题，即如何求解资金的最优分配比例问题。通过求解所有可能投资组合的收益 - 风险曲线，得到各风险水平下的最大收益集合，即为证券组合的有效边界。

## 5.2 资本资产定价模型

虽然马科维茨的工作涉及市场均衡对于投资组合的影响，但他的现代投资组合理论主要关注投资者而不是资产和投资市场。此外，马科维茨理论关注的是在不确定的情况下的市场主体，而且主要被用于指导实践。从 20 世纪 60 年代初开始，马科维茨现代投资组合理论的这些不足促使一些经济学家开始思考：马科维茨的理论在实践中能简化吗？在市场均衡的条件下，如何根据风险确定资产价格？

在现代投资组合理论的基础上，以夏普（W. Sharpe, 1964）、林特纳（J. Lintner, 1965）和莫辛（J. Mossin, 1966）为代表的学者们提出了资本资产定价模型（Capital Asset Pricing Model, CAPM）。本节将围绕CAPM假设条件、分离定理、资本市场线与证券市场线三个部分展开介绍CAPM。

## 5.2.1　CAPM假设条件

夏普（William Sharpe）是斯坦福大学教授，1934年6月生于坎布里奇，1951年，夏普进入伯克利大学攻读医学，后来主修经济学，1956年进入兰德公司，在加州大学洛杉矶分校获得博士学位。在他选择博士论文的题目时，他关注到了研究精简马科维茨模型的问题，并且在马科维茨的指导下于1961年撰写了一篇博士论文，提出了单因素模型，大大减少了计算的数量。在该模型中，资本资产主要是股票，而价格则是资本市场如何决定股票的收益，从而决定股票的价格。在建立一个总体均衡模型时，我们可以选择相关的指标来衡量任何资产的风险，以及预期收益率与平衡市场中任何资产的风险之间的关系。均衡模型本身对于揭示投资组合最佳性质的内在缺陷十分重要。

1964年，夏普提出的CAPM模型不是用方差作资产的风险度量，而是以证券收益与全市场证券组合的收益的协方差作为资产风险的度量（$\beta$系数）。这不仅简化了马科维茨模型中关于风险值的计算工作，而且可以对过去难以估价的证券资产的风险价格进行定价。夏普把资产风险进一步分为"系统"和"非系统"风险两部分，并提出：投资的分散化只能消除非系统风险，而不能消除系统风险。

诺贝尔经济学评奖委员会认为CAPM已构成金融市场现代价格理论的核心，它也被广泛用于金融市场分析，使丰富的金融数据可以得到系统而有效的利用。

然而，现实世界是复杂的，为了更好地分析现实并建立关于现实运作情况的模型，我们必须通过假设来剔除那些对市场行为只有很小（或几乎没有）影响的复杂因子。因此，CAPM需要基于以下的假设条件。

❑ 投资者根据投资组合在一段时间内（单一周期）的预期收益和利差评估投资组合。

❑ 所有投资者都是理性的，并寻求尽可能少的投资收益方差。

- 投资者永不满足：当他们面对相同风险的两种组合时，他们选择预期收益较高的组合。
- 资本市场是不可分割的，所有投资者都可以免费和持续地获得有关信息（有效市场）。
- 资产是不可分割的，投资者可以购买任何数量的资产。
- 投资者可以获得无风险利率下的贷款。
- 没有任何税收或交易费用。
- 投资者人数众多，与所有投资者相比，每一个投资者的财富都微不足道，所有投资者都是价格的接受者，个人投资者的行为不会影响证券价格，也就是说，不会产生全面的市场竞争。
- 只考虑单周期的投资，即所有投资者在同一持有期内规划自己的投资组合。
- 投资仅限于在公开市场上交易的金融资产，投资者应能以固定和安全的利率借出或借出任何数量的资产。
- 一致性预期：由于投资者已经熟悉马科维茨模式，即所有投资者对证券和经济状况的看法相同，对预期收益、标准差和证券协方差的看法相同。

综上所述，CAPM 生效的前提是：首先，投资者严格按照马科维茨理论的标准进行合理和多样化的投资，并且在有效边界的某个地点选择投资组合；其次，资本市场是完善和完整的，没有摩擦阻碍投资。

## 5.2.2 分离定理

为了介绍资本市场和股票市场的界线，本节将首先介绍分离定理。假设投资者可以将风险资本与无风险证券（例如国债）结合起来，则可得到如下结论。

- 无风险资产的预期收益为正，且其方差为零。
- 如果允许卖空，投资者可以通过卖空无风险资产，将收益投资于风险资产。
- 在风险基金中增加无风险资产后产生了一个新的风险资产组合。
- 这些增加的投资机会大大改变了现有的有效边界，从而改变了投资者的最佳投资组合，新组合的有效边界是一条直线。具体如图 5-5 所示。

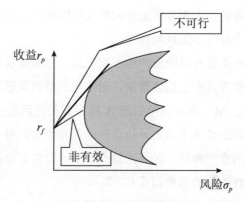

图 5-5　无风险资产与风险资产组合构成的新组合的有效边界为一条直线

基于资本配置线的函数表达式，我们可以画出资本配置线（Capital Allocation Line，CAL），如图 5-6 所示。

对于资本配置线，可以分析得到：
- 点 A 代表对无风险资产的预期收益。
- 点 M 代表对风险资产组合 m 的预期收益。
- 线段 AM 代表对无风险资产和风险资产的线性组合。
- 线段 BM 表示卖空无风险资产增加风险资产的投资比例的投资组合。

在允许无风险借贷的条件下，风险资产组合边界及其右侧的任何一点与 A 点的连线均对应着一条资本配置线，它们构成了新的可行域。其中，切线 AMB 的斜率是所有资本配置线中的最大者，构成了新的有效边界。

在此基础上可以得到分离定理（Separation theorem）：投资者的风险偏好与最佳风险组合没有关系。

因此，如图 5-7 所示，A、M、B 三点附近的三条曲线是无差别曲线。

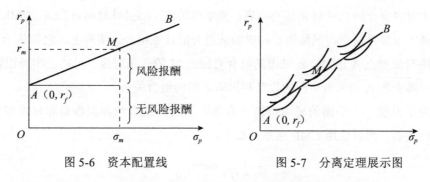

图 5-6　资本配置线　　　　　图 5-7　分离定理展示图

根据分离定理，投资者的最佳风险组合可在其风险偏好不为人知的情况下确定。高风险厌恶投资者将其大部分资金分配给无风险资产，低风险厌恶投资者可以多投资风险基金，较少投资于无风险证券。

根据这一假设，投资者对风险资产的预期收益、标准差和协方差有着一致的看法，这意味着所有投资者具有一致性预期。无论他们是否厌恶风险，他们都将最终的投资组合（风险组合 M）和无风险资产 A 视为其最佳风险组合，因此，可以在不了解投资者风险偏好的情况下确定风险资产的最佳组合。每一个投资者的投资组合都包括一种无风险的资产和同一种风险资产，唯一有待做出的决定是如何分配比例，这取决于投资者对风险的厌恶程度[9]。

结合上述分析，分离定理给投资者组合选择的启示如下。

- 在市场有效的情况下，分离定理用于将投资组合构建分为两个不同的任务，即资本分配和资产选择。
- 资本分配：解决风险资本和非风险资产在证券组合中的分配情况。
- 资产选择：从多个风险资产中选择适当的风险资产，形成资产组合。

利用分离定理，可以在不考虑投资者风险偏好的情况下确定最佳风险组合。

## 5.2.3 资本市场线与证券市场线

根据分离定律，每个投资者的最佳投资组合与投资者风险偏好无关，也就是说，在市场平衡的情况下，每一个风险资产在最佳风险组合中都会有一个非零的比例。否则，经过市场供求关系的内在调整，最终市场会达到均衡。这里的投资组合包括所有证券，每种证券的投资比例必须等于各种证券总市值与全部证券总市值的比例。在这个基础上，如果市场处在均衡状态，即供应＝需求，那么每一位投资者都购买相同的风险组合，即市场组合。

本节将会介绍 CAPM 的核心内容：资本市场线（Capital Market Line，CML）。

资本市场是资产与风险组合构成的新组合的线性组合。实际上，它是从无风险资产所对应的点 A 出发，经过市场组合对应点 M 的一条射线，反映了市场组合 M 和无风险资产 A 的所有可能的收益和风险之间的组合关系。

为了说明一个平衡的资本市场中有效的多资产组合的预期收益和标准差之间的线性关系，可以使用 CML 函数，如下。

$$\bar{r}_p = r_f + \frac{\bar{r}_m - r_f}{\sigma_m}\sigma_p$$

- CML 是无风险资产与风险资产构成的组合的有效边界。
- CML 的截距被视为一种时间报酬。
- CML 的斜率为单位风险溢价。
- CML 上的投资组合按单位风险提供最高的收益。

CML 将有效投资组合的预期收益与其标准差联系起来,虽然单个资产通常不是最佳的投资组合,但它们也处于某种投资组合以下。也就是说,如果市场投资组合是有效的,那么任何资产的预期收益都是令人满意的。

值得一提的是,尽管 CML 将一项有效资产组合的期望收益与其标准差联系起来,但它并未表明一项单独资产的期望收益是如何与其自身的风险相联系的。

那么,如果市场投资组合是有效的,则任一资产 $i$ 的期望收益应满足:

$$\overline{r_i} = r_f + \frac{\sigma_{im}}{\sigma_m^2}(\overline{r_m} - r_f) = r_f + \beta_{im}(\overline{r_m} - r_f)$$

其中,$\beta$ 系数是美国经济学家夏普提出的一项风险计量,反映证券投资组合风险与市场风险之间的关系,即系统风险对资产的影响。

## 5.3 套利定价理论

### 5.3.1 套利定价理论概述

虽然建立在均值-方差分析理论上的 CAPM 是一个很好的模型,但是由于它的假设太多、要求太严格,所以常常只能存在于理论中而难以运用于实践。1976 年,由美国经济学家斯蒂芬·罗斯(Stephan Ross)创立的套利定价理论(Arbitrage Pricing Theory,APT),就是从另一个角度处理资产的定价问题。相比较于 CAPM 作为一个基于一系列假设的非常理想的模型(其中包括马科维茨在制定均值-方差模型时提出的假设,最关键的假设是一致性预期),APT 的假设少很多,它的基本假设是个体不会对收益满足,所以不需要做风险规避的假设。

CAPM 认为个别资产预期收益的结构由无风险收益和系统风险溢价组成。然而,在现实世界中,CAPM 并没有得到许多经验性研究的支持,许多学者质疑使用单一因素(市场风险)来解释不同证券的预期回报率是否可行。斯蒂芬·罗斯从无风险套利的角度审查了套利和平衡，指导了资产在平衡市场中的价格关系，提出了套利定价理论，并解释了每项资产的预期收益。

作为 CAPM 的延伸，套利定价理论提供了一种方法用于衡量各种因素的变化如何影响资产价格的变化，该模型以预期收益的多指标线性回归模型为基础，并采用了一种平衡的概念定义收益。一般情况下，APT 导出的风险收益与 CAPM 导出的风险收益相同。APT 作为对 CAPM 的一种延伸，它提供了一种度量各种因素的变化是如何影响资产价格变化的方法。

套利定价理论是指通过使用不同的有形资产或证券价格获得无风险收益，顾名思义，这种收益是没有风险的，因此一旦投资者发现了套期的机会，他们就会试图在买入和卖出时消除由价格不利变动带来的影响。套期有助于形成有效的市场，其收益不仅限于同一种资产（整个资本市场的证券组合），还涵盖了其他的类似资产或证券组合。[11] 具体套利方法如图 5-8 所示。

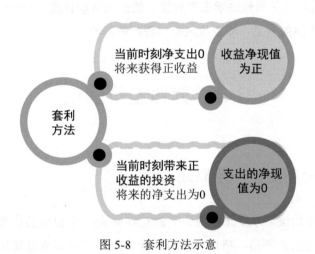

图 5-8　套利方法示意

## 5.3.2　因素模型

因素模型作为一种统计模型，能够从系统中提取影响所有股票价格的主要因素。以因素为基础的模型又被称为指数化模型，它也可以被认为是一种经济模型。在这种模型中，证券的预期收益仅与不同因素的（相对）波动或指数的变化有关，而这又取决于影响因素的数量。这些模型可分为单因素模型和多因素模型两类。

在具体介绍因素模型之前，先来看看因素模型的优势。

- 效率高。为了获得最佳的投资组合，马科维茨模型需要对预期收益进行估计，假定分析 $n$ 种股票，需要估算 $n$ 个预期收益、$n$ 个方差以及 $(n^2-n)/2$ 个协方差。计算量巨大，但因素模型能够大大减少马科维茨模型的计算量。
- 提供新视角。各种因素模型以因素影响的方式计算了因素之间的系数，它为产生预期收益的过程提供了新视角。
- 可解释性。因素模型使用一个或多个变量，通过一个或多个统计分析来解释资产预期收益，这种方式比简单的市场解释更准确。

接下来对单因素模型和多因素模型进行介绍。

### 1. 单因素模型

假设条件：

（1）$F$ 因素独立于随机因素，从而确保 $F$ 因素是影响收益的唯一因素；

（2）一个证券的随机项不影响另一个证券的随机项。换言之，这两种证券相关是因为它们具有共同的 $F$ 因素。

单因素模型的公式为：

$$r_i = a_i + b_i f + e_i$$

其中，

- $f$ 是公共因子的预测值。
- $r_i$ 是证券 $i$ 的预期收益。
- $e_i$ 是在时期 $t$ 证券 $i$ 的特有预期收益。
- $a_i$ 是零因子。
- $b_i$ 是证券 $i$ 对公共因子 $f$ 的敏感度或因子载荷。

在单因素模型下，预期收益为：

$$\bar{r}_i = a_i + b_i \bar{f}$$

对应的风险为：

$$\sigma_i^2 = b_i^2 \sigma_f^2 + \sigma_{e_i}^2$$

其中，第一项为因子风险，第二项为非因子风险。

### 2. 多因素模型

多因素模型（multi-factor models）假设多个因素共同影响预期收益，通过计算每一因素的系数 $\beta$ 来计算股票收益，图 5-9 所示是一些经典的多因素模型。

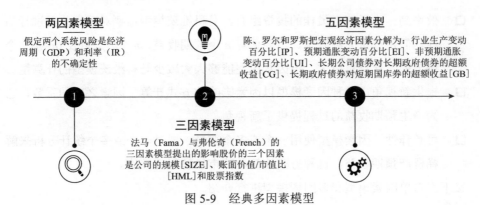

图 5-9 经典多因素模型

单因素模型在确定公司对不同宏观经济因素的反应方面有困难。而多因素模型能够更好地描述资产收益受哪些因素的影响。

## 5.3.3 套利定价理论与 CAPM 对比

套利定价理论（APT）要研究的是：当投资者对预期收益和各种证券的市场敏感性有相同的估计时，应该如何确定各种证券的平衡价格。

基于这样的目标，其研究思路如下：

- ❑ 市场平衡性分析。
- ❑ 分析投资者在市场不平衡情况下应采取的行动。
- ❑ 分析投资者行为对市场的影响。
- ❑ 分析在市场平衡条件下确定证券预期收益的各种因素。

APT 的基本原理是：根据无套利原则，对相同因素影响程度的资产（组合）应产生与"因子模型"所设想的相同的预期收益。由于对各种因素具有同等影响程度的证券或投资组合的运作方式相同，故对相同因素影响程度的证券或投资组合的预期收益也应该相同，否则将出现套利机会，并且可能会被投资者利用。

考虑到在市场平衡的条件下，每一种价值的预期收益包括无风险收益和风险溢价，预期收益与若干因素有着线性关系：APT 对资产的评估不是根据马科维茨模型，而是根据无套利原则和因素模型。APT 认为，不仅只有一个因素（CAPM 认为只有一个因素）影响预期收益，还有其他"若干因素"，因此，APT 是基于以下四种假设的：

- ❑ 市场是一个有效、完全有竞争力和没有摩擦的资本市场。

- 投资者不满足：只要投资者有机会获得利润，他们就不会满足于现状，而会做出相应反应，直到他们获利为止。在此基础上，没有必要对投资者的风险偏好进行推测。
- 资产的期望收益可以用因子来表示。
- APT 并不要求"一致性预期"，也不要求所有各方采取一致行动，为了消除套利机会，只需要少数投资者的套利活动，而不是要求所有投资者都进行套利活动来避免风险的。

最后，我们得到 APT 模型：在个人风险得到有效分配和股票市场保持平衡的情况下，可以用额外的宏观经济因素来解释个别证券的预期回报率。

从形式上看，APT 有如 CAPM 的扩展，市场均衡是由投资者通过反复"套利"来实现的。具体和 CAPM 的对比如表 5-1 所示。

表 5-1 APT 和 CAPM 的差异

| 项目 | APT | CAPM |
| --- | --- | --- |
| 相同点 | 在市场均衡情况下，不同价值的预期收益可以通过无风险收益加上风险溢价来确定<br>风险与收益的理性原则：更大的系统性风险伴随更高的预期收益<br>这些模型是均衡模型，CAPM 强调股票市场所有证券的供求平衡；APT 要求市场是平衡的且没有套利机会 | |
| 假设条件 | 简化，宽松 | 复杂，严格 |
| 理论依据 | 无风险套利原理 | 均值-方差模型 |
| 市场均衡形成缘由 | 几个投资者的套利行为 | 投资者共同行为 |
| 是否需要市场组合 | 不需要 | 需要 |
| 备注 | 若纯因子组合不是市场组合，则 APT 与 CAPM 不一定一致，CAPM 仅仅是 APT 的特例。当且仅当纯因子组合是市场组合时，CAPM 与 APT 等价 | |

## 5.4 行为金融学

如果你去便利店买一份 20 元的盒饭，店员告诉你他们旗下的另一家连锁店在促销，完全一样的盒饭只需要 10 元，但是需要多走 5 分钟路程。你愿不愿去？

同样地，当你去商场买一件 383 元的衣服时，店员告诉你他们旗下的另一家连锁店在促销，完全一样的衣服只需要 373 元但是也需要多走 5 分钟路程。你愿不愿去？

根据收集的报告显示，对于前者，许多消费者都愿意多走 5 分钟路来换取 10 元的优惠，但对于后者，同样的 10 元，许多消费者的答案是否定的。而研究这同样的 10 元差价对应的消费者的反应，就是美国芝加哥大学的理查德·泰勒教授（2017 年诺贝尔经济学奖得主）研究的领域——行为金融学（Behavioral Finance）。

## 5.4.1 行为金融学的概念

行为金融学是一门横跨金融学、心理学、行为学和社会学的学科，旨在揭示金融市场上不合理的行为和决策模式（见图 5-10）。根据行为金融学理论，证券的市场价格不仅由证券本身的价值决定，而且在很大程度上由投资者的行为决定。投资者的思维和行为对股票市场的定价和价格演变有着重大影响，这一理论符合有效市场的假设，主要内容可分为套利限制和心理学两部分。具体来说，行为金融学是从微观个体行为以及产生这种行为的心理等动因来解释、研究和预测金融市场的发展[12]。对应的研究视角包括：

（1）通过微观视角，首先对个体行为以及产生这种行为的心理等动因进行解释、研究。

（2）分析金融市场行为者行为的偏差和反常现象，以确定不同情况下市场行为者的特点，从而建立一个适当反映金融市场行为者实际行为的描述性模型。

图 5-10 行为金融学的产生背景

行为金融学虽然试图深挖金融市场运作背后的奥秘，但由于个体的差异性大，目前的理论依然不能够系统地对个体行为进行分析。行为金融理论始于 20 世纪 80 年代，在 90 年代迅速发展，但尚未成为一种严谨的理论体系。到目前为止，投入实际使用的行为金融学模型还不多，主要的研究重点还是停留在使用微观视角来对市场异常和认知偏差的定性描述上。行为金融学对传统金融理论的否定如下：

- 基于心理学而不是理性假设。
- 非理性行为和决策不当会影响证券定价，导致市场非理性。

行为金融学对传统理论的否定体现如图 5-11 所示。

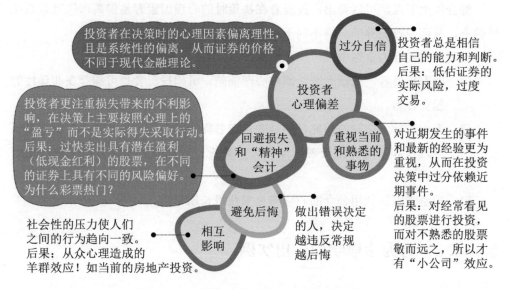

图 5-11　行为金融学对传统理论的否定体现

关于投资者心理偏差和非理性，可以概括为以下五点。

### 1．过分自信

投资者始终相信自己的能力和判断。

低估证券的实际风险，过度交易。

### 2．重视当前和熟悉的事物

更加关注最近的发展和最新的经验，过分依赖最近的发展来做出投资决定，但这种影响可能导致投资于经常看见的股票，远离未知的股票，因此产生"小企业"效应。

### 3．回避损失和"精神"会计（Spiritual accounting）

投资者更多地关注损失的不利影响，并采取基于心理上的"盈亏"而不是实际盈亏采取行动。这样导致的后果是，投资者容易过快卖出具有潜在盈利（低现金红利）的股票，同时在不同的证券中有不同的风险倾向。

### 4．避免后悔

投资者做出的决定越反常越后悔。例如，那些倾向于相信他人、追随人们的倾向、追求繁荣和堕落的人都是避免后悔的。

### 5. 相互影响

社会性的压力使得人们之间的行为趋向一致。这样的压力容易引发基于从众心理的羊群效应。例如，曾风靡一时的房地产投资。

综合以上五点，可以看出，投资者在决策时的心理因素容易偏离理性且是系统性偏离，从而导致证券的价格不同于基于现代金融理论的预测。

基于上述的行为金融学，可以总结如下：

- 所有投资者，包括专家，都有心理偏差，机构投资者也可能存在非理性的投资行为。
- 考虑到行为金融的研究目的是确定在怎样的条件下，投资者会对新信息反应过度和不足。投资者可以在大多数投资者意识到错误之前采取行动而获利。
- 投资者可以利用公众的心理偏见来获得长期利益。

## 5.4.2 行为金融学的应用实例

### 1. 富勒-泰勒资产管理公司

富勒-泰勒资产管理公司（Fuller & Thaler Asset Management）[①] 是一家创办于 1993 年的资产管理公司。而创办人是芝加哥大学行为金融学的领军人物富勒和泰勒。富勒-泰勒资产管理公司对于行为金融学的应用是通过利用投资者对信息的错误加工来体现的。通过投资者错误加工所导致的市场非有效性，公司得以采用自下而上的投资策略来获取投资回报。具体策略是将投资人基于狭隘的观念来判断投资的情况列入考虑，认为投资人所犯的错误源于启发式认知过程。考虑到投资人的认知偏差往往会导致市场定价偏差，富勒-泰勒资产管理公司可以针对市场的非有效性进行投资策划而获利。值得一提的是，富勒-泰勒资产管理公司是美国第一家采用行为金融理念投资的资产管理公司，它的成功将给其他希望引入行为金融学的公司带来启发。

### 2. LSV 资产管理公司

LSV 资产管理公司是由三位行为金融学家 Lakonishek、Shleifer 和 Vishny 创立的，该公司主要利用行为金融理论来管理金融资产。例如，LSV 公司的一项研究指出，由于小企业的公开信息有限，美国许多小企业在股票交易上存在轻微的羊群效应 [13]。

---

① https://www.fullerthaler.com/。

在这种情况下投资组合管理人员无法确定业务往来战略。

## 5.5　投资过程评价

为了测定投资的风险与收益,我们需要对投资过程进行评价,即需要衡量投资组合策略在样本外的表现,本章将介绍两类常用的投资过程评价指标。第一类评价指标——收益类:累积收益和年化收益。第二类评价指标——风险类:贝塔系数、阿尔法系数、夏普比率、索提诺比率、信息比率、跟踪误差、最大回撤和波动率。

### ▌5.5.1　收益类指标

#### 1. 累积收益

累积收益（Cumulative Wealth,CW）是指投资组合策略从计算各资产权重比并产生收益开始累积到最后一个计算收益的时间点的累积财富值,计算公式如下:

$$CW = \prod_{k=\text{init\_time}}^{\text{end\_time}} \mu_k = \prod_{k=\text{init\_time}}^{\text{end\_time}} (R_k - 1)^T w_k$$

其中,$\mu_k$ 代表收益,init\_time 是起始时间,end\_time 是结束时间,$R_k$ 是每个产品资产的相对价格变化（这一刻的价格除以前一刻的价格）,$w_k$ 则是投资组合的权重。毫无疑问,累计收益应该纳入考量标准,因为这是所有投资的目标和第一追求。

#### 2. 年化收益

年化收益率仅是把当前收益率（日收益率、周收益率、月收益率）换算成年益率来计算的。它是一种理论收益率,并不是真正的已取得的收益率。[13]

年化收益率 =[（投资内收益 / 本金）/ 投资天数 ]×365×100%

年化收益 = 本金 × 年化收益率

实际收益 = 本金 × 年化收益率 × 投资天数 /365

年收益率,就是一笔投资一年实际收益的比率。而年化收益率,是投资（货币基金常用）在一段时间内（例如 7 天）的收益,假定一年都是这个水平,折算的年收益率。因为年化收益率是变动的,所以年收益率不一定和年化收益率相同。

## 5.5.2 风险类指标

**1. 贝塔系数**

贝塔系数（beta/β）衡量资产收益对市场变化的敏感性，代表资产的系统风险。如果该系数为1，投资组合就和市场共同进退；如果该比率为1.1，市场增长10%，投资组合增长11%，市场下降10%，投资组合下降11%。牛市时，比率较高的投资组合由于上升的趋势而表现出较高的收益；熊市时，贝塔系数较低的投资组合抵御风险的效果更好，更抗跌。[14]

**2. 阿尔法系数**

阿尔法（alpha/α）系数显示实际风险回报与预期平均风险回报之间的差异，衡量投资的非系统风险。计算公式：

α =（年化收益 − 无风险收益）− β ×（参考基准的年化收益 − 无风险收益）

在这里，参考基准经常会选用市场指数，如A股市场中的沪深300指数。当策略所选股票的总体表现优于市场基准组合成分股时，阿尔法系数取正值；反之取负值。

**3. 夏普比率**

夏普比率（Sharpe Ratio）是衡量投资组合策略的收益风险比，通过投资组合的收益除以其标准差得到，公式如下：

$$\text{SharpeRatio} = \frac{E(R_p - R_f)}{\sigma_p}$$

其中，$E(R_p)$是投资组合预期收益，$R_f$是无风险利率，$\sigma_p$是投资组合的标准差相比累计收益。夏普比率是一个更科学的衡量标准，它将收益和风险同时纳入评价范畴，给出了投资组合每份风险下的收益值。

**4. 索提诺比率**

索提诺比率（Sortino Ratio）是衡量策略相对于目标收益的表现，与夏普比率不同，其使用下行波动率作为风险度量。

夏普比率用于评估投资组合相对于无风险组合的表现，一般适用于多-空结合的交易策略（例如市场中性策略或配对交易策略），或没有公认市场基准组合的投资品种的交易策略（例如期货CTA策略）。索提诺比率使用下行波动率作为风险度量，因而有别于夏普比率。下行波动率区分了收益向上波动和向下波动两种情况，并认为收益向下波动才代表风险。

索提诺比率的优点在于其使用的风险度量更为切合实际投资中面对的风险；而缺点是不如夏普比率常用，认知度较低，且其目标收益（区分收益波动是向上还是向下的标准）的设定是任意的，并不依赖于任何基准组合（不同于夏普比率）。

因此，在横向对比不同策略或投资组合业绩时，我们需要使用统一的目标收益来区分向上波动和向下波动。在实际的计算中，我们以无风险组合收益作为索提诺比率的目标收益。

### 5. 信息比率

信息比率是衡量投资组合相对于基准标的而言的超额收益的度量。一般用于评估主动交易策略，但不适合多空间套利策略的绩效评价。

### 6. 跟踪误差

跟踪误差（Tracking Error）用于纯多头主动交易策略收益和市场基准组合收益之间差异的度量。跟踪误差越大，意味着策略所持有投资组合偏离基准组合的程度越大。需要注意的是，跟踪误差不适用于多-空结合的对冲策略的风险评估。

### 7. 最大回撤

任意时刻 $t$ 的回撤（Drawdown）可以定义为：

$$DD(t) = \max[0, \max_{i \in (0,t)} S(i) - S(t)]$$

其中，$\{S(1), S(2), \cdots, S(t), \cdots, S(n)\}$ 表示 $n$ 个不同的交易策略。

基于回撤的定义，可得最大回撤（Maximum Drawdown）的定义：

$$MDD(n) = \max_{t \in (0,n)}[DD(t)]$$

MDD 是用于不同策略衡量下行风险的指标。

### 8. 波动率

波动率（Volatility）是一个定量的风险度量指标。投资组合波动率的计算与标准差有关。为了衡量权重调整频率不同的投资组合策略，通过下列公式计算波动率：

$$\text{Volatility} = \sqrt{H}\hat{\sigma}$$

其中，$H$ 为每年调整权重的次数，$\hat{\sigma}$ 代表年化波动率。

相比波动率，上行/下行波动率对收益向下波动和向上波动两种情况做出了区分，并认为只有收益向下波动才意味着风险。在实际计算中，将基线投资组合的收益作为一项客观产出和确定向上向下波动的标准。

## 本章小结

在互联网金融日益深入的今天,智能投顾降低了投资咨询服务的门槛,使普通的理财用户能够受益于投资咨询服务,有可能成为影响"资金 - 资产"配置的关键环节。本章节从智能投顾理论的产生说起,介绍了现代投资组合理论的起源和发展,明确了智能投顾的目标,即在得知每个用户自己的风险偏好的情况下,能够帮助投资者决定其最优配置点对应的资产配置以及如何达成这个最优组合。在此基础上,本章节配合资本市场均衡,即资产定价理论,介绍了金融市场中相当多的不确定性,由此引出了套利定价理论以及行为金融学。最后,本章介绍了投资组合中的常见评价指标,让读者能够对投资组合的好坏有一个定量直观的认识。

## 参考文献

[1] 李君平. 私人财富管理研究述评与展望 [J]. 外国经济与管理,2014,36(8):73-80.
[2] ELTON,E J,GRUBER,M J,BROWN,S J,et al. Modern Portfolio Theory and Investment Analysis[M]. Hoboken:John Wiley & Sons,2009.
[3] 刘小东. 基于均值 - 方差模型的保险资金投资组合研究 [J]. 重庆工商大学学报:自然科学版,2013,30(7):37-41.
[4] 赵清清. 因子增强分位数回归模型及其在股市中的应用 [D]. 杭州:浙江工商大学,2015.
[5] 于佳. 基于投资人视角的中国私募股权投资研究 [D]. 天津:南开大学,2012.
[6] 张广裕. 现代股票定价理论的发展及其对我国的适用性研究 [J]. 湖北社会科学,2005(2):72-75.
[7] 刘菲菲,游桂云. 马科维茨投资组合理论在我国证券市场的应用研究 [J]. 经济纵横,2008(2)29-31.
[8] 王聪. 证券投资基金绩效评估模型分析 [J]. 经济研究,2001(9):31-38.
[9] 李江鹏,党晓晶,刘忻梅. 基于均值 - 方差模型的保险资金投资组合研究 [J]. 科技创新导报,2010(4):133-133.
[10] 李淑兰. 基于用户投资偏好加强的汤普森采样投资组合决策模型 [D]. 杭州:浙江大学,2018.
[11] 瞿威. 保费收入与金融资产关联性的实证研究 [D]. 上海:复旦大学,2009.
[12] 张健一. 从行为金融学角度透视 IPO 抑价问题 [J]. 中外企业家,2012(4X):68-69.
[13] 陈丽丽. 基于 BP 神经网络的股票量化分析研究 [D]. 杭州:浙江工业大学,2017.

[14] 刘畅. 基于 Hurst 指数的量化交易策略研究 [D]. 长沙：湖南大学，2018.

[15] DEFUSCO，R A，MCLEAVEY，D W，PINTO，J E，et al. Quantitative Investment Analysis[M]. Hoboken：John Wiley & Sons，2015.

[16] KHO，B C，LEE，D，STULZ，R M. US Banks，Crises，and Bailouts：From Mexico to LTCM[J]. American Economic Review，2000，90（20）：28-31.

[17] ROLL R，ROSS S A. An Empirical Investigation of The Arbitrage Pricing Theory[J]. The Journal of Finance，1980，35（5）1073-1103.

[18] 王成晴. 行为金融学解读金融市场异象 [J/OL]. 北京青年报，2009，[2009-08-10]. http://bank.jrj.com.cn/2009/08/1011045739197.shtml.

[19] LAKONISHOK，J，SHLEIFER，A，VISHNY，R W. The Impact of Institutional Trading on Stock Prices[J]. Journal of Financial Economics，1992，32（1）：23-43.

[20] THALER，R. Toward a Positive Theory of Consumer Choice[J]. Journal of Economic Behavior & Organization，1980，1（1）：39-60.

[21] SHILLER，R C. Irrational Exuberance[J]. Philosophy & Public Policy Quarterly，2000，20（1）18-23.

# 第 6 章
## 智能投顾中的人工智能技术

> **案例**

### 嘉信智能理财

嘉信理财（Charles Schwab）[①]是一家成立于30年前的金融服务公司，如今，嘉信理财依赖其推出的基于万维网的在线理财服务，成为美国个人金融服务市场的领导者。通过不断发展新业务和新的商业模式，嘉信理财已经蜕变成为一个支持用户设定投资目标、评测风险、收益特性，生成投资组合的高级平台。用户可根据自己的喜好微调，最多能够去除三只不想要的ETF。不仅如此，它还提供金融理财规划，或策略组合，开放接口给嘉信平台之外的证券公司，也就是说，如果你在嘉信之外的证券公司开了户，你同样可以连接到嘉信公司让它为你做智能规划。现在的嘉信平台，就是一个类似于蚂蚁财富，面向投资顾问的自动化投资服务平台。

可以说，智能投顾对应的产品，并不是纯技术产品，尽管背后的大数据技术复杂程度难以想象，但更加困难的是数据来源。只有围绕着金融业务的数据才是高质量的数据，模型运转才会出成果。在嘉信提供的这些强大功能的背后，是人工智能提供的强大技术支持。本章将从大数据融合技术开始，介绍建立智能投顾模型的基础进而延伸到用户大数据画像、量化投资技术等具体应用目标。除此以外，本章节也将关注投资过程中的组合配置、风险控制，从而实现投资收益的最大化目标。最后，本书也将对贯穿于整个智能投顾过程中的智能客服技术进行介绍，完整地介绍智能投顾中涉及的整个框架。

## 6.1 大数据融合技术

如果把数据集成的对象，即数据与知识的复合体，称为数据湖[1-2]，那么，建立数据间、信息间、知识片段间多维度、多粒度的关联关系，实现更多层面的知识交互，是聚敛出数据湖中的"波纹"。这个"波纹"也就是我们所追求的数据融合。基于当前海量大数据的背景，如果想要实现智能投顾，全链条上的数据融合是重要

---
① https://www.schwab.com/.

环节。因此,本节将从大数据融合的背景出发,介绍当前数据的特性,以及存在的问题;继而引出多源数据融合技术,为后续智能投顾的模型建立提供基础。

## 6.1.1 大数据融合的背景

维克托·迈尔·舍恩伯格有一句名言:世界的本质是数据,而对于"大数据"(Big data),我们可以有很多种定义。研究机构 Gartner 给出了这样的定义[3, 5]:"大数据"是需要新处理模式才能具有更强的决策力、洞察发现力和流程优化能力来适应海量、高增长率和多样化的信息资产。麦肯锡全球研究所给出的定义是:一种规模大到在获取、存储、管理、分析方面远超过传统数据库软件工具能力范围的数据集合,对应有海量的数据规模、快速的数据流转、多样的数据类型和低价值密度四大特征。除此以外,海量的大数据还具有如下三个特性:

- 演化性——指数据随时间或解释的变化而变化的特性。
- 真实性——由实体的同名异义、异名同义表示以及关系的变化引起。
- 普适性——是指在认知范围内达成共识的特性,例如"逾期"和"违约"都可以让人联想到对应的主体信用较低,因此"逾期"和"违约"的描述具有普适性。

然而,大数据技术的战略意义不在于掌握庞大的数据信息,而在于对这些有意义的数据进行专业化处理。也就是说,如果把大数据比作一种产业,那么这种产业实现盈利的关键在于提高对数据的"加工能力",通过"加工"实现数据的"增值"[3, 6]。

从技术上看,大数据与云计算的关系就如手足般不可分离。由于海量数据对于计算的要求很高,如果只用单台的计算机进行运算,具体需要的时间将有可能超出任务的指定时间,间接地导致任务无法完成。因此,通过分布式架构让任务并行已是刻不容缓。分布式架构的特色在于对海量数据进行分布式数据挖掘。但它一般需要依托云计算的分布式处理、分布式数据库和云存储、虚拟化技术[3-4]。经过千辛万苦得到的多源数据,却不可以直接进行简单的融合,是因为存在以下数据融合的问题[7]:

- 割裂的多源异构数据。
- 数据规模与数据价值的矛盾。
- 跨媒体、跨语言的关联。
- 实体与关系的动态演化。
- 知识具有隐含性。

## 6.1.2 多源数据融合技术

传统的数据融合方式是处理单一数据域中的问题，如图 6-1 所示，而多源数据融合技术则指利用相关手段将调查、分析获取到的所有信息全部综合到一起（见图 6-2），并对信息进行统一的评价，最后得到统一的信息的技术。通过该技术可以将各种不同的数据信息进行综合，吸取不同数据源的特点，然后从中提取出比单一数据更好、更丰富的信息。

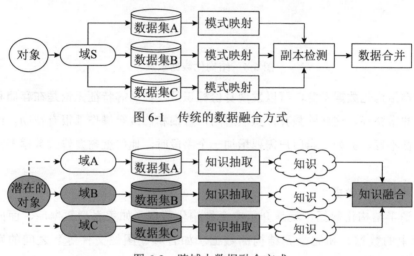

图 6-1 传统的数据融合方式

图 6-2 跨域大数据融合方式

而想要进行多源的数据融合（见图 6-3），我们首先需要对数据的种类进行划分。针对数据的分类，可以有结构化数据、半结构化数据和非结构化数据三类[8-9]。

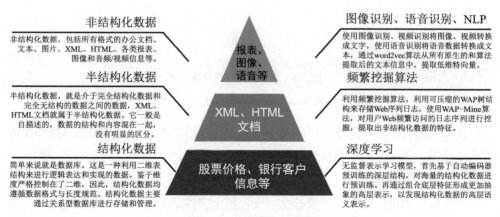

图 6-3 多源数据示意图

### 1. 结构化数据

结构化数据,简单来说就是数据库。这是一种利用二维表结构来进行逻辑表达和实现的数据。鉴于维度严格控制在二维,因此,结构化数据均遵循数据格式与长度规范。目前,关系型数据库是主要的结构化数据的存储地和管理方式。通过具体的例子可以更加容易理解,例如各个高校的学生成绩输入新系统、教育一卡通、银行客户信息登记等。具体数据如图 6-4 所示。

| 身份标识号 | 姓名 | 年龄 | 性别 |
|---|---|---|---|
| 1 | lyh | 12 | male |
| 2 | liangyh | 13 | female |
| 3 | liang | 18 | male |

图 6-4 结构化数据示意

根据结构化数据示意,可以发现身份标识号、姓名等特征无论是在存储和排列上,都非常整齐。这样的整齐,虽然对用户查询和修改等操作都很有帮助,但是它的扩展性不好。例如,当用户需要增加一个字段时,他们就需要修改数据表的原始结构。

### 2. 半结构化数据

所谓半结构化数据,就是介于完全结构化数据(如关系型数据库、面向对象数据库中的数据)和完全无结构的数据(如音频、图像文件等)之间的数据,XML、JSON 和 HTML 文档就属于半结构化数据。它一般是自描述的,数据的结构和内容混在一起,没有明显的区分。例如针对两个 XML 文件,第一个可能如图 6-5 所示。第二个可能如图 6-6 所示。

```
1  <person>
2      <name>A</name>
3      <age>13</age>
4      <gender>female</gender>
5  </person>
```

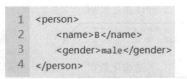

```
1  <person>
2      <name>B</name>
3      <gender>male</gender>
4  </person>
```

图 6-5 半结构化数据 A        图 6-6 半结构化数据 B

在上面的例子中,属性的顺序是不重要的,不同的半结构化数据的属性的个数也未必相同。因此,半结构化数据的扩展性是很好的。

### 3. 非结构化数据

非结构化数据,是指其字段长度可变,每个字段记录都可以由可重复或不可重复的子字段组成，这些子字段不仅可以处理结构化数据（例如数字、符号等），更适合处理非结构化数据（文本、图像、声音、视频、超媒体等）。非结构化数据包括所有格式的办公文档、文本、图像、XML、HTML、各种报告、图像以及音频/视频信息。对于此类数据，通常将其直接整体存储，并以二进制数据格式存储。[10]

针对结构化数据、半结构化数据和非结构化数据这三种不同种类的数据，可以采用不同的方式对数据进行融合，目的是更好地进行建模，具体操作方式如下。

❑ 针对结构化数据，可以尝试使用深度学习中的无监督表示学习模型，例如首先基于神经网络对海量的结构化数据进行预训练，再通过组合底层特征形成更加抽象的高层表示，自底向上地发现结构化数据的抽象表示。

❑ 针对半结构化数据，常用的做法是利用频繁挖掘算法，例如针对 Web 序列日志，利用可压缩的树结构来存储日志，然后对用户 Web 频繁访问的日志序列进行挖掘，提取出非结构化数据的特征。

❑ 针对非结构化数据，常用的做法是将图像、视频、语音等高维数据通过对应的图像识别、语音识别算法提取对应的低维度特征，方便在后续的网络中利用数据。

通过建立数据关联，实现不同域中的信息特征融合，统一数据的表示，以服务于后续客户画像、投资组合配置模型的构建。

## 6.2 投资客户偏好画像

用户流量的三大终极问题：用户是谁？用户从哪里来？用户到哪里去？

面对用户是谁的疑问，要把用户分为现存用户和潜在用户两类，对于现存客户，又可以分为忠诚用户和非活跃用户；对于潜在客户，则需要对海量的沉默用户进行分析，达到吸引潜在客户的目标。对于用户从哪里来，我们的任务是判断用户某次推广渠道和产品目标群是否匹配。对于用户到哪里去，则需要对用户的流失进行预测以及给出相应的措施召回。

得到客户信息之后，需要通过构建多维可信用户画像技术，对投资用户建立偏好画像。具体的用户画像如图 6-7 所示。

图 6-7 用户画像举例

针对不同的人，会有相对应的个性化客户画像，体现在图中的就是不同的关键词。

## 6.2.1 用户画像的定义

人工智能的飞速发展，使得机器能够在很大程度上模拟和替代人的功能，实现批量人性化和个性化的服务。对于传统金融公司来讲，如何精准地识别客户的真实需求是一直难以攻克的。而人工智能则可以通过用户画像和大数据模型精准找到用户，实现精准营销。在智能投顾领域，构建用户画像的目标，就是根据用户和产品的交互行为数据，结合用户的线上线下行为数据，构建符合用户风险偏好的投资组合，在对的时间，满足各类用户的投资需求，推荐匹配的投资组合。

作为描述目标用户并联系用户需求和设计方向的有效工具，用户画像已广泛应用于各个领域。在实际操作过程中，经常将用户的属性、行为和期望与最明确、最接近实际的词联系起来。就像"艺术"的定义一样，用户的肖像是从用户那里获取的，但高于用户的存在。用户角色标签并非建立在产品和市场之外，通过统计一类用户的行为来抽象每种类型的用户画像，并且形成的用户角色可以代表产品的主要受众和目标群体。

用户画像具有 PERSONA 七个要素（具体例子见图 6-8）[1]。这个概念最早由交互设计之父 Alan Cooper 提出，是建立在一系列属性数据之上的目标用户模型。一般是产品设计、运营人员从用户群体中抽象出来的典型用户，其本质是一个用以描述用户需求的工具[11]。

---

① Pruitt, J., & Grudin, J. (2003, June). Personas: practice and theory. In Proceedings of the 2003 conference on Designing for user experiences (pp. 1-15).

- P（Primary）代表基本性：是指用户角色是否基于对真实用户的情景采访。
- E（Empathy）代表同理性：是指对名称、照片和产品在用户角色中的描述，是否会引起用户共鸣。
- R（Realistic）代表真实性：是指对那些每天与顾客打交道的人来说，用户角色是否看起来像真实人物。
- S（Singular）代表独特性：每个用户是否唯一，彼此之间是否几乎没有相似性。
- O（Objectives）代表目标性：该用户角色是否包含与产品相关的高层次目标，以及是否包含描述目标的关键词。
- N（Number）代表数量性：用户角色的数量是否足够少，以便设计团队能记住每个用户角色的姓名，以及其中的一个主要用户角色。
- A（Applicable）代表应用性：设计团队是否能使用用户角色作为一种实用工具进行设计决策。[12]

图 6-8 用户画像具有 PERSONA 七个要素

## 6.2.2 用户画像的生成流程

为了提供服务个性化的智能投顾服务，需要建立智能投顾用户画像。而为了实现这个目标，主要包括以下五个步骤（见图 6-9）。

图 6-9　用户画像的生成流程

**第一步是设定目标**。即决定从哪个角度来描述一个人。因为建立投资偏好画像的目标都是为了描述人、理解人。

**第二步是运用规则建立用户画像标准**。在描述用户的过程中要有一些共识。例如我们形容某个人特别二次元，而二次元这个词对方可能听不懂。因为双方对二次元这个词没有达成共识，所以必须有一套达成共识的知识体系，不然用户画像这件事是没有办法达到的。

**第三步是依据规则来给用户打标签**。每个系统对应的打标签规则都不相同，而基于不同的规则，每个用户都将拥有不同的用户画像。这也是构建用户画像的核心。标签由以下两部分组成。

- 根据客户的行为数据直接得到。例如，用户在网站或者 APP 上主动填写的数据。严格一些的平台会要求客户上传身份证、学生证、驾驶证等，这样的数据准确性较高。
- 通过一系列算法或规则挖掘得到。当一个用户开始购买母婴类商品，如奶粉、尿布等，算法可以根据客户购买的频次和数量，结合客户的年龄、性别推断是否为新妈妈／爸爸。

**第四步是将数值化后的标签作为输入，合理运用各种机器学习算法来建模**。例如，我们可以设计一种自编码机（Deep Auto-encoder），通过对模型进行逐层预训练，之后再使用反向传播算法整体调整模型的权值，来学习结构化、半结构化和非结构化信息的联合表示，以服务于用户画像的构建。或是通过多个机器学习模型（LR、

DNN 等）构建多个维度的预测子模型，有效聚合各个预测子模型特征，动态捕捉跟征信相关的潜在因素，从而获得用户综合信用评分，得到精准的用户画像。

**第五步是画像验证**。做完用户画像以后，还需要对标签进行验证。例如，如果说判断一个人风险承担能力很强，在打完标签之后，还要对他能够承担的风险给出具体的依据，否则就不能给他打上一个风险规避的标签。在给用户生成画像之后，一定要给出依据和推理的过程对应该结论是怎么得到的，否则该标签没有可信力。

## 6.2.3 客户画像的核心工作——打标签

用户画像的核心工作是为用户打标签，因为标签让人能够理解，同时，数值化后的特征也方便计算机进行处理。对于一名投资人而言，其在一段时间内对于投资平台的浏览、搜索、收藏、投标等行为都是打标签的数据源，而对于建立画像的系统而言，则是通过记录用户在平台上的行为，来给投资人打上符合其特征的标签，进而构造投资人的投资偏好画像。所谓"标签"是一系列具有特定含义的词，用来描述真实用户的属性，方便企业进行数据的统计分析。而为了得到一个具体的标签，往往需要自顶向下来不断细化标签内容。具体操作如图 6-10 所示。

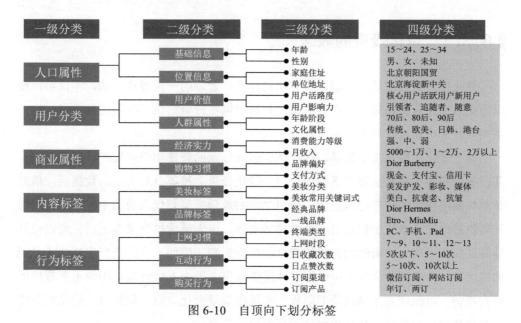

图 6-10 自顶向下划分标签

除了按照实际业务需求细分标签，还可以按照标签用途划分标签。主要可以分为事实标签、模型标签和预测标签三类,分别对应于用户画像建模的不同阶段。

- ❏ 事实标签:可以直接通过用户的行为映射得到,例如根据用户的购买记录。
- ❏ 模型标签:需要建立模型进行计算,偏业务属性,例如用户价值、活跃度、偏好等。
- ❏ 预测标签:通过预测算法进行挖掘,例如试用了某产品后是否想要购买正品。

综上,针对现有投资业务多、需求各异的特点,结合领域专家知识,建立科学且易于扩展的指标体系,刻画多维度可信用户画像已成为刚需。其中,打标签是构建用户投资偏好画像的核心。标签体系的构建有很多种方式,但是标签体系的建设,必须要满足便于使用和区分度明显这两个要求。利用标签,让智能投顾系统进行智能分组,获得不同类型的目标用户群,针对每一个群体策划并指定投资组合,从而实现个性化的推荐就是打标签的最终目标。

## 6.3 量化投资技术

### 6.3.1 量化投资的概念

量化投资是借助量化金融分析方法进行资产管理的一种投资方法,不仅可以使用历史数据来分析和验证投资的效果,并且可以在投资的执行阶段进行选择。这一系列流程都是通过计算机自动执行的。[13-14]

鉴于量化投资是基于数学、统计学、信息技术的背景知识来管理投资组合的,其在智能投顾中自然扮演了重要的角色。量化投资者搜集分析大量的数据后,借助计算机系统强大的信息处理能力,采用先进的数学模型替代人为的主观判断,利用计算机程序在全市场捕捉投资机会并付诸实际。引入量化投资模型之后,可以很好地降低投资者因为情绪波动给投资带来的负面影响,例如,在市场极度狂热或悲观的情况下,冷静的量化结果可以很好地避免投资者因个人情绪等原因做出非理性的投资决策,以保证在控制风险的前提下实现收益最大化。用一句话说,量化投资就是将投资策略程序化,从而更好地利用海量的信息。

量化投资可以协助投资者优化投资。若需要梳理出量化投资的相关理论并将其应用在智能投顾中,需要经过一系列的步骤。对应步骤主要包括:量化选股、量化择时、股指期货套利、商品期货套利、统计套利、算法交易等(见图 6-11)。[15-16]

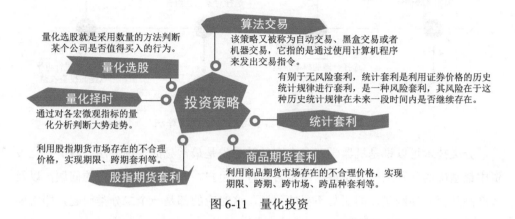

图 6-11 量化投资

## 6.3.2 机器学习应用到量化投资中

随着互联网的发展,与金融预测问题相关的许多信息,可能会依赖于海量的经济数据和其他数据,而人工处理这种多源数据愈加困难。所幸我们有大数据融合技术,使得我们有能力挖掘数据中潜在复杂的非线性相互作用。这些隐藏模式虽然没有完全被金融、经济等理论所明确规定,却在很多情况下,能够优化投顾的相关预测。同时随着时代的发展,越来越多的投资者进入投资市场,而高昂的投资顾问费用却与增多的个性化投资需求产生矛盾,阻碍投资市场的发展。以股市中涉及的量化投资为例,由于高频的交易,仅仅凭借金融分析师进行人工分析,工作量大,普及的可能性小。同时,由于金融分析师不可避免地夹带个人情感与偏好,以及他们自身有限的数据分析能力、预测的准确性,以及对于客户的个性化需求,都将难以满足投资者多样化的需求。

在这样的情况下,将机器学习应用到量化投资中已经刻不容缓。近几年,大量基于机器学习的量化投资算法应运而生,其流程如图 6-12 所示。从流程图中可以看到,模型不仅能够不间断地调整逻辑,而且可以根据目标自行调整。对于投资者而言,这样的技术无疑能够很好地协助他们分析市场情况,更加智能地进行投资。

鉴于迫切需要一种能够学习数据输入的复杂特征的方法,且利用这些特征很好地预测目标输出变量(如资产或投资组合回报),本节将会挑选两个基础的算法进行介绍,分别对应机器学习中的分类和回归问题。

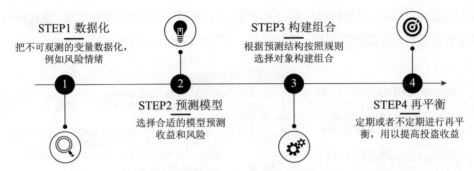

图 6-12　基于机器学习的量化投资算法

分类技术可以说是机器学习中大家最熟悉也是最常见的一种方法。鉴于量化投资中最基础的问题之一就是该产品是否推荐给用户，即推荐与不推荐的问题，以及该产品是否应该购买，即买与不买的问题，这对应的都是一个二分类问题，即将要区分的数据分为两个类别。

再例如在智能投顾中，收到需要投资的候选集合之后，可以设定需要对投资组合进行买入、卖出还是持有的问题，这就是一个多分类的问题（将要区分的数据分为多个类别）。在机器学习中，通常把能够完成分类任务的算法叫作分类器（classifier）。智能投顾中经常通过决策树算法和 Logit 回归等进行分类。下面简单介绍机器学习在量化投资中的应用。

**1. 决策树**

在机器学习中，决策树是一个经典的预测模型。该模型使用树结构表示对象属性和对象值之间的映射关系，即树中的每个节点都可以表示一个对象，并且每个分叉路径都表示该对象的可能属性值。以二叉树为例，这意味着每个对象最多可以具有两个可能的属性值，以此类推，三叉树就意味着最多为三个属性。[17]

决策树仅有单一输出，若欲有多个输出，可以建立独立的决策树以处理不同输出。在数据挖掘中决策树是一种经常要用到的技术，可以用于分析数据，同样也可以用来作预测。决策树由节点和有向边组成，一般一棵决策树包含一个根节点、若干内部节点和若干叶节点。决策树的决策过程需要从决策树的根节点开始，将要测试的数据与决策树中的特征节点进行比较，并根据比较结果选择下一个比较分支，直到叶节点成为最终决策结果为止。[18]

决策树的结构通常包括如下。

- 内部节点：对应于一个属性测试。
- 叶节点：对应于决策结果。

- 根节点包含样本全集。
- 每个节点包括的样本集合根据属性测试的结果被划分到子节点中。
- 根节点到每个叶节点的路径对应一个判定测试路径。

以预测客户是否会购买的决策树为例,如图6-13所示。

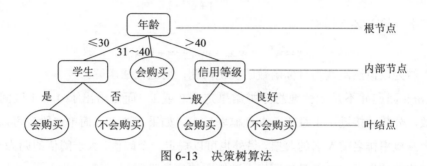

图6-13 决策树算法

具体来说,在分类问题中,如果存在 $K$ 个类别,并且第 $k$ 个类别的概率为 $p_k$,则基尼系数的表达式为:

$$\text{Gini}(p) = \sum_{k=1}^{K} p_k(1-p_k) = 1 - \sum_{k=1}^{K} p_k^2$$

在二类分类问题中,计算就更加简单了,如果属于第一个样本输出的概率是 $p$,则基尼系数的表达式为:

$$\text{Gini}(p) = 2p(1-p)$$

直观地来说,$\text{Gini}(p)$ 反映了数据集的纯度。如果分支中样本数据均属于同一类别,这个时候,基尼系数为0,纯度最高,则该分支应为叶节点,无须再进行计算;如果分支中样本所有特征的属性值有多种,在这种情况下,算法采用"少数服从多数"的方式,将类别标记为当前分支中样本数最多的一种;如果以上均不符合,则应针对每一组样本数据重复第一步的过程,通过递归的方式,将分支继续分解下去,直至每个分支的样本数据都具有相同的类别为止。以此类推,直到最后所有节点都分类完成。

### 2. Logit 回归

Logit 回归(logistic regression)是一种分类方法,用于两分类问题。其基本思想为:

- 寻找合适的假设函数,即分类函数,用于预测输入数据的判断结果。
- 构造损失函数/代价函数,目的是显示预测的输出结果与训练数据的实际类别之间的偏差,通常可以采用绝对值、均方根等计算方式。

- 通过训练，最小化损失函数/代价函数，同时记下模型的最优参数。

它通过一个 logistic 函数将输入映射到 [0, 1]，logistic 函数又称为 sigmoid 函数，形式如下：

$$\phi(z) = \frac{1}{1+e^{-z}}$$

其中，输入 Z：

$$z = w^T x = w_0 x_0 + w_1 x_1 + \cdots + w_m x_m$$

归结为以似然函数为目标函数的优化问题，用迭代法求解。

Logit 回归并不是硬性地将分类结果定为 0 或 1，而是给出了 0～1 区间的一个分数，分数越接近于 1 意味着上涨概率越大。如果需要进行简单选股，可以通过选择上涨概率排名前 N 名的股票。另外也可以规定一个阈值，大于阈值的归为一类，小于阈值的归为另一类，最终选择上涨概率阈值的股票。

### 基于决策树的量化选股

量化选股的定义就是使用定量方法选择投资组合，并期望所选组合的收益率超过基准收益率。[17]

针对前面介绍的将决策树算法应用到机器学习中，本实例给出将决策树算法中较为成熟的迭代决策树算法 GBDT（Gradient Boosting Decision Tree）应用到选股问题中的例子。通过模拟实验，实验结果表明，采用 GBDT 排序算法的两个策略，在回测中均可大幅跑赢沪深 300 指数，对交易者的投资决策具有一定的参考意义。GBDT 作为一个机器学习算法，其本质是决策树算法，通过对股票进行分类之后，选取候选集，进而协助投资者进行投资。根据图 6-14 中所示的实验结果，可以看到机器学习算法和基准收益之间的比较。

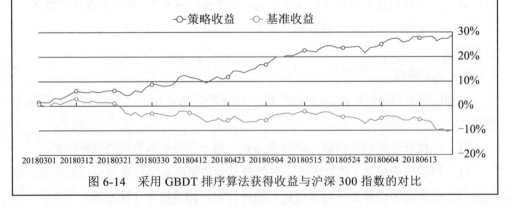

图 6-14 采用 GBDT 排序算法获得收益与沪深 300 指数的对比

将机器学习与技术分析相结合，构造了一种基于排序的定量选股策略，可以解决传统选股方法中模式挖掘难度大和参数确定困难的缺点。通过在信息检索领域应用机器学习排序算法 GBDT，可以引入定量选股领域，相关实验证明采用 GBDT 算法的策略更有利可图。为了在策略中提取特征向量，算法需要进行一些降噪，其中，分位数的引入和其他数据处理，都有利于改善机器学习性能。[18]

## 6.3.3 深度学习应用到量化投资中

目前，大多数机器学习方法（例如分类和回归）都是浅层的线性结构算法。然而有限的样本和线性建模表达复杂功能的能力有限。因此，针对复杂的分类和回归问题，浅层结构的泛化能力将会受到一定的制约。在这样的情况下，深度学习应运而生[19]。由于深度学习是通过学习一种深层非线性网络结构，实现复杂函数逼近，故其实质是通过构建非线性映射关系，来学习更有用的特征，从而最终提升模型的性能。[20-21]虽然深度学习基于传统的神经网络，但它不完全等同于神经网络。接下来梳理深度学习和传统神经网络之间的异同点。

首先，深度学习也采用了浅层网络相似的分层结构，包括输入层、隐藏层（多层）、输出层组成的多层网络。这种分层结构是比较接近人类大脑结构的。结构对比如图 6-15 所示。

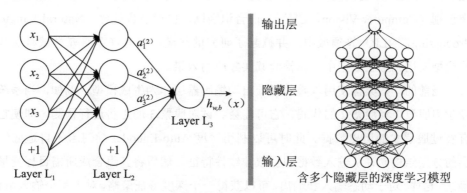

图 6-15 传统的浅层学习和深度学习对比

深度学习的实质是基于多隐层的机器学习模型和海量的训练数据来学习更有用的特征，从而最终提升分类或预测的准确性。因此，"深度模型"是手段，"特征学习"是目的。区别于传统的浅层学习，深度学习不仅强调模型结构的深度，而且明确突出特征学习的重要性。通过逐层进行的特征变换，将样本在原空间的特征表示变换到一个新特征空间，从而使分类或预测更加容易。与人工规则构造特征的方法相比，利用大数据和深度学习来学习特征更能刻画数据的丰富内在信息。[23]

概括来说，深度学习的训练过程包括：一是逐层初始化，每次训练一层网络；二是根据损失函数/代价函数调优。深度学习训练过程具体如下。

（1）自底向上的非监督学习。步骤一：从底层逐层向顶层训练学习每一层的参数。这里的每一步可以看作是得到一个使得输出和输入差别最小的三层神经网络的隐藏层。目标是学习到数据本身的结构，进而使得特征向量更加具有表示能力。

（2）自顶向下的监督学习。步骤二：基于步骤一，此步骤微调多层模型的参数。这一步是一个有监督的训练过程，即通过带标签的数据去训练，让误差自顶向下传输，对网络进行微调。第一步类似神经网络的随机初始化初值过程，基于这样的初始值训练，深度学习的初始参数就不是随机初始化的，而是通过学习输入数据的结构得到的，因而这个初值更接近于全局最优，从而和传统的神经网络相比，深度学习赢在了起跑线上。所以深度学习效果好，在很大程度上归功于第一步的特征学习过程。[23]

接下来考虑将深度学习应用到投资领域中，并简单介绍对应的算法。虽然深度投资组合理论的建设基于马科维茨的原始构想，即投资组合分配是风险与收益之间的折中，但深度投资组合的方法在许多方面有所不同。根据 Heaton 的研究[13]，其认为深度投资组合的目标是双重的。目前，深度学习已经广泛应用到图像识别（Computer Vision，CV）、语音识别以及自然语言处理（Natural Language Processing，NLP）等领域中，并掀起了研究的热潮。也有许多研究尝试将这些理论模型应用到金融数据中，以检验其实际应用效果。

当前的一些架构使用堆叠的稀疏自动编码器层作为生成模型。例如，当系统已经学习股票1和股票2的代码，它可能会尝试对股票3的走势进行预测，即使它没有看过股票3的历史数据。此时可以利用深度 Auto-Encoder 学习若干自适应线性层的分层结构允许从输入数据中提取非线性特征，然后将其组合成所需目标变量的描述。这样，对于动态输入和输出，可以获得一个深度特征策略，对于每个输入组合，Auto-Encoder 可以告诉我们哪个相应的动作为目标变量的最佳近似。

### 基于深度学习的股价预测模型

这里以 Auto-Encoder 为例来明确深度智能投顾模型中的输入输出以及中间的处理过程。简单将深度学习模型应用到股指期货收盘价涨跌预测中,其中模型输入会用到当前交易时刻的价格、交易数据以及部分技术指标,输出则是下一个交易时刻收盘价的涨跌,若上涨则输出为 1,若下跌则输出为 0。模型训练好以后输入新的数据,并将模型输出与真实数据进行比较,从而判断模型的应用效果,然后分别对简单神经网络和深度学习模型应用效果进行分析比较。[24]

使用的数据是沪深 300 股指期货的数据。目标是对短期内的价格进行方向性的预测。经过数据预处理之后,先使用简单的单隐藏层神经网络进行训练出模型结果。可以看出,当真实价格上涨时,模型有 59.31% 的机会给出价格上涨的信号,当真实价格下跌时,模型也有 56.95% 的机会给出下跌的信号。理论上来说是存在盈利机会的。考虑每次交易 0.2‰ 的手续费,通过计算得到在 7118 个数据上的累计收益率为 10.63%。具体结果如表 6-1 所示。

表 6-1 简单的单隐藏层神经网络训练结果

|  | true y = 0 | true y = 1 |
| --- | --- | --- |
| pred y = 0 | 1996 | 1470 |
| pred y = 1 | 1509 | 2143 |

鉴于训练了单隐藏层的神经网络模型,模型能够以一定的准确率对价格的上涨和下跌进行预测,但实际上预测的效果并不是很理想的。接下来采用深度学习方法,用前面提到的深度训练网络构成的深度学习模型进行训练并预测,训练结果如表 6-2 所示。

表 6-2 深度学习模型训练结果

|  | true y = 0 | true y = 1 |
| --- | --- | --- |
| pred y = 0 | 2099 | 1416 |
| pred y = 1 | 1406 | 2197 |

从结果中可以看出,在 7118 个检验样本中,深度神经网络预测的准确个数为 4296 个,准确率为 60.35%,当真实价格上涨时,模型有 60.81% 的机会给出价格上涨的信号;当真实价格下跌时,模型也有 59.88% 的机会给出下跌的信号。相比单隐藏层的神经网络,无论是上涨的数据还是下跌的数据,深度学习的预测准确率均有提升,而最终总的预测准确率也相应的有所提升。

总体来说,无论是单层的神经网络还是深度学习模型,对股指期货均有一定的预测能力,而且深度学习相对于单隐藏层的神经网络来说,预测能力更强。

## 6.4　投资组合配置技术

在智能投顾中，目标是考虑如何构建有效的投资组合来提高投资收益。6.3 节中已经介绍了量化投资，即使用定量方法选择投资组合，并期望所选组合的收益率超过基准收益率。在有了组合投资的候选集合之后则需要转向投资组合配置问题，主要研究如何在不确定情况下（风险）对金融资产进行合理配置与选择（收益），从而实现收益与风险间的均衡。随着人工智能的发展及新兴学科金融数学的问世，现代金融投资理论开始摆脱纯粹经验化操作和单纯描述性研究的状态，进入了智能投顾这一高级阶段，并为投资者进行投资决策提供了指导。本节将列举几种常用的投资组合配置技术。

### 6.4.1　问题定义

在开始这一系列算法介绍之前先对投资组合问题给出具体的定义，同时对一些概念进行解释。

**1. 投资组合问题定义**

首先定义一些变量。

- 时间周期 $t_k=k\Delta t$，$k=0,1,\cdots,m$，以 $k$ 作为时间周期 $t_k$ 的索引。时间周期是由投资的时间周期决定的。
- $R_k$ 是收益向量，$R_{k,i}=S_{k,i}/S_{k-1,i}$，这是每个资产的收益向量。
- $w_k$ 是投资组合中所有资产的权重向量，$w_k^{\mathrm{T}}\mathbf{1}=1$。
- $\mu_k=(R_k-1)^{\mathrm{T}}w_k$ 表示从时刻 $t_{k-1}$ 到 $t_k$ 的收益，代表每个时刻 $t$ 的回报率。

整个问题就是在给定 $n$ 种资产、$m$ 个时间周期、一定启动资金的情况下，求得最大化投资收益下投资组合中所有资产的权重向量 $w_k$，如图 6-16 所示。

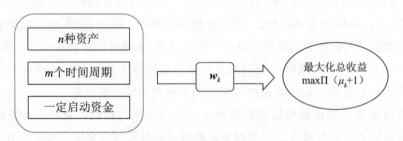

图 6-16　投资组合配置定义

接下来介绍线性规划和非线性规划。

**2. 线性规划和非线性规划**

线性规划是在一组线性约束定义的区域上，对一个线性函数进行极小化（或者极大化）的问题。其数学模型可以表示为：

$$\min z = c^{\mathrm{T}} x$$
$$\text{s.t.} A_1 x \geq b_1$$
$$A_2 x = b_2$$
$$x \geq 0$$

其中，$c, x \in \mathbf{R}^n, A_i \in \mathbf{R}^{m_i \times n}, b_i \in \mathbf{R}^{m_i}, i = 1, 2$。

满足约束条件的点称为可行点，可行点集合构成可行域。

而非线性规划的目标函数在一组线性约束定义的区域上，是对一个非线性函数进行极小化（或者极大化）的问题。在一组非线性约束定义的区域上，是对一个线性函数进行极小化（或者极大化）的问题。非线性规划的数学模型可以表示为：

$$\min_{x \in \mathbf{R}^m} f(x)$$
$$g_i(x) \geq 0 \quad i \in \mathrm{I}$$
$$h_j(x) = 0 \quad j \in \varepsilon$$

在目标函数或者约束函数中至少有一个函数是非线性的。当非线性规划问题的可行域为整个实数域时，称为无约束优化问题，否则称为约束优化问题。

接下去是凸优化：目标函数为凸函数，可行集为凸集的规划问题。

**3. 凸集、凸函数、凸规划**

凸集：如果某个集合中任意两点连起来的直线都属于该集合，则称其为凸集，否则为非凸集。图6-17展示了凸集和非凸集的示意图。

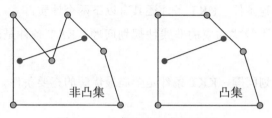

图6-17 凸集和非凸集示意图

凸集的数学定义：$\Omega$ 是凸集，当且仅当以下公式成立：

$$\alpha X_1 + (1-\alpha) X_2 \in \Omega$$

其中，$0 < \alpha < 1, \forall \alpha \quad X_1, X_2 \in \Omega, \forall X_1, X_2$。

从这些概念可以看出，均值方差模型是一个典型的非线性规划问题。

**凸函数：**

$$\forall \lambda, 0 \leq \lambda \leq 1$$
$$f(\lambda X_1 + (1-\lambda)X_2) \leq \lambda f(X_1) + (1-\lambda)f(X_2)$$

**凸规划**：目标函数为凸函数，可行集便是凸集的规划问题。

那么，如何解非线性规划问题呢？需要引入 KKT（Karush-Kuhn-Tucker）条件。

### 4. KKT 条件

回顾在均值方差模型里讲过的基本解法，KKT 条件需要引入拉格朗日函数，然后求梯度来解。

对于非线性规划问题：

$$\min_{x \in R^n} f(x)$$
$$g_i(x) \geq 0 \quad i \in I$$
$$h_j(x) = 0 \quad j \in \varepsilon$$

引入拉格朗日函数：

$$L(x, \lambda, \mu) = f(x) - g^T \lambda - h^T \mu$$

其关于 $x$ 的梯度为：

$$\nabla L(x, \lambda, \mu) = \nabla f(x) - \nabla g(x)\lambda - \nabla h(x)\mu$$

KKT 条件可以表述为：

$$g(x^*) \geq 0, h(x^*) = 0$$
$$\nabla L(x^*, \lambda, \mu) = 0, \lambda \geq 0$$
$$g(x^*)^T \lambda = 0$$

KKT 条件的第一行表示可行性条件，第二行是目标函数梯度的线性表示条件，第三行则是互补松弛条件。KKT 条件还具有以下两个性质。

- 对于线性不等式约束的非线性规划问题，KKT 条件是局部极小值点的必要条件。
- 对于凸规划问题，KKT 条件是全局最优解的充要条件。

## 6.4.2 二次规划

二次规划[22]是非线性规划中一类基础且特殊的数学规划问题，在投资组合、约束最小二乘问题的求解等问题中均有应用，现已成为金融数学、管理科学、运筹学和组合优化科学中常用的基本方法之一。在此类问题中，目标函数是变量的二次函数，约束条件是变量的线性不等式。

### 1. 二次规划数学模型

首先，二次规划是非线性规划的一种特殊形式。二次规划的一般形式可以表示为：

$$\min_{x \in R^n} f(x) = \frac{1}{2} x^T Q x + c^T x$$
$$A_1 x \geq b_1$$
$$A_\varepsilon x = b_\varepsilon$$

其中，$x$ 为待求的最优解，$Q$ 为目标函数的 Hessina 矩阵[①]，为实矩阵，约束条件中既可以有等式也可以有不等式。约束条件为线性约束，故其可行集为凸集。目标函数为非线性函数，当 Hesse 矩阵 $Q$ 是非负定矩阵时，目标函数为凸函数，此时优化问题为凸二次规划问题。

### 2. 二次规划的 KKT

二次规划的 KKT 条件为：

$$A_1 x \geq b_1, A_\varepsilon x = b_\varepsilon$$
$$Qx + c = A_1^T \lambda + A_\varepsilon^T \mu, \lambda \geq 0$$
$$\lambda^T (A_1 x - b_1) = 0$$

- 凸二次规划的 KKT 解就是全局最优解。
- 非凸二次规划的 KKT 解为局部极小值点。
- 求解凸优化问题可转化成求解 KKT 解的问题。
- 简单的 KKT 条件可以直接求解，复杂的可以采用投影梯度法求解。

### 3. 二次规划求解均值方差模型

假设有 $n$ 种投资，第 $i$ 种投资的收益率 $r_i$ 的预期收益均值为 $\mu_i = E[r_i]$，方差 $\sigma_i^2 = E[(r_i - \mu_i)^2]$ 表示投资的风险大小，即收益率关于均值的偏离程度。

- 令 $x_i$ 为第 $i$ 个项目的投资额占总投资的比例，向量 $\boldsymbol{x} = (x_1, x_2, \cdots, x_n)^T$ 表示一个投资组合，则其对应的收益率为 $R = \boldsymbol{r}^T \boldsymbol{x}$，$E[R] = E[\boldsymbol{r}^T \boldsymbol{x}] = \boldsymbol{\mu}^T \boldsymbol{x}$。
- 记第 $i$ 和第 $j$ 种项目投资收益率的相关系数 $\rho_{ij} = E[(r_i - \mu_i)(r_j - \mu_j)] / \sigma_i \sigma_j$。
- 投资组合收益率 $R$ 的方差为 $E[(R - E[R])^2] = E[(\Sigma x_i (r_i - \mu_i))^2] = \Sigma_i \Sigma_j x_i x_j \rho_{ij} \sigma_i \sigma_j$。
- 令收益率的协方差矩阵为 $\boldsymbol{Q} = (q_{ij})$，其中 $q_{ij} = \rho_{ij} \sigma_i \sigma_j$，则上式可记为 $\boldsymbol{x}^T \boldsymbol{Q} \boldsymbol{x}$。

---

[①] 黑塞矩阵（Hessian Matrix），又译作海森矩阵、海瑟矩阵、海塞矩阵等，是一个多元函数的二阶偏导数构成的方阵，描述了函数的局部曲率。

- 令预期收益满足 $\mu^T x \geq M$。
- 在满足收益率条件下最小化风险模型：

$$\min \quad f(x) = \frac{1}{2} x^T Q x \quad (\times 2)$$
$$u^T x \geq M$$
$$\sum_1^4 1, x \geq 0$$

规划问题属于运筹学（Operations Research）范畴，其计算可使用 CVXOPT、MATLAB 等实现，故而本问题的核心不在于具体计算而在于建模。

## 6.4.3 强化学习

强化学习（reinforcement learning）是关于做什么动作（构建状态到动作的映射）来最大化一个奖赏信号的学习。学习器没有任何预先知识，需要通过不断的动作和反馈发现什么样的动作能获取最大的奖赏。图 6-18 是强化学习的典型决策过程。强化学习有四个基本组件，包括输入的环境（States）、动作（Actions）、回报（Rewards），以及输出的方案（Policy）。和监督学习不同，强化学习没有确定的标签，需要机器自己摸索，每一个动作对应一个奖赏，最后得到一个奖赏最大的方式进行数据处理。AlphaGo 就是一个强化学习的实例[25]。强化学习的主要算法有 Q Learning[26]、Policy Gradients[27-28]、Actor-Critic[28-29]、Deep-Q-Network[30] 等。

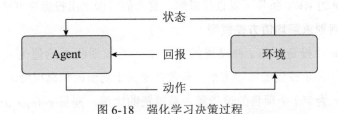

图 6-18 强化学习决策过程

本书中模拟的是强化学习中关于在多个选项中决策的过程。强化学习中的多臂老虎机模型是这个问题的抽象模型。接下来详细介绍一下多臂老虎机的相关知识。

**1. 多臂老虎机**

多臂老虎机（见图 6-19）是一台有多个拉杆的赌博机，每个拉杆的中奖概率是不一样的，对应的问题是如何在有限次数内选择拉不同的拉杆，获得最多的收益。

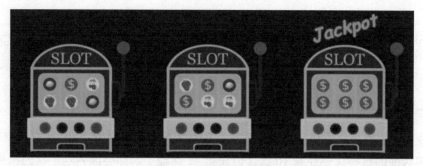

图 6-19 多臂老虎机

假设这台老虎机有 3 个拉杆,由于厂家、工艺以及使用年限等不同,每台老虎机赌博盈利的机会是不同的。最笨的方法就是每个拉杆都试几次,找到中奖概率最大的那个拉杆,然后把之后有限的游戏机会都用在这个拉杆上。然而这个方法并不是可靠的,因为每个拉杆试 1000 次显然比试 10 次所获得的中奖概率(预估概率)更加准确。例如 A 试了 10 次,其中那个本来中奖概率不高的拉杆,有可能因为 A 运气好,会给他一个高概率中奖的假象。

在有限次数下,A 到底是坚持在中奖概率高的拉杆上投入更多的次数(Exploit),还是去试试别的拉杆(Explore)呢?如何分配 Explore 和 Exploit 的次数的问题,就是著名的探索利用困境(Explore-Exploit dilemma,缩写 EE dilemma)[31-32],简称 EE 问题。

在智能投顾领域,EE 问题中,Exploit 对应的是指客户比较确定的投资偏好,而 Explore 则指要探索新的投资偏好。投资组合问题之所以可以作为强化学习的一个典型应用,是因为它符合 EE 问题的特点。通过图 6-20 可以看到,在任何一个时刻,使收益最大化,总会面临一个两难问题:何时去投资那些历史收益很高的资产?何时去投资那些还没有很好表现但具有很大潜力的新资产?

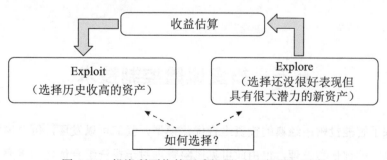

图 6-20 投资所面临的两难问题(EE 问题)示意

### 2. 多臂老虎机用于投资组合

1952 年，哥伦比亚大学的数学家 Robbins 针对多臂老虎机问题提出的第一个解法：Win-Stay Lose-Shift。他提出：也许你可以随机挑选一台老虎机，只要你在赢就一直盯住它，一旦输了就转投另一台，以此循环。

在这个解法中 Win-Stay 的逻辑很直观：如果你已经选择一台机器，那么如果它让你赢了，那只会让你更有可能继续选择这台机器；但 Lose-Shift 就有待推敲了：试想你认准的机器让你连赢 10 次，但在第 11 次输了，你会因为这一次的结果而彻底改换一个尝试对象？同样，针对投资者最喜欢投资的一只股票，是否会因为某一次的亏损就不再继续持有这只股票了？

假设我们考虑的时间是一个有限的区间，探索的价值是逐日递减的，且当前探索的投资股票优于之前，但是，考虑到探索的时间成本以及在有限时间内对于探索结果的利用，很可能该次探索的价值不如维持之前的投资。反过来，在有限时间里利用的价值却是递增的。所以时间区间是平衡 EE 问题的关键。

John Gittins 用 Gittins Index 回答了这个问题，以选择股票为例，如果你认为自己有 1% 的可能性某天会卖掉这只股票，那么投资者心中第二天股票收盘的价值就应该是今天收盘价值的 0.99，以此递推。基于目前所收集的信息，Gittins Index 为每一种情况都赋予了一个系数。因此，你的众多选择瞬间就变成一个明确的定量比较——根据系数高低进行选择。

而在 1985 年，提出 Win-Stay Lose-Shift 的哥伦比亚大学数学家 Robbins 时隔多年又带着加强版解法归来。这一次他提供了另一个看待这类问题的思路：在你做一个选择时，不必纠结任何一个选项会带来什么，而是扪心自问，如果不做某个决定，你会有多后悔？Robbins 的新算法所做的将后悔量化定义为实施某一特定策略所得到的回报与最大可能的回报之间的差值，就是选择那个将你的后悔值最小化的策略。

## 6.5 投资风险控制技术

回顾了智能投顾中经典的投资组合优化模型，我们可以发现，每个模型都无法规避对风险的评估和管理，也由此可见风险管理对于投资组合优化的重要性。风险管理的主要目标之一，即根据实现利润所带来的风险来评估和改善智能投顾机构的绩效，而这里面最核心的，便是风险的范畴和衡量方法。[33] 接下来首先介绍风险的定义以及相关衡量方法。

## 6.5.1 风险的定义

风险，是指事件发生与否的不确定性。按照风险发生的原因，可以划分成自然风险、社会风险和经济风险三类。[34]

- 自然风险：自然因素和物力现象所造成的风险。
- 社会风险：个人或团体在社会上的行为导致的风险。
- 经济风险：在经济活动过程中，因市场因素影响或者管理经营不善导致经济损失的风险。

本书聚焦于经济风险，即股票或其他智能投顾资产、产品在市场中价格或利率波动的风险。信用风险也应该被纳入经济风险的考量范畴。尽管如此，我们仍然只关注在短时间内会影响交易票据的价格或利率的经济风险。

## 6.5.2 风险测量——方差

最常见的风险测量方法即通过股票的收益历史预测方差或标准差来作为某项资本或者某个资本组合未来的风险预估，因为方差或标准差可以估计实际收益与预期收益之间可能偏离的程度。该方法始于马科维茨提出的均值-方差模型，其中均值是指对未来一段时间内预估的收益的期望值，而方差或标准差则用来预估未来一段时间内的风险。在证券投资中，一般认为投资收益的分配是对称的，即实际收益低于预期收益的可能性与实际收益高于预期收益的可能性是一致的。实际回报与预期回报之间的偏差越大，投资股票或投资组合的风险就越大，因此可以使用方差或标准差来表示预期收益的风险[33, 35]。方差和标准差用公式表示如下：

$$方差：\sigma^2 = \sum_{i=1}^{n}[r_i - E(r)]^2 P_i, \quad 标准差：\sigma = \sqrt{\sum_{i=1}^{n}[r_i - E(r)]^2 P_i}$$

其中，$P_i$ 为各种可能结果出现的概率，$r_i$ 表示 $i$ 对应的收益，而 $E(r)$ 则代表收益的期望。

## 6.5.3 风险测量——VaR

风险价值（Value at Risk，VaR）[36-37]，是指在市场正常波动下，某一资产或者资产组合在一定概率范围内在未来时间 $t$ 内可能遭受的最大可能损失。它是一种全面量化复杂投资组合的方法，能解决传统风险量化方法所不能解决的问题。VaR 是由 JP 摩根公司在经历 20 世纪 80 年代末到 90 年代初商业风险困扰的背景下提出的能够定量分析市场风险的方法 [33, 42]。

VaR 用公式表示为：

$$P(\Delta P\Delta t \leqslant \text{VaR}) = a$$

其中，$P$ 表示资产损失小于 VaR 的概率，表示某一资产或资产组合在一定持有期的损失值，VaR 表示给定置信度下的风险价值，$a$ 则代指给定的置信水平。

从统计意义上来讲，VaR 是指某只股票或者某个资产组合在未来一段时间内面临"正常"的市场波动时"处于风险状态的价值"。例如，某一证券组合在接下来的 24 小时里，置信度为 97%，VaR 为 100 万元。其实际意义是指，该证券组合在 24 小时内，由于正常的市场价格波动所带来的最大损失额超过 100 万元的可能性为 3%，或者说我们有 97% 的把握该投资组合接下来一天的损失在 100 万元内，这里 3% 则反映了资产管理者的风险厌恶程度，可以根据不同投资者对风险的偏好程度和承受能力确定。[33]

**1. VaR 的主要应用**

- 用于风险控制。目前已有超过 1000 家的银行、保险公司、投资基金、养老金基金以及非金融公司采用 VaR 方法作为金融风险管理的手段。VaR 方法用于风险控制，可以明确地告知每个交易员他们正在进行的或者即将进行的是具有多大风险的交易，同时可以为其个性化设置 VaR 限额以及置信度，以防止过度投机行为的出现。客观地讲，严格执行 VaR 管理可以避免一些金融交易的重大亏损。

- 用于业绩评估。金融投资行业总不乏投机分子为了追求巨额利润而无视风险，因此对于公司运营来讲，将风险因素纳入业务评价指标是重要且必要的。

- 用于金融监管。利用 VaR，监管部门可以很容易计算出金融机构为了防范市场风险需要的最低资本准备金额，进而能够避免引起系统性风险。[33]

## 2. VaR 的主要优点

- 相比以往定性和主观经验评判风险，VaR 更具客观性。
- 直观易懂，即便不是相关行业从业者或者刚进入行业的新人，也很容易理解和使用。
- VaR 不仅可以衡量单资产的风险，同时也可以衡量资产组合在未来一段时间内的风险。
- VaR 不仅考虑了未来一段时间内发生资产损失的规模，同时也将发生这一规模资损的概率考量进来，便于使用者了解不同可能程度上的风险大小，更加全面地对未来的资产损失风险进行评估。[33]

## 3. VaR 模型的主要缺点

- VaR 模型是对正常市场波动情况下的未来一段时间内的风险衡量，一旦金融环境发生动荡，极端情况出现，VaR 模型所代指的风险大小则失去了参考意义。然而这些极端值才是引入风险度量最重要的原因。
- VaR 模型是在收益正态分布情况下的衡量，但事实表明，资产收益并不严格满足正态分布，相对来讲，尾部更厚。
- 不同风险程度的资产收益的分布不同也导致 VaR 不满足次可加性，进而导致 VaR 预测资产组合的风险的误差。
- McKay and Keefer（1996）已经证实了基于 VaR 实现的投资组合策略有可能出现很多局部最优解。[33, 42]

## 6.6　NLP 在智能金融领域中的应用

日趋成熟的自然语言处理（NLP）技术，让智能客服落地有了基础。通过智能客服技术，可以让公司的人力资本更多地关注战略性内容生成计划，并可缩短近 15～20 天的上市时间。除此之外，当今互联网的发展，也让智能客服机器人发掘用户需求成为可能。鉴于线上购物具有成本低、便捷等优势，顾客趋于选择线上购物。因此，智能客服机器人不仅在降低了人力成本方面做出贡献，也在提升销售转化率、客服效率和用户体验方面，具有特殊优势。

## 6.6.1 智能金融领域现有需求

在国内，著名的文本主题系统来自腾讯，是其开发的大规模隐含主题模型建模系统 Peacock[42]，该系统可以捕捉百万级别的文本主题，在文本语义理解、广告分类、网页分类、精准广告定向、QQ 群分类等重要业务上均起着重要的作用。该系统使用的 HDP（Hierarchical Dirichlet Process）模型[42]，是 LDA（Latent Dirichlet allocation）模型的扩展，该模型能够智能地选择数据中的主题数量，以及捕获长尾主题的能力。文本主题模型除了在腾讯的应用外，在其他公司的推荐、搜索等业务中也得到了广泛的应用。

但是这些系统，依然不足以满足智能金融领域的需求。以下简单介绍智能金融领域当前的主要需求：处理信息不对称（见图 6-21）。

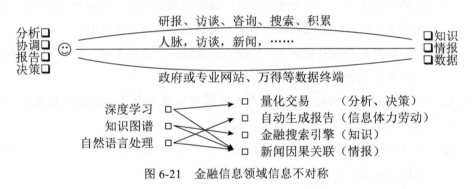

图 6-21　金融信息领域信息不对称

金融领域中存在三种主要的信息不对称，分别是知识不对称、情报不对称和数据不对称。所谓知识的来源，主要是研报、访谈、咨询、探索、积累等；情报的来源，主要是人脉、访谈、新闻等；数据，则主要来自于政府或专业网站，以及一些数据终端。这三者对市场会产生不同程度的关联，其中弱关联关系才是比较有价值的信息。这里的"信息体力劳动"主要是指一些不需要人的洞察即可完成的工作，例如复制粘贴。其实复制粘贴占据了金融从业者很大一部分的时间，而这部分工作是机器能够帮上忙的。

Bloomberg（彭博）是全球最大的商业、金融信息和财经资讯的服务提供商之一。彭博的产品借助科技手段，帮助客户进行跨机构数据和信息的获取、整合、分发及管理，为财经及商界专业人士提供数据、新闻和分析工具，而这中间需要依赖的技术就是自然语言处理。

## 1. 自动生成报告

自动生成报告是客户频繁遇到的顶级需求。例如，研报中的一些模块、写各种公告、公开转让说明书、上会报告等。其中大量的重复劳动可以用机器替代，希望提供一种简单操作就可以生成文本内容的工具。而这一块也有许多公司致力解决。如图 6-22 所示，在金融领域里，自动生成报告遇到的难点是：可以用于训练的数据不多，而且模板级别是不需要的。

 美联社投资的Automated Insights 已为美联社自动生成出10多亿篇文章与报告。

 法国公司Yseop可以每秒生产3000页内容，支持英语、法语、德语等多种语言，产品广泛用于银行、电信公司的客户服务部门以及财经新闻网站。

 Narrative Science公司数据分析平台Quill，产生简短的文字表述或结构化的报告内容。

图 6-22　自动生成报告技术

## 2. 金融搜索引擎

数据终端解决了基础金融数据问题。它偏向结构化数据，但是缺少碎片化文本信息的检索工具。这里就产生了搜索引擎的需求。金融搜索引擎是通过智能的搜索和浅层语义理解技术来解决信息聚类和领域垂直搜索问题。

以银行客户为例，他们的需求是：第一，整合银行内部数据；第二，整合外部数据。银行内部数据是原来就有的，主要是权限问题和内部管理制度问题。而外部数据则是全新的，他们会从各种渠道获取数据，例如各种企业黑名单、电信公司等。这些数据需要有一种好的方法统一结构以便存储和检索。由于是异构数据，需要用一定的 NLP 和知识图谱技术来降低构建信息查询系统的成本。如果做关联搜索，还需要依赖知识图谱技术 [42]。

## 6.6.2　NLP 的金融应用场景

由于知识图谱的信息是人可读、可控的 [42] 存储知识的结构，可以认为是传统数据库的升级版。在金融业务场景中，NLP 和知识图谱技术往往需要共同应用，才能发挥出最大的效能。

### 1. 知识图谱

首先了解一下知识图谱。知识图谱的结构如图 6-23 所示。

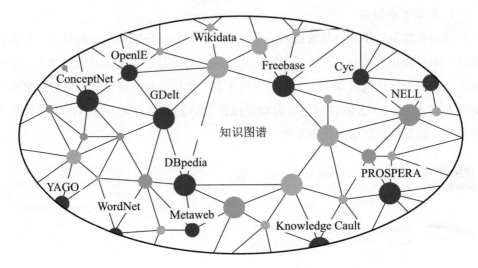

图 6-23 知识图谱示意图

图 6-23 展现了一些著名的开源知识库，也就是知识是一种由实体和关系组成的图结构，其中实体和关系分别对应于图中的点和边。同时，实体和关系具有自己的属性。因此，知识图谱是将所有不同类型的知识连接在一起的关系网络。知识图谱是有效的关系表示方式。它提供了一种从"关系"的角度去分析问题的能力。

在实际应用中我们把知识图谱理解成多关系图，多关系图包含多种类型的节点和多种类型的边，也就是多种类型的实体和多种类型的关系。

知识图谱一般分成两类：开放域通用知识图谱和垂直行业知识图谱。

- 开放域通用知识图谱如搜索引擎、知识问答，它注重广度，强调融合更多的实体，要求知识全面。
- 垂直行业知识图谱，例如金融行业教育行业等，需要依靠特定的行业数据来构建，知识结构更加复杂更具体，知识要求更精准，质量更高。

金融领域知识图谱就是垂直行业知识图谱的一个例子。

例如，图 6-24（a）展示的是人员就职情况和社交关系情况，图 6-24（b）展示的是公司之间的通信情况。其中有不同类型的实体，例如人、公司、电话，也有不同类型的关系，例如社交关系、任职关系、通话关系等。所以，这是一个多关系图。还可以看到，这里的知识都是具体而精准的，并且都是与金融行业切实相关的。例如，张三和李四是朋友，小四和小五都有腾讯公司的任职经历。这样的信息也是一种知识。

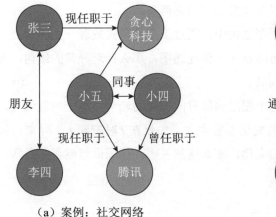 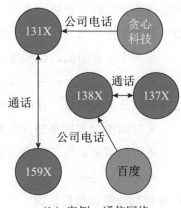

(a) 案例：社交网络　　　　　　(b) 案例：通信网络

图 6-24　垂直行业知识图谱

因此，在金融领域的知识图谱中只考虑跟金融密切相关的一些关系，并由这些关系去编织出一个关系网络。

一般认为金融场景下的知识图谱的实体包含自然人和企业，而对于关系，则分成公开的关系和潜在的关系。其中，公开的关系也可以称为一种明确的关系。例如张三任职于A公司，或者A公司是B公司的子公司。这样的一些关系是比较明确的，我们要做的是梳理这样的关系。另外，还有一些关系是隐含的潜在的关系，需要深入挖掘。针对具体的情况，还需要根据具体的数据和业务需求再去设计。在金融背景下的常用图谱术语举例如下。

- ❑ 实际控制人：通过投资关系、协议等数据分析出实际支配某个公司行为的自然人、企业，这个就是隐含的实际控制人。
- ❑ 一致行动人：一致实体集（自然人或者企业的实体集）对某一企业或者对某类事物会采取一致行动。
- ❑ 共享信息团体：若干个实体共享了很多其他的信息，可以看作一个团体。
- ❑ 强连通图：说明这些节点之间有很强的关系。具体的表现就是每一个节点都可以通过某组路径到达其他的点。可以从知识图谱中找出强连通图，并把它标记出来，然后做进一步风险分析。
- ❑ 不一致验证：例如A和B两个人注明的所在公司名称是同样的，但实际上，根据数据库的记录，A和B在公司名称不同的公司上班，这就是一个矛盾点。知识图谱的作用就在于找出这些潜在的不一致的矛盾点。
- ❑ 2度关系：常用的风险衡量之一。假如你的朋友的朋友进黑名单了，那么你需要被重点关注了。

根据图谱进行异常分析，可以分成静态和动态两类。

❑ 静态分析指的是，从一个图结构中，通过子图等形式发现一些异常点。例如一个欺诈组织的结构可能是一个强连通图，那么针对异常的结构，其实可以通过静态分析进行判断。

❑ 动态分析指的是，分析这个图结构随时间变化的趋势。基于的假设是，在短时间内知识图谱结构的变化不会太大，如果在 $t$ 时刻和 $t+1$ 时刻，知识图谱的结果发生了很大的变化，那么这就说明，该图谱可能存在异常，需要进一步的关注。

**2. 金融知识图谱数据处理**

数据的来源分成结构化和非结构化数据（见图 6-25），其中结构化数据主要是指积累的行内业务数据，非结构化数据一般需要去网页上爬取。对不同来源的数据需要做去重、属性归一及关系补齐的一系列融合操作。

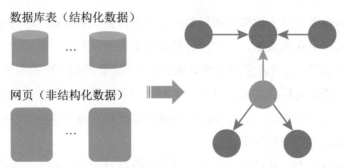

图 6-25 融合结构化和非结构化数据的示意图

非结构化数据的处理需要自然语言处理的技术支持，一般有以下这样四种类型，如图 6-26 所示。

实体命名识别　　　　　　　　　　　关系抽取

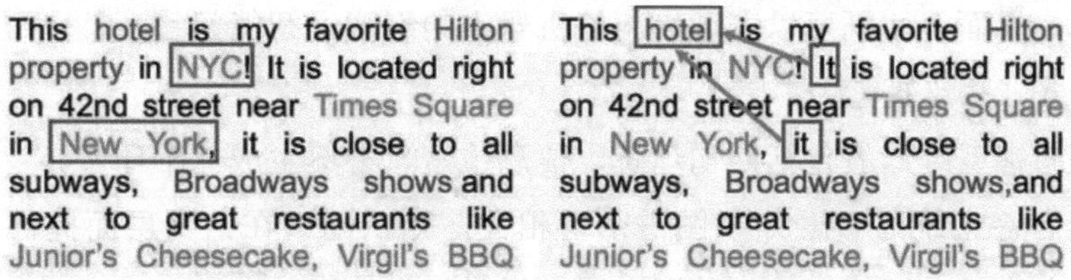

实体统一　　　　　　　　　　　　　指代消解

图 6-26　非结构化数据的处理需要的技术支持

- 例如给一个句子，我们要能够知道张三是一个人名，A 公司是一个公司名。这个就属于实体命名识别。
- 然后我们要能知道这两个实体间的关系是张三在 A 公司里任职，这就是关系抽取。
- 实体统一，就是例如用户填写的公司名，可能有的人写的是全称，有的人写的是简称，指向的都是同一家公司。这时候我们需要做公司名的对齐，也就是实体统一。
- 指代消解就是代词在文本中到底对应的是哪个实体，这也是需要去分析的。

NLP 技术除了应用在数据的获取过程中进行数据预处理，在应用层也可以依靠 NLP 技术自动产生各类金融文档。常见的像信息披露公告或者各种研究报告。自然语言处理做的事情是如何让机器"浅层次理解一句话是什么意思"，可以用来处理大量非结构化数据，也可以通过公开的维基百科或研报等建立知识图谱。

## 6.6.3　NLP 在金融领域应用案例

一种核心能力可以在多个智能金融应用场景中得到应用，这些应用场景包括：智能投研、智能投顾、智能风控、智能客服、智能监管、智能运营等[43]。接下来我们将分析几种的核心能力在各个应用场景的分布情况，对每一种核心能力进行简要介绍，给出它的应用场景，并列举部分国外的典型案例以供大家理解。

**1. 智能问答和语义搜索**

NLP 中有两个很关键的技术，分别是智能问答和语义搜索，目的是让用户以自然语言形式提出问题，深入进行语义分析，以便更好理解用户意图，快速准确获取知识库中的信息。

在用户界面上,既可以表现为问答机器人的形式(智能问答),也可以为搜索引擎的形式(语义搜索)。

智能问答系统一般包括问句理解、信息检索、答案生成三个环节。

智能问答系统与金融知识图谱密切相关,知识图谱在语义层面提供知识的表示、存储和推理,智能问答则从语义层面提供知识检索的入口。

针对这个需求,投研人员的日常工作需要通过多种渠道搜索大量相关信息。而有了金融问答和语义搜索的帮助,信息获取途径将是"Just ask a question"。并且,语义搜索返回的结果不仅是平面化的网页信息,而且是能把各方面的相关信息组织起来的立体化信息,还能提供一定的分析预测结论。

当前,智能问答系统的应用主要是机器人客服。机器人客服的作用只是辅助人工客服回答一些常见问题,但已能较大地节省客服部门的人力成本。例如蚂蚁金服的小蚂答就是一个很好的例子。

**2. 资讯与舆情分析**

金融资讯每天产生的数量非常庞大,要从浩如烟海的资讯库中准确找到相关文章,还要阅读分析每篇重要内容,是费时费力的工作。如果有一个工具帮助人工快速迅捷获取资讯信息,将大大提高工作效率。在这个场景中,金融知识图谱提供的金融知识有助于更好理解资讯内容,更准确地进行资讯舆情分析。

常见的金融资讯信息包括:公司新闻(公告、重要事件、财务状况等)、金融产品资料(股票、证券等)、宏观经济(通货膨胀、失业率等)、政策法规(宏观政策、税收政策等)、社交媒体评论等。NLP 的应用包括:资讯分类标签(按公司、产品、行业、概念板块等)、情感正负面分析(文章、公司或产品的情感)、自动文摘(文章的主要内容)、资讯个性化推荐、舆情监测预警(热点热度、云图、负面预警等)。

---

**资讯与舆情分析实例**

资讯与舆情分析又可称为情感分析,适合股市容易受政策和舆论影响而发生暴涨暴跌的情况。

图 6-27 左边是 2012 年一周的舆情分析,右边是 2015 年股灾期间的一周舆情分析。如果能对中国市场做出来一个比较好的舆情分析(情感分析),对于规避风险和抓住机遇来说十分关键。

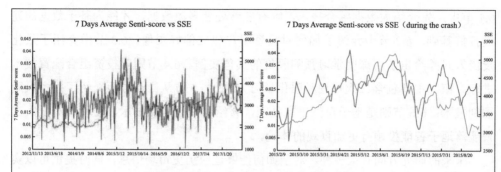

图 6-27　2012 年和 2015 年的舆情分析

有证券公司如彭博已经利用情感分析在做金融市场的舆情分析，并做成产品投入使用。彭博做的是实时的并且是针对个股的。斯坦福大学也做过分析 Twitter 上的情感来预测道琼斯指数，他们做出来的一个 CLAM 情感因子和指数十分吻合。

而 Dataminr 是一家基于 Twitter 及其他公开信息的实时风险情报分析公司。社交媒体中的信息传播速度比新闻快很多。如果别人用新闻来做决策，大家都盯着新闻看，此时就会晚一步。一些突发事件也不存在小道消息或内幕消息，完全无法预测，只有发生之后最快知道的人才能更快地躲避风险。算法综合考虑了 Twitter 用户的新闻外部引用、位置、信誉、市场容量、市场价格等因素来提供告警信息。Dataminr 产品的功能包括仪表盘、截图、告警细节等。此外，Dataminr 的算法也考虑了告警信息的误报，其算法利用了 Twitter 的自修正能力——一旦某人发出的微博是有误的，马上就会有人指正，这种行为会通知 Dataminr 的算法引起注意。Dataminr 目前已经吸引了银行、政府、对冲基金等方面的客户，他们将这套系统作为自己的早期预警系统。美国证交会（SEC）现在已批准该公司可以将社交网络作为新闻发布渠道，因此，Dataminr 的系统采用率会越来越高。该公司正打算将产品推向更多的垂直领域。

## 本章小结

目前，智能投顾已经成为互联网理财主流形态的趋势。在互联网金融日益深入的今天，通过人工智能，使用投资组合理论（如 CAPM 模型），来为用户制定投资组合的方式已成为趋势。而本章则重点关注人工智能在智能投顾中的多种应用。

6.1 节中，先介绍大数据融合技术，唯有能够处理多源数据，才能为基于数据的建模打好基础。6.2 节中介绍了如何对投资用户建立偏好画像。6.3 节中介绍了量化投资方式并给出了用深度学习预测股价的具体实例。6.4 节则对投资组合配置技术进行介绍，主要包含二次规划和强化学习方法；6.5 节从微观层面介绍了投资风险控制技术；6.6 节则是基于自然语言处理，介绍了智能客服技术，让读者对于人工智能落地于智能投顾有更加直观的体验。

未来的研究方向有很多种。对于如何能够适应历史市场信息，同时提供可以实现样本外目标的投资组合匹配，仍然需要进一步研究，以及对不同类型数据的可实现目标进行测试。探索非同质数据源的投资组合以及配置，特别是在规避诸如信贷风险等问题上，也是一个有前途的领域。

# 参考文献

[1] HAI R，GEISLER S，QUIX C. Constance：An intelligent data lake system[C]//Proceedings of the 2016 International Conference on Management of Data. ACM，2016：2097-2100.

[2] 邵二东. 衡水烟草大数据应用场景 [J]. 电子技术与软件工程，2017（4）：200-201.

[3] 佰读. 对接京津——京津冀协同发展（廊坊·北京副中心）论文集 [C]. 廊坊：[ 出版者不详 ]，2016.

[4] 刘川，张飞虎. 大数据时代反贪侦查工作的调整与应对 [J]. 法制博览，2016（6）：13-15.

[5] 杨浩然. 虚拟现实：商业化应用及影响 [M]. 北京：清华大学出版社，2017.

[6] 王静婷，王艳丽，王振辉. 半结构化数据装载到数据仓库的设计与实现 [J]. 计算机与数字工程，2014（11）2198-2201.

[7] 谭军. 大数据开发常用算法 浅谈大数据开发初学路线 [EB/OL]. [2018-09-26]. http://www.elecfans.com/d/787338.html.

[8] 余建芳. 个性化推荐系统在民族院校图书馆信息服务中的设计探析——以甘肃民族师范学院图书馆为例 [J]. 福建电脑，2014，30（1）：174-176.

[9] 王成库，王学超. 多源数据融合技术及其在地质矿产调查中应用探讨 [J]. 科学技术创新，2014（3）：12-12.

[10] 李世伟. 大数据环境下国民经济核算体系的改进 [J]. 发展改革理论与实践，2015（7）：10-14.

[11] COOPER A. The Origin of Personas[EB/OL]. [2020-06-24]. https://www.cooper.com/

journal/2008/05/the_origin_of_personas/.

[12] 宋婉怡. 基于符号学的自媒体商业平台用户体验研究 [D]. 天津：天津大学，2018.

[13] HEATON，J B，POLSON，N G，WITTE，J H. Deep Learning in Finance[J]. arXiv Preprint arXiv:1602.06561，2016：1051-1056

[14] 冯永昌，张建民，刘天权. 国外量化投资经典案例介绍与法律分析 [J]. 清华金融评论，2016（2）45-48.

[15] 作者不详. 量化基金 [EB/OL]. [2013-03-20]. http://blog.sina.com.cn/s/blog_a6741af501019lud.html.

[16] 李想. 基于XGBoost算法的多因子量化选股方案策划 [D]. 上海：上海师范大学，2017.

[17] 胡谦. 基于机器学习的量化选股研究 [D]. 济南：山东大学，2016.

[18] 谢添. 基于物联网与大数据分析的设备健康状况监测系统设计与实现 [D]. 北京：北京交通大学，2018.

[19] 宋江华. 基于深度学习的蛋白质糖基化的应用研究 [D]. 长沙：湖南大学，2016.

[20] KRIZHEVSKY A，SUTSKEVER I，HINTON G E. Imagenet classification with deep convolutional neural networks[C]//Advances in Neural Information Processing Systems. Cambridge：MIT Press，2012：1097-1105.

[21] HEATON J B，POLSON N G，WITTE J H. Deep Portfolio Theory[J]. AAAI，2016：1071-1073.

[22] FRANK M，WOLFE P. An Algorithm for Quadratic Programming[J]. Naval Research Logistics Quarterly，1956，3（1-2）：95-110.

[23] 胡珍珍. 关于互联网视觉媒体若干问题的研究和应用 [D]. 合肥：合肥工业大学，2014.

[24] 白凯敏. 神经网络和深度学习在量化投资中的应用 [D]. 济南：山东大学，2016.

[25] SILVER D，SCHRITTWIESER J，SIMONYAN K，et al. Mastering the Game of Go Without Human Knowledge[J]. Nature，2017，550（7676）：354.

[26] WATKINS C J C H，DAYAN P. Q-learning[J]. Machine Learning，1992，8（3-4）：279-292.

[27] PETERS J，SCHAAL S. Reinforcement Learning of Motor Skills with Policy Gradients[J]. Neural networks，2008，21（4）682-697.

[28] GRONDMAN I，BUSONIU L，LOPES G A D，et al. A Survey of Actor-Critic Reinforcement Learning：Standard and Natural Policy Gradients[J]. IEEE Transactions on Systems，Man，and Cybernetics，Part C（Applications and Reviews），2012，42（6）：1291-1307.

[29] KONDA V R，TSITSIKLIS J N. Advances in Neural Information Processing Systems[C]. Cambridge：MIT Press，2000.

[30] VAN HASSELT H，GUEZ A，SILVER D. Deep Reinforcement Learning with Double Q-Learning[J]. AAAI，2016：651-657.

[31]　WILS O'REILLY III C A,TUSHMAN M L. Organizational Ambidexterity in Action: How Managers Explore and Exploit[J]. California management review,2011,53(4): 5-22.

[32]　DAW N D,O'DOHERTY J P,DAYAN P,et al. Cortical Substrates for Exploratory Decisions in Humans[J]. Nature,2006,441(7095) 876.

[33]　李淑兰. 基于用户投资偏好加强的汤普森采样投资组合决策模型[D]. 杭州：浙江大学，2018.

[34]　张博. 我国金融风险防范存在的问题及对策[D]. 西安：西北大学，2001.

[35]　马连霞. 我国上市开放式基金绩效评价研究[D]. 哈尔滨：哈尔滨工程大学，2007.

[36]　JORION P. Value at Risk[EB/OL]. [2020-6-24]. https://merage.uci.edu/~jorion/Answer.pdf.

[37]　ROCKAFELLAR R T,URYASEV S. Optimization of Conditional Value-at-Risk[J]. Journal of Risk,2000(2): 21-42.

[38]　MCKAY R,KEEFER T E. VaR is a Dangerous Technique[J]. Corporate Finance Searching for Systems Integration Supplement,1996(9): 175-181.

[39]　ZI J,YU X,LI Y,et al. Coloration Strategies in Peacock Feathers[J]. Proceedings of the National Academy of Sciences,2003,100(22): 12576-12578.

[40]　TEH Y W,JORDAN M I,BEAL M J,et al. Sharing Clusters Among Related Groups: Hierarchical Dirichlet Processes[C]//Advances in Neural Information Processing Systems. Cambridge：MIT Press,2005: 1385-1392.

[41]　陈悦，刘则渊. 悄然兴起的科学知识图谱[J]. 科学学研究，2005,23(2): 149-154.

[42]　WANG Z,ZHANG J,FENG J,et al. Knowledge Graph Embedding By Translating On Hyperplanes[EB/OL]. [2020-06-24]. https://persagen.com/files/misc/wang2014knowledge.pdf.

[43]　作者不详. 自然语言处理技术（NLP）在推荐系统中的应用[EB/OL]. [2017-07-11]. https://blog.csdn.net/zhangf666/article/details/74973695.

[44]　作者不详. 蚂蚁金服AI客服"小蚂答"上线[EB/OL]. [2017-08-25]. http://www.elecfans.com/rengongzhineng/541403.html.

# 第 7 章

## 智能投顾的风险、监管和政策支持

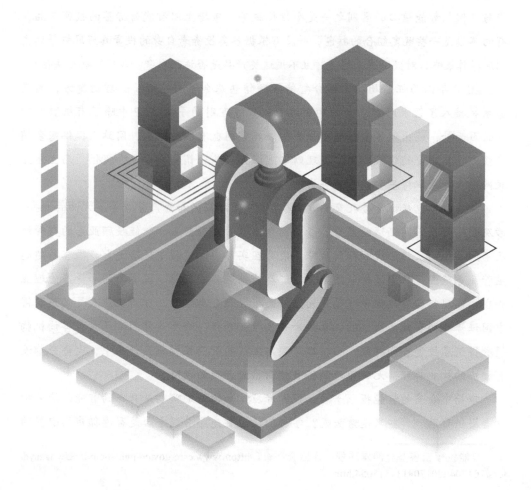

> 案例

## 真假智能投顾

在金融科技快速发展的大环境下，很多传统的金融机构、第三方理财平台、创业公司、互联网公司都已经开始布局智能投顾。智能投顾以智能冠名，需要为客户提供智能化的服务，但新兴市场鱼龙混杂，人人都想抢占先机，便免不了有滥竽充数之作，各种打着智能投顾幌子的公司层出不穷。而客户作为服务的接受方，并不知道如何分辨产品是"真"智能，还是"假"智能，不了解其中的风险。"真"智能与"假"智能核心的区别之一是个性化服务。市场上以智能为标签的投顾产品，有的不过是一些既定组合的打包，并没有根据各类投资者自身的投资喜好风格等因素制定操作策略，对投资者来说，暂且不说这类产品是否适用自身，其风险也无法估计。

2018年山西证监局指出部分智能投顾销售基金涉嫌违规，如理财魔方，其交易系统接入了盈米财富基金的购买端口；拿铁理财的手机APP中除了有机器人理财的页面外，还出现了金融超市等界面。其官网也有相关信息，网站上提供基金销售服务，其基金销售服务由拿铁理财与上海天天基金销售公司联合提供。而上述互联网平台并未取得基金销售业务资格[①]。

智能投顾包括证券委托交易、投资咨询、理财顾问和资产管理等多方面的业务，涉及金融行业不同领域的监管。在中国分业监管的背景下，智能投顾业务的监管涉及不同类型的法律法规和部门规章，使其在实际运营过程中风险更大，很容易超越主营业务范围，从事涉嫌非法集资、证券传销等非法行为。投资顾问和资产管理业务在中国现行监管政策中分属不同监管条线，须分离经营。券商从业人员必须取得中国证券业协会注册认证的证券投资咨询执业资格，除券商外的证券投资咨询机构须取得证券投资咨询牌照。而在目前国内上线的智能投顾相关产品中，大部分都没有相应的执业牌照，无牌照产品将直接面临着合规的风险。

市场中众多的智能投顾平台，投资者应该如何甄别哪些是真正的智能，能为投资者提供帮助，哪些只是噱头呢？学者们认为首先要看该平台是否遵循市场配置的

---

① 智能投顾销售基金涉嫌违规，证监会严查。http://www.csrc.gov.cn/pub/shanxi/xxfw/tzzsyd/jczs/201704/t20170413_315054.htm。

原则，即利用人工智能算法的超强计算能力，通过问卷、市场调查等方法获得相关数据，并对投资者进行快速的财富画像，以此来确定投资者的风险偏好和相应的等级水平，根据智能投资组合算法为投资者实现自动的最优资产配置[①]。其次，还要看智能投顾平台能否做到因人而异，因为每个用户进来都有适合他的组合，无论是保守型客户还是激进型客户，不同年龄的客户能够看到不同的组合。与此同时，投资者在考察各个智能投顾平台时，需要考察平台的大类资产配置能力高低等因素，一般来说，传统的金融机构在人力物力等方面更有优势，这也可以从提供组合的历史业绩、提供组合的数量多少等角度来判断，对于有些涉足P2P业务的平台尽量谨慎参与[②]。智能投顾的核心是定制风险，因此我们的注意点应该放在，一个平台的历史数据是否能够把风险控制在一个相对稳定的水平上，这才是关键。既然是智能投资顾问，就必须能够做到根据市场的波动和消费者心理的变化等因素进行动态调整相关策略和组合。如果只能做到简单地找几个产品打个包给消费者，之后不能再根据市场的波动进行有效的调整，就不能叫智能投顾，只能是组合销售。

智能投顾必须具备三大特质。首先，公司团队成员中必须有具备多年投资经验的基金经理，基金经理需要学会如何系统地管理投资产品，具备一定的科学研究能力，能够把投资经验总结成可复制的模式。其次，要利用这一可复制模式做到自动化筛选和量化投资。最后，要借助先进工具，寻找团队，将策略人工智能化，通过机器完成自动投资。缺少任何其一的都不能被认为是智能投顾平台。然而目前市场中存在一些投机者打着智能投顾的旗号却行使非法荐股等业务，存在大量不合规的无牌照产品，给客户带来巨大风险的同时也对行业的发展造成不良的影响，因此，迫切需要构建智能投顾风险监管体系。

## 7.1 中国智能投顾的风险

### 7.1.1 智能投顾的风险构成

智能投顾起源于美国，经过多年的发展，目前在美国市场已经日渐成熟，但是

---

[①] 刘琪，《P2P"嫁接"智能投顾开花易结果难 产品合规性及其代销资质是发展瓶颈》，《证券日报》，2017-01-21。
[②] 《智能投顾方兴未艾 了解完这四点你再下单》，和讯网，http://funds.hexun.com/2017-03-20/188547477.html。

在中国，智能投顾市场依然鱼龙混杂，乱象丛生，有不少平台打着智能投顾的名字却从事非法荐股等活动，进行基金销售等非法活动，因此智能投顾平台面临各种风险，如法律风险、政策风险、算法等技术风险。

**1. 法律界定的模糊性**

欧美各国对智能投顾都有比较明确的法律界定，而在中国却没有明确的法律定义，我国目前最相近似的界定是2012年证监会发布的《关于加强对利用"荐股软件"从事证券投资咨询业务监管的暂行规定》中关于"荐股软件"的界定，"荐股软件"是指提供涉及具体证券投资品种的投资分析意见，或者预测具体证券投资品种的价格走势、提供具体证券投资品种选择建议、提供具体证券投资品种的买卖时机建议、提供其他证券投资分析、预测或者建议的具有证券投资咨询服务功能的软件产品、软件工具或者终端设备①[1]。也就是说，荐股软件只包含了智能投顾定义中的第一个层面，即投资顾问的业务，而没有包含第二个层面，即资产管理的相关业务。但是在欧美等各国，智能投顾则是投资顾问业务和资产管理业务的统一。从我国现有的监管实践和相关法律来看，我国智能投顾的内涵要窄于美国、英国等国家。在中国分业监管的大背景下，投资顾问业务主要适用的法律规范是2010年中国证券监督委员会27号公告《证券投资顾问暂行规定》和1997年国务院证券委员会发布的《证券、期货投资咨询管理暂行办法》，资产管理业务则分别各自适用于银行、证券、保险等不同行业的不同规定，法律界定比较模糊，法律规定也分散在各个行业中，这些使智能投顾平台很难找到统一的遵守标准和法律规范[1]。

因此，在实际运营的过程中，很容易引发违反法律规范等相关风险，例如非法集资、非法经营以及非法从事投资咨询业务，进行股票基金的推荐业务等。

**2. 技术掩盖下信义义务的模糊性**

信义义务起源于信托法，是指受托人应当承担的义务，包括谨慎和忠实两项内容，目前已经引入到证券法和现代公司法中。在智能投顾业务中同样需要机构经营者或平台遵守信义义务。但是，由于智能投顾专业性很强，一般人无法理解其算法和数据模型，而且在借助于技术的背景下，投资者容易忽视信义义务的存在。在技术外表的掩盖下，机会分配更易被操纵，自我交易变得更加隐蔽，再加上信息披露不够充分，信息不对称，投资痕迹留存难等问题，这些都会造成平台违背信义义务、但投资者却不易发觉的问题[1]。

---

① 证监会公告[2012]40号，《关于加强对利用"荐股软件"从事证券投资咨询业务监管的暂行规定》，http://www.csrc.gov.cn/pub/zjhpublic/G00306201/201212/t20121207_217753.htm?keywords=。

### 3. 算法的潜在风险

算法是智能投顾的最核心部分之一，同时也是公司的商业秘密，一般公司都不愿意向外披露其智能算法；因此，算法的隐秘黑箱是智能投顾监管的灰色地带，这也会导致一些违法行为发生。同时，机器算法自身也会存在一些缺陷，例如算法不规范错误，算法中涉及的数据模型与市场不相符合等，这些都会给投资者带来损失。

此外，算法还存在同质化等风险，如果大量的投资者都依赖于同一个平台和算法模型来投资，那么相同或类似的算法会带来信息的趋同性和数据决策的同质性，非常容易导致"羊群效应"的发生，使得投资者都采用同样的投资组合，会加剧投资行为的顺周期性，市场会变得更加不稳定。为了避免算法的同质化，需要智能投顾平台披露其算法和主要逻辑，根据不同的产品研发不同的算法逻辑和不同的程序化交易程序[1]。

### 4. 政策风险

在中国，资产管理与投资顾问两块业务是分开管理的，分别需要遵守不同的法律和法规。然而，在现阶段仍然没有专门的法律条款和规范对智能投顾业务进行规制。政府仅出台一些对金融科技和网络贷款等相关文件，如2019年1月，互联网金融风险专项整治工作领导小组办公室、P2P网贷风险专项整治工作领导小组联合发布的《关于做好网贷机构分类处置和风险防范工作的意见》，主要对目前正常经营的网贷机构给出转型"网络小贷公司、助贷机构或持牌资产管理机构导流等"建议。2020年4月，中国银保监会通过《商业银行互联网贷款管理暂行办法》，明确了互联网贷款的内涵和范围，对风险管理也提出明确要求，加强事中和事后监管。

智能投顾平台需要取得各种相关资质牌照，例如，如果平台想销售基金等，那么就需要相应金融产品的销售牌照，否则用户在配置资产时，将无法在该平台直接购买基金、债券等金融产品，这会影响用户的体验。目前国内对智能投顾平台还没有明确的管理细则，监管层也处于观察阶段，政策随时可能出台，如风险怎么鉴别、出现问题谁来承担责任，等等还没有定论。

## 7.1.2 智能投顾的风险预警

不同的智能投顾平台对其经营过程中的风险控制和预警方法有所不同。一些公司会通过建立专门的风险管理及预警系统对智能投资过程中的业务风险进行管理。如美国知名的betterment公司，任何第三方机构投资组合只要和Betterment链接起来，它都可以独立地分析潜在节省的费用及投资组合建议。当然要做到这一点，你必须输入你的用户名和密码到 Betterment 的系统中。但是也不用担心你的账户安全问题，Betterment 不会存储你的登录信息，也不会泄露你同步的数据。

Betterment 和 Wealthfront 的风险管理是根据自己的激进/保守倾向自己调控的。Betterment 可以通过调整 stock 和 bond 的比例来控制风险——一般认为：更多 stock 比例则更激进，更多 bond 比例则更保守。而 Wealthfront 的风险管理则更直白，有一个可自己调整的 risk score，满分为 10.0，如果需要激进的投资策略，则把 risk score 调高；如果需要保守的投资策略，则把 risk score 调低。

风险分析包括对前期识别的风险进行计量，个别有条件的企业往往会结合压力测试，进行风险模拟，从而为下一阶段风险控制提供详尽的备选方案。风险计量是指采用定性与定量相结合等方法对金融风险进行计算和量化的过程。在此之前，需要首先识别风险、确定风险的性质、评估各种影响风险的因素和一些潜在的事项，并且评估这些因素出现的可能性以及这些因素对投资组合的影响程度。因此，平台需要构建各类操作风险的计量模型，并根据模型来计算风险的大小以及对应的资本要求；此外还需要通过压力测试和一些非统计类的计量方法来进行补充，形成完整的风险分析体系①。

智能投顾平台可以运用敏感性分析、流动性缺口、期限阶梯、情景分析等多种度量方法分析和预测平台当前和未来的流动性风险，根据各种情境下外币、本币等资金来源和未来变化趋势，根据度量模型来度量净融资需求，同时采用压力测试和其他非统计类计量方法进行补充。

## 7.1.3　智能投顾平台的风险指数体系

智能投顾包含三个关键词：智能、投资、顾问，因此，在评价智能投顾平台的发展水平和风险时，首先需要考察其智能化水平、资产管理水平和投资咨询水平。其次，需要考虑智能投顾平台的发展是否符合国家的监管和政策。因此，笔者认为智能投顾平台发展风险指数一级指标包括五个部分：合规情况、智能化水平、资产管理水平、投资咨询水平和平台绩效。

**合规情况：** 是指智能投顾平台是否符合相关规范和监管制度。资管新规出台后，智能投顾的监管会越来越严格。如在资管新规出台时，指出理财魔方、投米 RA、

---

① 《民营银行风险管理之我见》，东方财富网。

蛋卷、璇玑、拿铁等一大批智能投顾产品将面临合规问题，仅灵犀智投等少数拥有投资顾问的资质。在强监管的背景下，不合规的智能投顾平台将面临倒闭关停或者兼并重组的风险。该指标主要通过是否登记备案、是否有证券投资咨询机构牌照、是否有公募基金牌照、是否有基金销售牌照、是否有私募基金备案、是否有投资顾问资质、是否定期进行信息披露等几个二级指标来进行分析。

**智能化水平：** 决定平台的用户收益和运营效率，智能化水平的高低主要看在同样风险值下资产配置组合是否一样，是否一起调仓，人工配置痕迹是否明显，用户是否完全自选，是否固定策略等，占项越多，智能化水平越低。该指标主要考察智能投顾平台算法模型等的先进性，能否通过机器人自行来完成资产配置、调仓等各项任务。数据分析算法在智能投顾中非常重要，从投资者的风险偏好、投资目标的测评，到资产的筛选、配置和再平衡以及投资中的风险控制，智能投顾的各个环节都需要大量的数据分析，因此多维度多层次的大数据分析是智能投顾的灵魂。智能投顾中的大数据分析可以划分为4个层次，即数据架构、信息整合、知识发现和智慧决策，由基础向智能逐步加深。这些数据分析的算法模型智能性是评价的重点之一。

**资产管理水平：** 衡量一家智能投顾平台资产管理水平和用户运营水平的指标，可以从资产管理的规模、资产配置情况、投资管理情况、资本实力、风险管理能力等几个二级指标来衡量。智能投顾平台的核心竞争力主要是投资组合的配置能力以及投资组合的再平衡能力。其中，投资组合配置是指在客户画像之后，智能投顾平台会给客户评定一个风险等级，然后开始分析市场上不同类型的金融资产的收益特征、风险特征、周期性特征等因素，为其量身定制投资组合方案。投资组合的自动再平衡是指智能投顾机器人开始交易后，对组合权重进行7×24小时的实时监控，根据市场趋势变化，自动调整资产组合中各类不同风险水平的资产比例[4]。

从资产配置类型上看，理财魔方组合配置产品类型较少，目前以股债结合为主。这样在遇到股债双熊市场，可能会面临较大的风险。蛋卷基金与基金公司合作出品各种策略组合，包括二八轮动、八仙过海、蛋卷平衡派等，成为其最大的卖点。陶陶智投除股债类外，综合配置相对稳健的货基，还有部分黄金和QDII，配置品种更加全面，且跟随市场变化调整配置比例，这样就能分散风险，确保在不同市场环境下的风险可控。

安全性是任何一个智能投顾平台都无法逾越的门槛，也是投资者考量一个平台最重要的因素之一。如果说之前的投资追求唯快不破，那么在全球"黑天鹅"事件频繁发生的背景之下，未来的投资将是绝对的"安全至上"。对于理财新手来说，尤其应该如此。因此，风险管理能力是智能投顾平台能否持续发展的重要方面，企业需要有效的风险管理控制模型，能够对投资组合的风险进行自动识别、监测、预警，自动地对投资组合模型进行优化调整，自动地对客户的资产进行优化配置。

**投资咨询水平：** 主要是指智能投顾平台提供投资顾问服务和相关投资咨询服务的能力。一个好的智能投顾平台需要构建良好的数字化交流互动方式，让客户享受"私人银行"级别的顾问服务。最佳体验是有主动一对一及时服务、微信客服、IM系统和客服电话。主要从投资顾问的服务态度、投资顾问的业务熟练程度、与投资者沟通的通畅程度、是否有专属投资报告、投资者满意度等几个方面来衡量。

**平台绩效：** 是指智能投顾平台的运行效果，也是衡量平台持续发展的重要指标。该指标主要从产品的收益率、管理的资产规模、投资者数量、用户满意度等方面衡量。在对平台的业绩进行评估时，首先要考虑的就是投资收益率，用户的资金投入如何获得最大规模的回报。其次需要考察平台的用户情况，用户点击量越多，未来可能的潜在用户数就会越多，平台的可持续发展能力越强。再次，管理的资产规模是衡量平台运营水平的重要指标，决定了平台的绩效。对智能投顾产品而言，业绩稳定性是其生存的"命门"，也是助其在同类产品中脱颖而出最直接、最有力的证明。尤其是在市场分化时期，各家智能投顾在收益性和回撤方面能够得到真正的检验。业绩指数包含平均最大回撤等指标。

构建智能投顾平台发展风险指数体系见表7-1。

表7-1 智能投顾平台发展风险指数体系

| 一级指标 | 二级指标 | 变量定义 |
| --- | --- | --- |
| 合规情况 | 是否登记备案 | 定性变量，（0，1） |
| | 是否有证券投资咨询机构牌照 | 定性变量，（0，1） |
| | 是否有公募基金牌照 | 定性变量，（0，1） |
| | 是否有基金销售牌照 | 定性变量，（0，1） |
| | 是否有投资顾问资质 | 定性变量，（0，1） |
| | 是否有私募基金备案 | 定性变量，（0，1） |
| | 是否定期进行信息披露 | 定性变量，（0，1） |
| 智能化水平 | 是否自动配置投资组合 | 定性变量，（0，1） |
| | 是否自动调仓 | 定性变量，（0，1） |
| | 是否固定策略 | 定性变量，（0，1） |
| | 用户是否完全自选 | 定性变量，（0，1） |
| | 模型算法的多样性 | |

（续表）

| 一级指标 | 二级指标 | 变量定义 |
| --- | --- | --- |
| 资产管理水平 | 资产配置情况 | 投资产品种类和范围 |
| | | 杠杆使用情况 |
| | | 用于缓释和锁定风险的措施的实施情况 |
| | 投资管理情况 | 分类分账管理情况 |
| | | 投资后管理情况 |
| | 风险管理水平 | 风险管控模型的先进性、有效性 |
| | 团队实力 | 资本实力 |
| | | 项目负责人履历、背景资料 |
| | | 团队成员的互补性等 |
| 投资咨询水平 | 在线实时客服 | 投资顾问的服务态度 |
| | | 投资顾问的反应时间 |
| | | 投资顾问的业务熟练程度 |
| | 是否有专属投顾 | 定性变量，（0，1） |
| | 是否有用户微信群 | 定性变量，（0，1） |
| | 提供参考咨询服务形式多样 | 微信客服、IM 系统、客服电话等 |
| | 是否有专属投资报告 | 定性变量，（0，1） |
| 平台绩效 | 人气指数 | 每月用户点击量 |
| | | 用户规模 |
| | 产品业绩指数 | 平均最大回撤 |
| | | 平均 calmar 比率 |
| | | 年化收益率 |
| | 管理资产规模 | 网站公布为准 |
| | 投资者满意度 | 用户对平台的满意度，用重复使用率衡量 |

根据智能投顾平台发展风险指数体系，采用上一节介绍的网贷风险指标计算类似的综合评价方法对行业中的平台进行综合评价，一旦平台中发展综合指数低于某个特定值，就开启预警，甚至淘汰出市场。

## 7.2 智能投顾的监管难点

相较于传统人工投资顾问，智能投顾具有成本低、算法先进等诸多优势[5]，但是由于法律规范、技术水平和人才等方面存在一些不足，给监管带来了一定的难度。目前智能投顾监管过程中存在以下难点。

## 7.2.1 账户实际控制人认定困难

《公司法》中规定,实际控制人是指虽不是公司的股东,但通过投资关系、协议或者其他安排,能够实际支配公司行为的人,为自然人。按照现有的监管规范和法律,被监管的主题必须是自然人和法人。而在人工智能技术的背景下,证券投资账号的经营者和所有者都发生了一些变化。无论何种形式的证券投资账户,如果使用智能投顾平台和机器人来代理进行交易,这会导致该账号的实际控制人是机器人而不是自然人,使账号的实际控制人认定比较困难[5]。

## 7.2.2 一致行动人

在智能投顾平台,投资者的决策一般由智能代理机器人来匹配其要求代为执行,而智能代理机器人是由智能投顾平台和服务商来提供的。同一个机器人的操作逻辑是相似的,虽然他们在法律上是独立的、无关联的,但在实际操作过程中可能会表现出"一致行动人"现象,这将会带来交易风险[6]。

张家林在其《证券投资人工智能》一书中举了这样一个例子以佐证监管难题:"例如,大量投资人雇佣同一个表现优异的智能投顾代理管理其自身账户的投资。由于同一个智能代理系统可能产生自组织行为,虽然独立工作,但最终寻求的结果可能趋同,那么这些账户虽然法律上是独立无关的,但实际操作可能会出现'一致行动人'的现象。"[6]张家林也认为,这种"英雄所见略同"式的行为将成为监管难题之一。从民事责任主体角度看,人工智能Agent不具有民事权利,因此民事责任一定会穿透到最终使用和开发人工智能Agent的个人或机构。但监管并不仅仅是简单地只关注民事权利和责任,还包括投资者适当性、行为监管等诸多涉及合规和保护投资者的问题[5]。

智能投顾机器人可能会同时使用同一种算法或操作逻辑为大量的投资者服务,不同平台的智投机器人算法可能也类似,由此会带来一致行动人现象,使交易风险增大,同时也给监管带来难度。

## 7.2.3 监管法律体系不完善

在国内智能投顾平台线上运营的企业有财富管理公司、互联网公司、传统的银行、证券公司等，涉及的体系比较复杂。一方面，国内实行金融分业监管政策，而智投平台的资产配置往往横跨多个领域，监管主体难以明确，实施监管的难度很大。另一方面尚未出台适用于智能投顾的法律法规。我国《证券期货投资咨询管理暂行办法》第二十四条规定："证券、期货投资咨询机构及其投资咨询人员，不得从事下列活动：代理投资人从事证券、期货买卖。"[①] 这意味着证券投资机构只能向客户提供咨询意见，必须由客户亲自完成下单交易，而不能由投顾机构代为下单，即不能开展资产管理业务[②]。由于智能投顾属于纯线上理财方式，其在实际运行中所产生的资金池、资金募集方式、信息披露、风险溢出效应等问题都是监管的重点与难点。必须尽快完善相应的法律法规，确定监管机构及其职责，才能稳定智能投顾的发展。

## 7.2.4 智能投顾行为边界判定

随着科技的发展，人工智能技术不断成熟，监管的难度会不断地增加，到达一个新的高度。主要是因为人工智能行为难度增加，而监管的法律框架体系中没有明确界定智能机器人的行为边界等。例如，智能投顾机器人的某次投资决策引起了一个股票价格的异常波动，或者在极端可能情形下造成了整个投资市场的动荡，引发了金融市场的系统性风险，而这个风险监管部门很难去确定这次投资决策是因为投顾机器人算法模型的局限性还是人工智能决策系统的局限，或者是由设计算法的技术人员"恶意"设计的人工智能[6]。

如何确保用计算机计算的资产配置建议是准确和持平的，并能够有足够的应变方案处理市场极端情况（"黑天鹅"事件）？同时，客户通过网上问卷所评估出来的风险接受程度和收入水平等信息是否足够准确，将会对财务意见中的"投资者适当性"规定有重要的影响。考虑到不同平台之间在资产种类、潜在风险和配置模型之间的差异，客户如何能够有效地评估不同平台所建议的产品风险？这些问题的存在都为智能投顾的监管带来很大的难度。

---

① 中国证监会，《证券、期货投资咨询管理暂行办法》，http://www.csrc.gov.cn/pub/newsite/flb/flfg/xzfg_8248/200802/t20080227_191570.html。
② 《国内外智能投顾产业监管政策分析》，中国投资咨询网。

## 7.3 海外智能投顾的监管经验

信息技术在金融领域的运用呈现快速发展的趋势，智能投顾成为全球范围内金融行业创新的新兴热点。如何平衡好金融创新和互联网科技快速发展带来的风险是各个国家监管部门共同关心的话题。

### 7.3.1 美国的智能投顾监管

在美国，智能投顾受美国证券交易委员会（United States Securities and Exchange Commission，SEC）监管，与传统投资顾问一样，受到美国1940年《投资顾问法》（Investment advisers act）的约束。根据该法案，通过网络开展业务的投资顾问公司，无论管理资产规模大小，都必须成为SEC的注册投资顾问①。《投资顾问法》对投资顾问提出了五方面的要求：（1）对客户的诚信义务（Fiduciary Duties to Clients）；（2）重要的禁止行为和要求；（3）合同要求；（4）记录要求；（5）监管要求[7]。②机器人投顾同样也受到这些监管要求的约束。获得投资顾问资格的公司既可以为客户提供投资建议服务，也可以直接管理客户的资产。依照这部法律，智能投顾企业需要做好以下三个方面的工作：

- 智能投顾企业必须对客户做详细的信息披露，让客户能够充分地理解智能投顾的运行方式、潜在的利益冲突和可能的风险。企业也必须界定清楚自己的服务范围，人在其中扮演的角色等。所有信息披露必须清晰可见，不能存在任何误导。
- 智能投顾必须给客户提供合适的建议。投资者的投资组合与问卷测试等不一致时，智能投顾公司需要承担提示的义务。
- 智能投顾需要进行有效的合规规划，以确保其所有的相关行为都符合相关的法律法规。

然而，智能投顾的运营模式和方法与1940年投资顾问法中对投资顾问的定义存在很大的差别，现行法律的监管体系需要进一步完善。美国相关监管机构已经意识到这一点，2015年5月8日，美国证券交易委员会SEC和金融业监管局（FINRA）两个机构联合发布了《关于自动化投资工具给投资者的公告》（Investor

---

① 《国内外智能投顾产业监管政策分析》，中国投资咨询网。
② *Investment Advisers Act of 1940*. https://www.investopedia.com/terms/i/investadvact.asp.

Alert: Automated Investment Tools），提出"自动化投资工具"概念，提醒投资者在投资之前应当了解产品的相关条款、技术局限、关键假设、个人信息保密性等。2016年3月，FINRA发布了《数字化投资顾问报告》（Digital Investment Advice Report），提出数字化投顾和智能投顾的概念，指出投资顾问的价值链包含用户档案创建和分析、资产配置、投资组合选择、交易执行、投资组合再平衡、税收损失收割和投资组合分析七个方面。①[8] 报告指出：算法是智能投顾的核心，因此监管机构在监管过程中需要关注算法，定期对算法和智能投顾工具输出的信息进行测试，以便评估信息，看其是否达到预先设定的目标。

美国金融监管局在2016年10月发布的《数字化投顾建议》中提到"应加强直接影响结果的算法、模型、程序和智能体等环节的管理和评估"。

2017年2月，SEC发布了智能投顾的升级指导意见《网络自动咨询服务（即智能投顾）合规监管指南》（Guidance update: Robo-Advisers），要求进一步加强对平台信息披露的监管，保护消费者权益。该意见指出，智能投顾的主体必须为注册投资顾问，必须是向SEC提交过投资顾问表完成注册的投资顾问，这样就可以消除依托互联网导致的跨地域性和服务规模不可控性等特征。2020年《最佳利益规则》（Regualtion Best Interest）最终落地，该标准对财富管理机构的信息披露义务、审慎义务、消除利益冲突等义务都有明确要求。

从上面的介绍来看，美国的投资顾问与其他国家的不同之处主要表现在，美国的投资顾问监管牌照包括证券市场的理财服务和资产管理两大类，因此能够同时给客户提供投资顾问和资产管理两项服务，对于客户资产管理这项内容就不需要再重新申请。SEC更倾向于对投资者通过教育手段来提醒投资者注意防范智能投顾的风险 [9]。

## 7.3.2 英国的智能投顾监管：监管沙盒

英国金融行为监管局（Financial Conduct Authority，FCA）针对以智能投顾、区块链技术和众筹等为代表的金融创新企业，专门成立创新中心，主要目的是支持各类金融科技公司和银行证券公司等进行创新开发一些新的金融产品和服务，为金融创新消除监管的障碍。同时也能够提升消费者的投资体验，降低企业的投资成本和创新的时间成本，最终促进金融科技行业和服务进步。

---

① A Few Minutes with FINRA: Digital Investment Advice Report. https://www.finra.org/industry/few-minutes-finra-digital-investment-advice-report.

在这样的基础上，2015 年 11 月 10 日，FCA 针对智能投顾这类金融创新发布了"监管沙盒"（regulatory sandbox）。根据 FCA 的定义，"监管沙盒"是一个"安全空间"，在这个安全空间内，企业可以测试其创新的金融产品、服务、商业模式等，而不会立即受到监管规则的约束，从而极大地促进了金融创新。监管沙盒不仅有利于缩短创新思想进入市场的时间，而且鼓励金融创新的发展（胡滨，杨楷，2017）。①[10] 监管沙盒能够保护消费者/投资者权益，在严防风险外溢的前提下，通过主动合理放宽监管规定，减少金融创新的障碍。在智能投顾领域引用监管沙盒有利于智能投顾的创新发展。下文将重点介绍监管沙盒的优势、使用步骤、特点及其在智能投顾监管中的应用。

**1. 监管沙盒的步骤**

FCA 监管沙盒流程主要包括如下七个步骤（尹海员，2017）[11, 12]，具体见图 7-1。

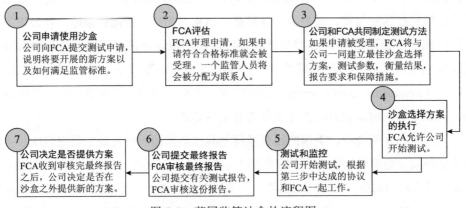

图 7-1　英国监管沙盒的流程图

（1）公司向 FCA 提交测试申请，提出新的解决方案并满足准入标准。

（2）FCA 筛选拟参与"监管沙盒"的企业，筛选主要考虑产品是否具有创新性、企业规模的大小、创新的产品或服务能否促进消费者福利的提升等方面的因素。

（3）公司和 FCA 合作并确定一种测试方案。FCA 根据拟参加测试的服务以及新产品的特征和性能等选取合适的消费者，并要求拟参加的企业制订相应的消费者保护计划，包括适当的赔偿等。推进"选择沙盒"选项，测试参数、测量结果等。

（4）企业获得 FCA 有限授权后，开始进入"监管沙盒"测试。

（5）测试和监控。公司根据要求开始测试，测试期一般为 3～6 个月。在此期间，

---

① 李丹，《智慧金融：秉承金融本质才能行稳致远——访恒丰银行研究院执行院长董希淼》，《中国金融家》，2018-05-15。

FCA 对测试过程进行全程监控,并控制风险。

(6) 公司根据业务开展情况,向 FCA 提交有关测试结果的报告,FCA 对此报告进行评估。

(7) FCA 审核收到的最终报告。如果报告通过审核,公司可决定是否在监管沙盒之外推广新产品或服务。FCA 根据测试结果进行监管政策的制定和完善 [11, 13]。

监管沙盒类似于改革试验区,在可以监测控制的实验环境中,对各类金融科技新产品如智能投顾等新服务进行测试,通过测试的新服务可以在沙盒之外进行推广。这种模式在一定的范围内,简化了市场进入的标准,能够在保护消费者利益的基础上,允许新的业务和服务更快地落地运营,加快金融创新的速度 [11, 14]。

为了配合沙盒测试的进行,FCA 还推出了配套措施,推动金融行业建立"虚拟沙盒"(Virtual Sandbox)和"沙盒伞"(Sandbox Umbrella),进一步鼓励创新。将分散在各企业的市场历史数据通过人工智能技术等手段,用于在构建的虚拟环境中对金融产品或服务进行测试,建立一个贴近现实世界的虚拟沙盒。虚拟沙盒中进行测试的金融产品服务无须取得 FCA 授权 [15],同时,基于历史数据的测试可以避免对消费者权益的损害及对金融稳定的损害。

### 2. 监管沙盒的益处

监管沙盒制度的实施所带来的益处如表 7-2 所示。

表 7-2 监管沙盒的实施益处

| 实施益处 | 具体成果 |
| --- | --- |
| 减少将创新想法推向市场的时间和成本 | 第一批入组的企业中已经有 75% 成功完成测试<br>在第一批测试中完成测试的企业中约 90% 的企业在测试后继续推向更广泛的市场<br>大多数被授权进行测试的公司已经在完成测试后获得完全授权<br>进入第二队列的公司中有 77% 的企业进入测试阶段 |
| 促进创新者获得融资 | 在测试期间或之后,至少有 40% 完成了第一批测试的企业接受了投资 |
| 为产品进行测试并进而推向市场提供平台 | 监管沙盒测试覆盖了范围广泛的行业和产品类型<br>在监管沙盒的前两个批次中,FCA 共收到了 146 份申请,其中有 50 份接受并进行了 41 次测试<br>在第一批测试中,大约三分之一的公司根据测试得到的经验,在大范围市场推出之前,将其业务模式进行调整 |
| 为新产品和服务建立适当的消费者权益保障 | 所有监管沙盒测试都遵守 FCA 的标准保护措施<br>FCA 与公司合作开发了定制化的测试保障措施<br>由于缺乏消费者吸引力,有一家公司在测试期间成功启动退出计划 |

**监管沙盒有利于鼓励金融创新**。首先，监管沙盒有利于金融科技创新等初成立企业的融资。英国企业的经验显示，监管的不确定性将使创新项目估值降低15%，而监管沙盒要求政府等监管机构参与建设，在一定程度上能够消除天使投资等投融资方对创新不确定性的疑虑，使初创企业更容易获得融资，也提高了初创创新企业的价值。其次，监管沙盒有助于减少金融创新产品进入市场的时间和成本。监管沙盒能够根据创新产品和服务的实际情况和监管的实际需求，随时调整监管的规制，为金融创新提供了比较宽松的政策环境，避免了以前创新产品受到政策限制、需要层层审批等状况，让创新得到政府的鼓励和支持。最后，监管沙盒符合金融科技创新的多项需要。监管沙盒可以帮助企业有效管控创新可能造成的风险；企业可以在沙盒内获得监管者和消费者的反馈，为创新的完善和推广积累市场经验①[10]。

**监管沙盒增强了金融消费者保护**。保护金融消费者，便利金融消费者是实施监管沙盒的基本原则。监管沙盒鼓励更多的金融创新企业进入市场，除了能够覆盖更多的消费者，为消费者带来更多的服务和产品类型等之外，还可通过智能投顾等金融创新推动企业间的竞争，金融服务质量得以提升，消费者获得各种智能服务的成本得到降低。监管沙盒能够加强智能投顾初创企业与监管部门的沟通交流，帮助金融创新产品在大规模推广使用前就具备了比较完善的消费者保护措施，为创新企业高效地达到监管规定提供了直接的指导[10]。

监管沙盒能够促进金融科技创新的发展，衍生更多的金融创新。监管部门利用监管沙盒为金融科技创新提供便利的同时，增强了监管对创新的适用性。监管部门参与到监管沙盒中，可以充分了解创新方案的金融本质、风险特征和操作方法等，为监管者制定监管政策措施积累相关经验。在金融服务的早期，监管者可以充分利用监管沙盒的实践和沟通机制建立起相应的监管框架体系，在创新面世时及时出台相关的监管政策。

### 3. 监管沙盒的发展

自 FCA 推出监管沙盒计划以来，在全球范围内得到许多国家的响应。不少国家都推出了自己的监管沙盒实施方案，如新加坡、泰国、荷兰、瑞士、加拿大、马来西亚等。各个不同的国家都有不同的监管细则，简单地对比几个典型国家的监管沙盒，见表7-3。

---

① 顺海药安食美，《监管沙盒的内涵与目标》，http://blog.sina.com.cn/s/blog 4198ceb90102xudh.html。

表 7-3　不同国家监管沙盒的设立情况对比

| 项目 | 英国 | 新加坡 |
|---|---|---|
| 监管主体 | 英国金融行为监管局（FCA） | 新加坡金融管理局（MAS） |
| 资格标准 | 涉及创新性、消费者利益、公司需求、背景调查等方面，经过 FCA 严格审查 | 涉及创新性、消费者利益、产生效益、边界条件、风险控制、退出机制和过渡措施等方面，经过金管局评定 |
| 面向对象 | 不限定企业规模，颠覆性创新（包括但不限于 FinTech 领域，范围较广） | FinTech 产业（针对性强） |
| 自身情况 | 注重国际金融中心地位，希望在金融科技领域领先，重视颠覆性创新的建设性作用 | 发展金融科技产业，将其作为建设智慧国家的首要发展任务 |
| 监管力度 | 要求监管沙盒测试时间为 3～6 个月，监管沙盒不能作为规避监管的路径 | 对监管沙盒测试时间要求比较灵活，监管沙盒不能作为规避监管的路径 |

资料来源：邓建鹏，李雪宁.英国监管沙盒的借鉴与思考[J].互联网金融法律评.2017（07）。

在各个不同的国家进行沙盒实验时，所经历的流程有所不同，但总体来说，差异不大，监管沙盒的运作流程总结如图 7-2 所示。

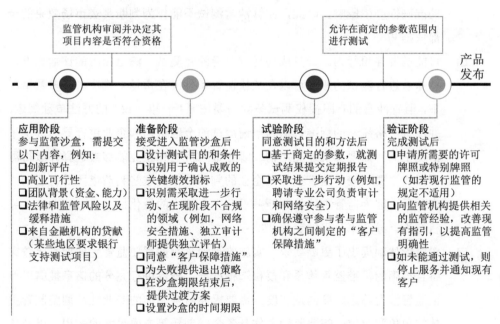

图 7-2　监管沙盒的运作流程图

**4. 监管沙盒的局限性**

尽管监管沙盒是一种创新性监管工具，但目前仍然处于探索阶段，在实际操作过程中还面临一些局限，主要表现在以下四个方面。

- 智能投顾等金融机构参与测试的成本比较高。**直接成本**包括申请测试前的准备成本、对消费者权益进行保护所支付的成本、专业对接人员人力支出、定期汇报的成本、测试过程中被监管机构的监督成本等。**间接成本**包括时间成本等，监管沙盒的测试时间一般都需要 6 个月到一年甚至更多，而对智能投顾产业来说，其面临的投资市场和外部金融环境瞬息万变。一年甚至更长的测试时间对于智能投顾企业来说会产生不利影响，贻误了进入市场的最佳时机 [16]。

- 监管沙盒测试效果的准确性难以判断。一方面，监管沙盒是一种有限授权的测试，受测试条件的约束，其测试的环境与真实市场环境仍有较大的差距。而且，进行测试时需要提前让消费者知道，并由消费者自行来决定是否参与测试，会导致样本的非随机性，这些都会对测试结果造成一定的影响，进而影响判断结果是否有效。另一方面，监管沙盒测试的评估标准通常具有一定的主观性和局限性。各种因素的存在都会对监管沙盒测试效果的准确性产生影响。因此，监管沙盒测试不能作为判断真实市场效果的全部依据 [17]。

- 可能诱发寻租行为。一旦成功通过监管沙盒测试，满足相应的评估标准，意味着进行测试的服务可以在放松监管条件下在市场上推广。在多数情况下，监管沙盒的有限授权测试条款需要按照"一事一议"的办法单独规定，并没有严格统一的标准，这为申请测试的金融机构和企业进行寻租提供了潜在空间。需要分批递交申请，哪些金融机构和企业能够被选择并取得测试授权主要依赖于监管主体对企业的判断，以及这些利益集团等背后的博弈关系。因为监管主体的判断并没有完全统一的量化标准，可能会产生寻租行为，导致不公平的竞争 [17]。

- 对监管体制提出了更高要求。实施监管沙盒测试需要监管主体拥有比较完备且清晰的标准监管体系和授权选择标准，确保进行充分的信息披露以保证监管沙盒筛选制度的透明度；需要提高监管主体的专业性，调整监管主体的角色和定位；需要监管主体具备金融创新等方面足够的知识，以及认知、鉴别和前瞻等判断能力，从而才能较正确地判断出哪些金融创新可以进行鼓励和支持；需要增加一些相应的监管资源，如资金投入、培训更懂创新的专业监管人员、设立统筹监管沙盒测试的组织架构等，监管沙盒涉及金融创新的各个领域，涉及多个行业的利益，故对不同监管主体加强监管协调提出更高要求。

## 7.3.3 澳洲的智能投顾监管

澳大利亚证券和投资委员会（Australian Securities and Investment Commission，ASIC）的监管包含三个领域：消费信贷、金融市场和金融服务①。其中，智能投顾属于金融服务领域，受到 ASIC 监管。ASIC 有专门的创新中心（ASIC Innovation Hub），用于鼓励金融创新，符合条件的金融科技企业可以申请豁免一些许可证。同时，ASIC 成立了数字金融咨询委员会，该委员会可以提供信息咨询辅导等服务，为各个不同的金融创新企业进行量身定做；同时提供监管政策等信息帮助创新企业了解；过渡期设置为 6 个月，能够调节一些新的监管政策出台前的市场波动[9]。

2016 年，ASIC 发布了 *Regulatory Guide 255*（《向零售客户提供数字金融产品建议》监管指南，下称"指南"），专门针对智能投顾提出较为全面的一些监管要求。指南共 117 条，主要涉及四个方面：**监管范围，框架和指导；智能投顾的 AFS 许可制度；被授权智能投顾许可从业主体的一般义务；给客户最佳资产配置比例建议**。指南立足于智能投顾发展，确保行业公平竞争和保护客户获得更加优化的服务体验等理念，明确了智能投顾平台和零售客户之间的权力义务等（李晴，2016）[9]。

智能投顾并没有改变投资顾问行业基础法律关系，因此 ASIC 没有在宏观监管框架下引入专门针对智能投顾的独立框架，包括智能投顾遵守传统投资顾问需要遵守的基本法律规定，如准入许可，一般业务等[6]。但智能投顾是一种"互联网+"下的特殊的投资顾问，其在数字模型的过滤、人员组织设置、算法的监督和测试、透明度、客户利益保护等方面都提出了更高的要求。主要包含以下三个方面。

❑ 在准入门槛上，智能投顾平台需要采取合理的步骤来确认客户预先了解并接受的是真实的信息服务还是金融产品建议。如果只是提供客观并且真实的信息，则不需要 AFS 牌照或许可。如果是智能投顾等金融产品建议，则需要持有根据公司法规定的特有牌照或被授权 AFS 代理许可。从业务范围来看，企业需要按照自己的业务范围向 AFS 申请不同的牌照。智能

---

① ASIC, https://asic.gov.au/。

投顾平台需要明确自己经营的服务类型，包括提供金融数字投资建议业务、全权委托账户服务，代表客户交易服务，每一项业务都有根据不同的法律要求、获得不同授权的义务要求。在人员组织设置上，除了遵守一般提供金融服务建议业务中的人员设置要求外，智能投顾持牌平台还应该至少有一个已经被授权为自然人投资顾问，并且符合最低培训和能力标准的人作为主要负责人（RG255.36）。负责人需要有相应的知识能力和技能提供金融产品服务，有考试、道德准则、工作经验和学历等要求[9]。

- 智能投顾平台的义务。智能投顾平台需要遵守 AFS 许可下的一般义务（如有足够的人力、技术、资金等以提供许可范围内的金融服务，开展监管安排、合规义务、保持竞争力、争端解决制度、利益冲突管理、风险管理系统等）[9]。另外，智能投顾还需要做到：（1）技术人员设置要求和智能投顾系统技术要求。牌照持有者要确保智能投顾平台公司中至少有一个高等级技术人员，他能够理解智能投顾算法理论基础、风险和规则，能够运用设计算法，并且定期审查由算法生产的数字建议以确保合乎法律规定。智能投顾系统需要记录客户的相关信息和投资行为等数据并有保密义务，要准备备用方案以保证系统能够持续不间断地运行提供服务。（2）有适当的风险管理系统，保证业务的连续性要求。智能投顾平台需要有一个系统化和结构化的程序，该算法程序能够识别、评估和管理风险。而要做到这点，就需要持牌者持续监控、定期测试算法是否符合法律规定和技术规定。能够监控并保持任何更改的记录、每笔交易的留痕处理、审核和更新算法，以此来保证平台能持续地给客户提供最佳投资建议。智能投顾需要有足够的措施来防范网络风险和保护客户信息安全，因为其要依靠大数据和云计算等技术，更容易遭受网络黑客攻击。智能投顾还应该有足够的业务连续性、备份和灾难恢复方案，用来支持智能投顾为任何客户端提供持续服务的系统[9]。（3）足够的补偿安排。要考虑智能投顾业务存在大量的风险和潜在责任，如算法自身的缺陷可能给客户造成一定的损失，平台就需要为客户办理专业的责任强制保险（professional indemnity PI），由算法缺陷造成损失可以进行保险理赔。需要对客户的投资情况和个人薪酬进行了解，以保证后续给客户提供比较满意的补偿。

- 向投资者提供符合客户最大利益的建议和相关义务。智能投顾平台需要向客户了解客户的投资目标和财务状况，运用算法模型等生成针对客户个人的投资建议。平台对客户的最佳利益建议的责任和义务只适用于个人建议。平台需要准确地披露、解释与客户有关的关键信息和潜在风险,告知客户在实施建议前如何撤销投资经理已经提供的建议并核算其应付出的相关成本,如果有客户投诉,需要告知顾客纠纷解决过程和相关措施,要确保为客户提供合适的建议。智能投顾系统需要频繁地回访客户,进行数据更新,进行客户分流和过滤。物流算法出现任何问题,投顾平台都需要及时纠正各类错误,而且在此期间不能向客户提供相关的建议服务,并需要向 ASIC 提交相关报告 [9, 18]。

ASIC 智能监管体系的特色与优点如下:

- ❏ 设置专门的机构和 6 个月的过渡期。机构是一个辅助者的角色,去行政化地对智能投顾等初创金融科技公司的从业行为进行正确引导,设置一定的过渡期,可以把握监管的适时性与节奏。
- ❏ 体系比较完整。在旧的投资顾问框架结构下结合智能投顾的特点提出专业性、技术性等方面的要求,尽可能地使智能投顾提供的服务符合现有的法律原则和规范,不需要再针对智能投顾另行立法。
- ❏ 对智能投顾投资顾问业务、涉及资产管理业务的和客户投资咨询等业务分开进行管理,分别给予不同的许可牌照或授权,对不同的业务范围进行不同的授权,这样可以避免出现监管盲区 [9]。
- ❏ 将客户进行分类,散户与团体单位等区别对待。对一般投资者进行倾斜性保护。
- ❏ 除一般性条款外,还针对一些关键性问题提供大量的注释指引和实例分析。如对某一部或几条已有法律规范的指引、对智能投顾提供事实信息与个人建议的区别(RG255.22,RG255.28),便于从业者理解,有利于他们遵守相关义务[①]。

ASIC 智能监管体系的不足之处如下:

- ❏ 监管报告中的监管要求大部分只针对投资建议这个功能,而对资产管理方面关注得不多,仅提到授权许可和相关义务,缺少后续监管等特殊性规定。只针对智能投顾提供的投资建议功能提出监管要求,对智能投顾中资产管理的授权许可、专门义务规定以及后续监管方面的特殊性规定比较少。智能投顾中资产管理是非常重要的组成部分,它可以直接对客户账户进行自

---

① ASIC, https://download.asic.gov.au/media/3994496/rg255-published-30-august-2016.pdf.

动调仓、平仓，资产管理这一功能的潜在风险更高，如智能投顾机器人可能会通过技术进行暗箱操作，因此在资产管理方面也需要对智能投顾平台提出更高的要求，而监管报告这方面比较欠缺 [9]。
- 缺少对投顾客户或投资者教育、保护的配套文件。
- 没有考虑到与智能投顾息息相关的电子协议问题，未将透明度和信义义务等引入合同的强制性规定，并要求合同备案。

## 7.3.4　新加坡的智能投顾监管

新加坡金融管理局（Monetary Authority of Singapore，MAS）认为新加坡转型为智能金融中心的关键驱动力在于提供有利于技术创新运用的监管环境，MAS 致力于搭建一个智能的金融中心，让创新无处不在，通过人工智能等技术的推广应用来提高价值、提高效率、管理风险，创造新的机会、改善新加坡人的生活。

2016 年 11 月，MAS 发布了《新加坡金融科技沙盒监管指导方针》，介绍了沙盒监管的方法、目的、受众、目标和原则、评价标准、扩展和退出机制以及批准程序等，并提供了与此相关的范例。2017 年 6 月，MAS 又公布了一份公众咨询文件，内容包括一系列提供智能投顾服务的公司所要遵循的咨询服务许可和商业行为。

在新加坡，智能投顾应按照《证券及期货法》（Securities and Futures Act，SFA）进行投资，对客户的款项或资产，应遵照 SFA 进行基金管理。除非有特殊情况并获得豁免，否则智能投顾必须持有资本市场服务（Capital Markets Services，CMS）牌照。根据《财务顾问法》（Financial Advisers Act，FAA）第 23（1）（d）条的规定，在 SFA 下持有执照的数字顾问应作为受豁免的财务顾问，并遵守 FAA 中的商业行为规范 ①。

参照 SFA，基金经理型智能投顾可以向散户提供智能投资顾问服务，即使他们没有 5 年投资记录。不过，他们需要满足另外的一些要求，例如，只提供简单的产品多元化组合（挂牌基金和股票）、主要管理层人员必须拥有丰富的基金管理和科技经验、运作一年内对智能投资顾问业务进行独立的审计。智能投顾中的财务顾

---

① Monetary Authority of Singapore. Financial Advisers Act. https://www.mas.gov.sg/-/media/MAS/Regulations-and-Financial-Stability/Regulations-Guidance-and-Licensing/Financial-Advisers/FAQ/FAA_FAQs-on-Financial-Advisers-Act-Financial-Advisers-Regulations-Notices-and-Guidelines_8-Oct-2018.pdf.

问角色则需要满足 FAA 的相关要求，这样他们才被允许协助客户执行投资交易，并可以无须获得 SFA 额外许可证，就可为客户重新规划投资组合方案。智能投顾服务可以豁免于 FAA 所必需的客户财务状况信息调查。前提是，他们需要证明其能够在有限的客户信息中降低提供不当建议的风险。

MAS 指出：市场上存在一些智能投顾仅部分受到 SFA 的管制。例如，一些在提供财务咨询服务时附带的活动，包括投资顾问在向客户提出意见后向经纪公司传递客户的交易订单以及调整客户的投资组合，使其回到最初推荐的配置（此处所说的传递客户订单与之前所述的执行客户的订单不同）[18]。在以上情况中，MAS 提议允许该类智能投顾作为有执照的财务顾问或者在 FAA 中受豁免的财务顾问（受豁免的财务顾问包括持牌银行、商业银行、金融公司、保险公司及保险经纪人）运作，不需要在 SFA 获得额外的许可，但是需要有一些特定的保障措施。

MAS 认为，在线咨询过程中由于缺乏人工干预，故智能投顾的业务模式与普通投资顾问的商业模式存在一些差异。MAS 允许智能投顾在对传统衍生品提供咨询意见的前提下，根据某些条件，可向投资顾问提供获得关于投资产品建议所规定的关于客户财务状况的全部资料的许可，以此作为个案豁免的条件。

一些智能投顾平台可能会寻找第三方服务商进行合作，进行面向客户的工具和算法的开发，如果第三方服务商仅负责技术开发，不直接向客户提供投资等咨询服务，就不需要由 MAS 授权。针对不同的投资业务，新加坡的智能投顾平台需要向相关监管机构申请获得相关不同的资格牌照，具体如图 7-3 所示。

MAS 也会对一些全自动智能投顾给予个案豁免。这些智能投顾在为传统衍生品投资组合提供建议时不需要收集 FAA-N16 的所有信息。当处理对"FAA-N16 豁免"的申请时，MAS 需要考察智能投顾对于客户的线上评估和算法是否会受到客户投资金额的影响。另外，MAS 还会要求智能投顾说明其使用的淘汰制度或门槛问题能够有效过滤不符合要求的客户从而降低风险。为确保客户能够充分意识到使用全自动模型的智能投顾所提供的投资建议的局限性，投资顾问在申请"FAA-N16 豁免"时需要向客户出具一份风险披露声明，提醒客户投资建议并未考虑客户的财务状况、现有的投资组合以及客户对于此次投资活动的支付能力。MAS 要求智能投顾平台能识别客户提供的不一致的信息，在客户填写问卷时通过弹窗等方式向客户提示，并使用后台数据处理系统标出不一致信息、由智能投顾平台进行进一步跟踪处理[18]。

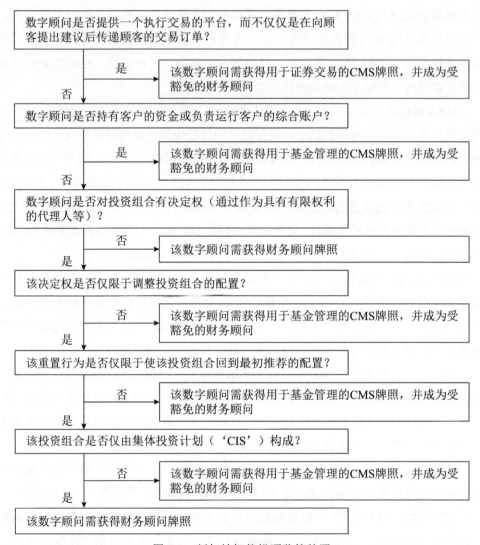

图 7-3　新加坡智能投顾监管牌照

新加坡的智能投顾监管具备科技前瞻性和适变的能力。MAS 提出了最新监管方法，在欢迎智能咨询服务的同时，仍坚持以监管传统金融顾问和基金经理的监管框架为主导。截至 2017 年年底，MAS 已经开放首批三张智能投顾牌照，Stashaway 成为首家获得该牌照，可服务零售财富客户的财富科技公司[①]。陆金所旗下的陆国际在 2017 年 7 月获得 MAS 批准的资本市场服务牌照，通过多技术的

---

① https://www.stashaway.sg/r/stashaway-receives-in-principle-approval-for-retail-fund-management-licence-from-monetary-authority-of-singapore。

叠加应用，在远程开户、反欺诈、反洗钱上实现创新的落地。2019年3月，品钛旗下在新加坡设立的金融科技公司 PIVOT 也获得了资本市场服务牌照。

## 7.3.5 不同国家智能投顾的监管体系比较

大多数国家都是在不用大幅改变现行监管框架的前提下，秉承"技术中立原则"，持牌展业，信息披露，保护投资者，将现有的投资顾问，资产管理等行业的监管规则拓展于智能投顾业务的监管。此外，各国还根据智能投顾的发展状况，通过概念发布、征求意见稿、对监管条例进行解读等方式进行有针对性的监管。表7-4对不同国家智能投顾的监管进行了对比和总结。

表7-4 不同国家智能投顾监管体系的对比与总结

|  | 主管部门 | 监管特点 | 配套措施 | 相关文件 | 牌照 |
|---|---|---|---|---|---|
| 美国 | 美国证券交易委员会，金融业监管局 | 监管政策比较明确，要求平台信息披露，保护投资者权益 | 进行专项调研，并完成调研报告 | 1940年《投资顾问法》，2017年《网络自动咨询服务（智能投顾）合规监管指南》 | 投资顾问RIA监管牌照 |
| 英国 | 英国金融行为监管局 | 监管沙盒，未持牌照的机构可测试需持牌业务，持牌企业可申请测试新业务 | 沙盒伞公司，虚拟沙盒等，方便金融创新企业 | 《金融服务和市场法案》 | FCA投资顾问牌照 |
| 加拿大 | 加拿大证券管理局 | 允许投资EFT和低成本共同基金等相对简单的产品 | 成立LaunchPad专门团队，帮助智投企业的业务开展符合监管要求 | 《投资组合管理机构提供在线投资建议的指引》 | 投资行业监管组织（IIROC）牌照 |
| 澳大利亚 | 澳大利亚证券与投资委员会 | 对算法监督、人员组织、客户权益保护等方面提出更高要求 | 成立Innovation Hub，为初创企业提供合规指导 | 《面向零售客户提供电子化金融产品建议》 | AFS牌照 |
| 新加坡 | 新加坡金融管理局 | 允许测试处于监管灰色地带的业务 | 智慧金融中心起到创新孵化器的作用 | 《证券及期货法》《新加坡金融科技沙盒监管指导方针》 | 资本市场服务CMS牌照 |

一些国家出台了专门的指引或规范性文件。例如，2015年9月，加拿大证券管理局（CSA）发布了《投资组合管理机构提供在线投资建议的指引》（31-342

号通知），明确 NI31-103 规定的注册和行为等要求，同样适用于以在线方式提供投资建议的投资组合管理机构。2016 年 8 月，澳大利亚证券与投资委员会（ASIC）发布了《面向零售客户提供电子化金融产品建议》监管指引（RG255），对智能投顾服务提出了具体的监管要求。包括监管范围、监管框架、一般义务等[19]。

**一些国家和地区对智能投顾市场进行专项调研和审查**。例如，2015 年 12 月，欧盟三大金融监管机构：欧洲银行业管理局（EBA）、欧洲保险与职业年金管理局（EIOPA）、欧洲证券及市场管理局（ESMA）以联合委员会的形式，对银行、保险、证券领域出现的智能投顾服务模式开展大量的调研，内容包括智能投顾从业机构的主流业务模式、潜在的效益和风险、行业的主要特征、产业未来的演进路径等①[19]。

美国金融业监管局（FINRA）于 2015 年也对智能投顾市场进行了专项调研，并于 2016 年 3 月发布《数字投资建议报告》，公布调研的结论。调研指出：

- ❑ 算法在智能投顾工具中所发挥的核心作用，建议对算法和智能投顾工具所输出的信息进行定期测试，以评估信息是否符合预设目标。
- ❑ 报告强调了客户画像功能在智能投顾业务流程中的重要性，确立了部分有效实践，例如确定所需信息的核心要素，以及评估客户的风险承受能力和风险承担偏好等。
- ❑ 报告指出投资组合的设计是智能投顾工具的另一项核心功能，可通过特定投资组合进行监控，评估其市场表现和风险特征（如波动性）是否符合特定类型的客户的投资需求。
- ❑ 在 FINRA 调研的面向零售客户的智能投顾工具中，绝大多数都具备自动化账户再平衡功能，需向客户确认是否接受此类功能，并明确披露自动再平衡工具的运作原理，包括触发条件等②。

**很多国家成立金融科技部门或团队，密切跟踪金融科技领域变化**。包括澳大利亚证券与投资委员会（ASIC）、英国金融行为监管局（FCA）、荷兰金融市场监管局（AFM）、新加坡金融管理局（MAS）、加拿大安大略证券委员会（OSC）、美国金融业监管局（FINRA）等在内的金融监管主体，都成立了专门的机构或团队，监测和指导辖区内金融科技企业的发展，其中就包括提供智能投顾服务的企业。

美国 FINRA 成立的跨部门金融科技咨询委员会更加主动地介入金融科技发展过程中出现的法规和监管问题。英国 FCA 的创新中心（Innovation Hub）则计

---

① 《智能投顾面临的法律合规问题及国际监管经验》，CSDN 博客，http://blog.csdn.net。
② 美国金融业监管局，《数字投资建议报告》。

划在智能投顾领域先行一步，成立投顾部门，为智能投顾企业提供支持，帮助企业评估业务模式，有效填补目前投顾市场中的空白。澳大利亚 ASIC 的创新中心（Innovation Hub）为一些智能投顾初创的公司提供合规指导。荷兰 AFM 开展的"创新与金融科技项目"，目的是通过降低一些从业门槛，更好地适应金融企业的创新需求，促进金融创新。新加坡 MAS 成立了金融科技与创新小组，另外还和国家研究基金会合作成立金融科技办公室，这是一个专门解决金融科技问题的一站式虚拟组织，这些措施都积极推动新加坡成为全球金融科技中心。加拿大 OSC 发起成立 LaunchPad 团队，用来帮助智能投顾、众筹平台和 P2P 网络借贷等金融科技企业的业务开展符合证券领域的法律和监管要求。

**各个国家监管目的是一致的。**首先，各国监管的目标在于保护金融消费者，维护金融市场秩序。其次，除了针对具体的金融领域进行规制外，各国更加看重对具体技术的规制，对技术造成的系统性风险较为谨慎，但是对于技术的伦理性审查稍显不足[20]。最后，尚无统一的国际组织对各国间的金融科技业务进行协调，目前国际证监会等组织仅仅对金融科技的未来发展前景有所研究，难以胜任各国和各金融科技企业间的协调任务[12]。这主要是因为金融科技发展时间比较短，还没有机构能胜任这一重任。

## 7.4　中国智能投顾的监管体系

### 7.4.1　智能投顾监管框架

智能投顾平台中投资策略等的产生和分析都是由机器人和智能算法完成的，监管方式也需要发生革新，需要产生一些新的监管科技。在国内，首先需要界定清晰监管科技责任边界。无论是程序化系统还是人工智能中的生产系统分析、提供服务的系统等均需要满足相关监管要求。一方面要明确金融科技公司的责任和义务；另一方面要约定投资顾问的责任边界，包括持牌机构（如证券公司、基金公司等）与客户之间的责任边界线，金融科技创新公司与持牌机构之间的责任边界，以及对金融科技技术开发等的监管责任边界线①。

---

① 《智能投顾牌照，你听说过吗？》，http://blog.sina.com。

在智能投顾方面，监管科技的核心理念是明确监管科技的责任边界线、人工智能的程序，主要包括输入情况和输出情况。由于输出形成的投资策略会对市场产生影响，需要利用监管标准动态监控行为。智能投顾主要应用在提高客户利润以及满足监管要求等方面。为不断满足监管需求，金融科技公司利用大量时间持续修正系统以达到要求。但是，监管部门目前还未出台相关监管措施和指引，对于监管部门可能监测的指标还在持续讨论中。在各方面不断的探索与讨论中，金融科技监管部门认为：智能投顾的监管体系应该包含三个主要部分：宏观审慎指标、微观行为指标和服务品质指标，具体如图7-4所示。

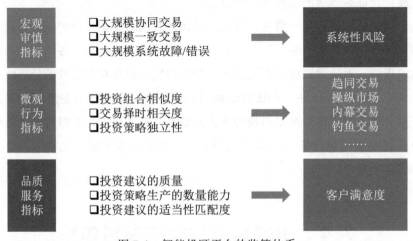

图7-4 智能投顾平台的监管体系

**宏观审慎指标监管**，主要是通过监测大规模一致性交易、大规模协同交易和大规模系统错误或者故障等，避免系统性风险的爆发。主要表现为：金融机构在采用人工智能技术和机器学习来处理金融大数据、管理风险时，通过监管科技增强相应的风险识别能力，达成客观上强化顺周期行为的目标。例如，在运用人工智能和大数据技术进行分析时，金融机构可以较快地对经济形势变化作出反应，特别是在经济下滑时，依托大数据和人工智能可以及时收缩信贷。与此同时，信贷收缩又将进一步加速经济下滑，坏账风险增加，从而导致金融机构更加审慎的贷款行为，呈现恶性循环趋势[18]。加入金融科技监管技术后，一方面需要对金融机构相应的顺周期行为进行监管；另一方面要对逆周期行为进行适当的调控。除此之外，部分收取客户备付金的金融科技公司，比较容易产生流动性风险问题。因此需要将当前已存在的支付机构客户备付金集中存管制度纳入宏观审慎管理框架中进行监测。此外，监管沙盒也可以纳入宏观审慎管理框架中作为必要性的补充。利用监管沙盒的特点，可以率先在局部地区进行 FinTech 创新，若有效再进一步推广。

**微观行为指标监管**，包括监控趋同交易、内幕交易、操作市场、钓鱼交易等行为。微观行为监管功能，首先表现为**建立行之有效的金融科技行业监管准则和多层次监管机制**，实现风险监控的全面覆盖，确定各类金融科技公司的监管主体，明确监管职责权限。其次是**建立适应金融发展与风险防范并存的长效监管机制。按照实质重于形式的原则，实行"穿透式"监管**①。将涉及资金来源、中间环节与最终投向穿透联结起来，综合全链条信息判断业务属性和法律关系[18]。如果业务属性为银行保险业务，则监管归银保监部门；如果是证券业务，则归证监部门；如果是第三方支付业务，就归央行进行管理。最后要**积极探索分类分级监管**。针对各机构资本、风控能力、经营规模、技术水平的不同，在各类业务准入标准、创新行为等方面采取分级分类的监管，可以有效地提高监管效率②。

**服务品质指标监管**，主要通过提高建议的质量、投资建议的适当性匹配度等来提高客户的满意度。如果有海量用户存在于系统中，则可能会存在设计出系统性程序来操纵市场的行为。因此，监管科技需要通过相关指标设计和参数设计来控制输出情况，从而实现监管的目的。

从总体框架上来看，金融机构可以通过对相关宏观审慎指标、微观行为指标和服务品质指标三个方面系统的选取和设定，在针对每个投资策略分析时，有意识地考察其是否可能存在一致交易、协同交易等行为，这样就能够有效地规避交易风险和系统性风险[18]。同时，投资分析策略还包含投资组合的相似性及独立性、投资建议的质量和匹配度等。当这些指标被细化时，智能投顾的清晰度被提高，更有利于市场的推广。

从总体上来看，智能投顾监管框架的核心有两方面：第一，明确智能投顾是受托责任，要尽量明确这个问题，并进行披露；第二，保护投资者，关键是保证数据安全。

## 7.4.2 智能投顾的监管路径

根据我国现行的法律法规，投资顾问和资产管理属于不同的业务类型，仅有投资顾问资格的经营者是不能开展资产管理业务的，经营者即使获得了资产管理的

---

① 亿欧，《中国人民银行金融研究所所长：以"RegTech+ 人工智能"监管 FinTech》。
② 《央行孙国峰：从 FinTech 到 RegTech_ 圆石金融研究院》，http://blog.sina.com。

业务资格，也需要先行设计金融产品，才能接受客户委托或者对外募集资金[21]。2017年11月，中国人民银行同银监会、证监会、保监会和外汇局等部门起草的《关于规范金融机构资产管理业务的指导意见（征求意见稿）》是国内首个涉及智能投顾监管的规范性文件，并于2018年4月正式发布《关于规范金融机构资产管理业务的指导意见》，俗称《资管新规》。《资管新规》统一了监管标准，并规范了资管业务。但是也在一些细分领域留下空白。《资管新规》的主要目的是规范投资顾问，依然无法在整体上规范智能投顾，很难适应我国智能投顾快速发展的实践需求[22]。2019年7月中国人民银行发布的《金融控股公司监督管理试行办法（征求意见稿）》对非金融企业投资形成的金融控股公司进行严格监管，包括股东资质、关联交易、防火墙制度等。

因此，需要从智能投顾的功能入手，在弄清楚智能投顾之"资产管理"本质的基础上，将智能投顾纳入资产管理的规范体系中，而不应拘泥于《证券法》第171条关于投资咨询机构的规定。在我国，资产管理业务在本质上是信托，应当在尊重信托本质的基础上，统一监管国内市场上各种类型的智能投顾。然而，受制于我国金融业分业监管、分别立法的实践，银行业、信托业和保险业归银行保险监督管理机构监管，而证券公司和基金管理业务等归属于证监会监管，这种局面造成了智能投顾监管上的割裂[21]。

为了避免监管套利，监管机构需要深化对信托法的理解。商业银行、证券公司、基金公司及其子公司、保险资产管理公司乃至期货公司等在从事资产管理业务时，对于相关纠纷，除了适用各自的监管规范之外，法院和仲裁机构都应该遵守《信托法原理》和《信托法》。也就是说，将智能投顾看成本质上是信托，从信托的角度提供一种新的监管路径，将投资者当作投资信托的受益人，将投资者权益看作"受益凭证"或"存托凭证"，认定智能投顾经营者的行为是一种特殊形式的证券发行，可以纳入证券发行的监管体系。

**1. 市场准入时的牌照管理**

在实际市场中，智能投顾平台主要分为三种：一是投资咨询经营者设立的咨询服务平台（简称"咨询服务平台"）；二是附属于金融机构的智能投顾平台（简称"智能投顾平台"）；三是专业的技术平台公司或者科技金融公司设立的第三方平台（简称"第三方平台"）[23]。三种平台的性质不同，运营管理模式各不相同，因此在监管规制上也需要有所不同。在市场准入时，需要对投资机构进行相关的牌照管理。

就智能投顾平台来说,其依附于智能投顾的经营者,平台可能从事资金募集、使用和管理等各类经营活动。在这样的情况下,只要公司持有"资产管理"的牌照,就可以从事具有资产管理性质的智能投顾业务,如为客户提供资金的管理和投资。在目前分业经营、分业监管体制下,智能投顾经营者须分别从银行保险监督管理机构或证监会申领从事资产管理的相关牌照,不会在根本上影响其经营资格[21]。

就咨询服务平台而言,其拥有者需要持有监管机关签发的投资咨询牌照,能够从事与投资咨询相关的业务活动,但不能够涉足账户全权委托业务,同时也不能从事包含资产管理在内的智能投顾业务,如不能销售基金,替客户管理资产等。投资咨询经营者即使利用智能技术开展投资咨询业务,此类业务也不属于智能投顾的核心业务,不应与"智能投顾"混为一谈。就此而言,经营者即使申领到投资咨询牌照,其若实际从事资产管理或智能投顾,也应该认定为不合法经营。

第三方平台通常是科技金融公司设立的平台或技术平台公司,拥有者不仅没有持投资咨询、资产管理或者智能投顾的牌照,也缺少从事投资咨询、资产管理或智能投顾的人员和资质。如果降低智能投顾的准入门槛,允许第三方平台经营者直接申领智能投顾的牌照,或者允许其从事智能投顾业务,不仅背离功能监管的本旨,也会置投资者利益于更危险的境地[23]。

**2. 完善平台的信息披露制度**

信息是金融市场重要的竞争力之一,只有投资者掌握了足够的信息才能做出理性的投资选择。因此,传统市场中的信息披露在智能投顾市场仍然必不可少[1]。我国的智能投顾在信息披露方面还不透明化,一旦申购成功,国内大部分公司可以及时为客户提供昨日盈亏或浮动盈亏,但并不能提供盈亏的明细。赎回智能投顾产品时,也只能显示手续费总额,在赎回前不能提供收费的明细。国内智投平台未来,在信息披露方面应与美国智能投顾一样,从信息源头抓起,让客户能及时了解资金的具体流向与账户盈亏明细,而不是将信息处于密闭的空间,客户有权知晓完整的交易信息[24]。

智能投顾主要依靠人机互动来收集客户的信息,对于中低端资管规模比较小的客户,很难有机会与专业投资经理交流。因此必须要提高智能投顾系统的信息披露水平,通过人工智能技术提高信息透明度,这才能保障投资者的知情权。信息披露越彻底,运营商和投资者之间的信息越对称,暗箱操作越难进行,双方信任度增加。因此,政府等监管机构需要尽快建立相关的法律法规,从监管的层面来保障投资者的知情权,未来除了披露产品的基本信息外,还应向投资者提供各类算法和模型等。

如投资组合标的资产的选择标准与投资算法、输入数据的模型参数、投资者需要额外承担的直接或间接费用、历史与预期的收益波动率范围、系统实施调仓、一键更新的依据等信息 [24]。

具体来说，平台需要披露的信息主要有两种：算法的披露和其他信息的披露 [1]。

- ❏ 算法的披露是指平台应该将算法的主要逻辑和数据的主要参数向金融管理机构披露并备案，在算法发生改变时需要重新备案，这种持续性的披露和上市公司收购中的披露制度类似，在算法发生缺陷引起市场动荡时这种披露制度有利于监管机构及时做出相应的行动 [1]。
- ❏ 其他信息的披露是指平台向投资者披露交易投资方式和种类、机器人投资的基本流程、智能平台进行投资留痕处理的方法、投资的风险大小和防范方法、人工智能的固有缺陷等基本信息，平台要以醒目清晰的方式向投资者披露。

### 3. 加强对投资者的保护

在智能投顾市场中，要从两个方面加强对投资者的保护：一是加强对投资者资产等方面的保护；二是加强对投资者个人信息的保护。

加强个人信息的保护主要是为了避免个人信息泄露给投资者带来的一系列麻烦和给平台带来的一系列法律责任，因此，保护投资者的个人信息是平台必须履行的义务，平台可以通过不断升级系统，对个人数据进行特别保护、设置数据备份等措施来保障对投资者个人信息的保护。

### 4. 加强功能监管和行为监管

功能监管和行为监管是相对于机构监管而言的，功能监管是指按机构经营业务的不同性质分别进行不同监管，行为监管是对交易主体行为的监管，而机构监管是根据机构的不同来确定监管对象的 [1]。

相比于机构监管，功能监管和行为监管能更有效地避免重复监管和交叉监管，减少监管套利的空间。功能监管和行为监管是穿透式监管的重要形式，穿透式监管是透过产品表面看清实质，揭开表面身份的标签，将资金的来源、用途和最终的去向都搞清楚。在对智能投顾进行监管时，要实施穿透式监管的原则，根据平台的性质找到最终的风险承担者，方便投资者进行索赔 [1]。

### 5. 智能算法的规范

不管是全球金融稳定委员会（Financial Stability Board，FSB）还是美国证监会，它们都非常关注算法框架的合适性。算法是智能投顾的核心，因此监管机构需要评价其智能算法框架是否公平地对待客户，是否遵循一个人工投顾需要遵循的谨慎原则、投资适应性原则等一整套法律规范，而不需要去评价一个框架的好坏和投资的损益情况，因为框架的好坏是应该交给投资人去选择的[25]。如果我国智能投顾的监管想参照国际的相关监管经验，建议需要对智能算法进行有效监管。

智能投顾平台需要充分披露各种信息，报备资产配置的主要逻辑以及智能投顾模型的主要参数，因算法同质化、对数据利用深度不够、编程设计错误等原因造成智能投顾算法模型缺陷或者系统异常，导致羊群效应、最终影响金融市场稳定运行的，金融机构需要采取人工干预的措施，及时地强制调整或者终止智能投顾业务[26-27]。

算法问责的对象是算法的运营者。监管机构应使用算法问责制，让负责部署算法的一方，即算法运营者（非开发者），对其行为承担法律责任。因为没有进行运营，而仅是简单的开发出一套带有偏见的算法，不会造成伤害结果，问责对象是算法运营者而非算法开发者。

随着越来越复杂和先进的人工智能广泛应用，使算法可解释而不牺牲准确性的技术显得非常之重要。政策制定者应该投资支持算法可解释性的研发。此外，政策制定者应支持对技术方法的研究，来帮助实现算法问责，例如可以评估人口统计学偏差算法的基准系统。政策制定者需要与专业团体合作，支持开发培训材料，帮助经营者了解偏见等不良因素如何影响其算法，并提供有效的解决方案。有效的治理和监督框架对于确保所产生建议与证券法和金融管理局的规则相一致非常重要。这种框架应包括如下。

（1）初步审查

❑ 评估智能投顾所采用的方法，包括相关的假设是否与目标任务相适应。

❑ 了解将会使用的数据输入。

❑ 测试输出并评估其是否与公司预期相一致。

（2）持续审查

❑ 评估智能投顾机器人所使用的模型是否依旧适用于发生变化的市场。

❑ 定期测试智能投顾机器人输出以确保其正在如预期运行。

❑ 识别管理智能投顾机器人的责任人。

金融管理机构需要强调，使用智能投顾机器人提出投资建议的注册代表必须符合适应性原则，并且不能完全依赖智能投顾机器人作为向客户做出适当建议所需要的证券知识的替代品。

**（3）建立监管机制**

- 对于一个给定的投资者信息，确定其投资组合特征，如预期收益、分散投资偏好、信用分析和流动性风险。
- 制定包含投资组合中证券的指标，如费用、流动性风险和信用风险等。
- 选择适合各个投资组合的证券的算法，并对该算法进行监管。
- 监督投资组合以评估他们的表现和波动性等，分析其是否与客户类型适应。
- 识别和减轻投资组合中特定证券导致的利益冲突。

## 7.5　中国智能投顾的政府支持

### 7.5.1　智能投顾发展过程中的政府政策

智能投顾的发展，离不开国家层面的积极引导，政府出台了一系列政策来积极支持智能投顾的发展。

2014 年，在第十二届全国人民代表大会上，国务院总理李克强在政府工作报告中提出要促进互联网金融（智能金融的前身）健康发展，完善金融监管机制，重点强调了互联网金融在整个国民经济中的积极作用。

2015 年 3 月，证监会发布《账户管理业务规则（征求意见稿）》，允许持照投资咨询机构接受客户委托，代客户执行账户投资和交易管理。这对智能投顾公司同时开展投资咨询和资产管理业务释放了积极信号①。

2016 年 12 月，国务院发布《十三五国家科技创新规划》，提出促进科技金融产品和服务创新，建设国家科技金融创新中心；完善科技和金融结合机制，提高直接融资比重，形成各类金融工具协同融合的科技金融生态[28]。

2017 年 5 月，中国人民银行成立金融科技委员会，旨在加强金融科技工作的研究规划和统筹协调，切实做好我国金融科技发展战略规划与政策指引，并积极利用大数据、人工智能、云计算等技术丰富金融监管手段。

2017 年 7 月，国务院印发《新一代人工智能发展规划的通知》，在智能金融方面，

---

① 陆宇航，《资管新规未雨绸缪 智能投顾未来可期》，《金融时报》，2017-11-24。

提到要建立金融大数据系统，提升金融多媒体数据处理与理解能力，并创新智能金融产品和服务，发展金融新业态。同时，鼓励金融行业应用智能客服、智能监控等技术和装备，并建立金融风险智能预警与防控系统。这意味着人工智能金融应用得到了国家层面的力挺。

2017年11月17日，央行会同银监会、证监会、保监会、外汇局等部门起草了《关于规范金融机构资产管理业务的指导意见（征求意见稿）》（以下简称《征求意见稿》），以进一步规范金融机构资产管理业务，统一同类资产管理产品监管标准。《征求意见稿》从前瞻性角度，将金融机构运用人工智能技术开展智能投顾研究分成两部分：投资顾问和资管业务，并分别进行了规范[18]。

2018年是中国智能投顾的规范之年，2018年4月27日，央行主导下的资管新规正式稿《关于规范金融机构资产管理业务的指导意见》（银发（2018）106号文）发布，大资产管理体系下的统一规范文件正式问世。2018年5月21日，带有"人工智能"字样的基金产品被拒绝备案。2018年大资管行业共有近60项监管政策信息陆续落地，包括行业指导规范、商业银行理财、证监体系券商大集合资管等①②。2020年3月，银保监会发布《保险资产管理产品管理暂行办法》，5月《信托公司资金信托管理暂行办法》等都是资管新规的逐步落地。

## 7.5.2 《资管新规》对智能投顾的影响

2018年4月27日，《关于规范金融机构资产管理业务的指导意见》（以下简称《资管新规》）正式发布。《资管新规》首次横跨各类机构，对资产管理业务提出了明确的监管规定。《资管新股》对智能投顾的影响主要表现在三个方面：规范投资主体、加强机构监管、重塑行业生态。

- **规范投资主体**。提高合格投资人门槛，投资理财更注重适当性。《资管新规》依据募集方式，将资管产品划分为私募产品和公募产品两类。在新规下，合格投资者的门槛大幅提高，同时，对于个人合格投资者的认定中引入"家庭金融资产"概念，净资产不低于300万元且总资产不低于500万元；人均收入要求虽然从50万元降低到40万元但新增要求有2年以上投资经验。在单只产品最低认购金额上，私募产品按照私募暂

---

① http://www.sohu.com/a/285673974_670374.
② 《被载入史册的一年！2018年202部金融监管政策汇总》，https://mp.weixin.qq.com。

行办法同意要求不得低于 100 万元,而对固定收益类产品、混合类产品,分别将最低认购金额降低到 30 万元及 40 万元①。新规的出台不仅标志着投资理财的适当性问题将得到进一步规范,同时也意味着真正的资产配置的可行性对财富客群来说将大幅提升。

- **加强机构监管,提升第三方独立性**。金融监督管理部门在资管业务的市场准入和日常监管中,需要强化根据产品类型进行功能监管,加大对金融消费者的保护力度,加强对金融机构的行为监管。《资管新规》14 条明确规定:金融机构发行的资产管理产品资产应当由具有托管资质的第三方机构独立托管。在过渡期内,具有证券投资基金托管业务资质的银行可以托管本行理财产品,但应当确保资产隔离。过渡期后,具有证券投资基金托管业务资质的银行应当设立独立法人子公司开展资管业务②。独立托管有名无实的,由金融监督管理部门进行纠正和处罚。

- **重塑行业生态:有序打破刚性兑付,引导理财业务回归资产管理业务本源**。第一,出现兑付困难时,金融机构不得以任何形式垫资兑付,不得开展表内资产管理业务;第二,金融机构对资产管理产品应当实行净值化管理,净值生成应当符合企业会计准则规定,及时反映基础金融资产的收益和风险[19];第三,规范资金池,金融机构应当做到对每个资产管理产品的资金单独管理,单独建账,单独核算,不得开展或者参与具有滚动发行、集合运作、分离定价特征的资金池业务。推动预期收益型产品向净值型产品转型,真正实现"卖者尽责,买者自负",回归资管业务的本源,这对银行和相关机构的软件和硬件都提出了新的要求,有助于进一步规范财富管理市场,推动从业机构在合规的基础上实现创新转型,重塑行业新生态系统。

新规要求"消除多层嵌套和通道",这本质上是防止监管套利。以前监管套利最多的是非标类的资产,这些资产也因为其可能带来更高的收益成为一些追求较高收益的理财产品的底层资产。资管新规能够将所有的资产管理平台和产品在大资管的环境和背景下统一起来,这会导致一些保本保息的理财产品寻找不到匹配的资产,客观上导致一些很难寻找匹配的资产[25]。

---

① 孙海波,《资管新规 40 问答》。
② 《中国人民银行、银监会、证监会、保监会、外汇局资管统一监管征求意见:8 大重点!》,https://www.sohu.com/a/204973403_576228。

新规明确规定，要求金融机构对资产管理产品实行净值化管理，净值生成应及时反映基础资产的收益和风险，这从根本上可以打破银行理财刚性兑付。而刚性兑付一直被认为是阻碍智能投顾发展的重要因素之一。目前国内财富管理市场依然有一些保本保息的理财产品存在，投资者还没有形成"所有投资收益要用风险来换"的意识。如果从监管的层面打破了刚性兑付，投资者就会发现之前习以为常的"保本收益"的概念将不复存在[29-30]。从上面的分析可以看出，资管新规的推出在大方向上有利于智能投顾的发展。

## 7.5.3 学界对智能投顾的支持

此外，学界成立相关研究机构，积极开展智能投顾等相关的理论研究，推动智能投顾的发展。

2015年4月，浙江大学互联网金融研究院成立。这里汇集了浙江大学经济、法学、管理、数学科学、计算机科学与技术、公共管理等学院的研究力量，在互联网金融发展、互联网金融法律、互联网与创新金融、数学与互联网金融、互联网金融技术等方面都做了大量的研究，并于2018年9月发布了《扬帆起航，乘风破浪——中国智能投顾行业发展报告》等研究报告，为智能投顾的发展提供理论支持。

2017年12月，清华大学成立了国家金融科技研究院，由金融学院、信息研究院、软件学院和法学院共同建设。研究院主要开展四个方面的研究：金融科技相关法律的研究；人工智能、大数据和区块链等技术与金融领域全面融合的研究；金融监管科技的研究；金融科技创业企业的孵化①。这些研究都为智能投顾的发展提供了良好的理论支持。

2018年5月，同济大学中国科技管理研究院携手上海羽时互联网金融信息服务有限公司，共同成立了同济大学智能投顾实验室。这里汇聚政府、高校、金融机构和科技企业等相关人才，打造智库和培训平台，探索动态监测，推动这一金融服务新业态发展。作为第三方智库平台，同济大学智能投顾实验室将对智能投顾行业进行评估监测，对技术服务商进行评估和动态监测，面向全社会定期发布智能投顾行业白皮书和评估监测报告等，同时也为金融机构定制化智能投顾系统提供整体解决方案和系统集成服务方案设计，开展智能投顾领域的职业和技术培训等。2018

---

① 《清华大学金融科技研究院正式挂牌成立》，https://news.tsinghua.edu.cn/info/1013/67009.htm。

年 12 月，该实验室发布了《2018 智能投顾白皮书》，对国内智能投顾行业做了行业范围、标准的区分和定义。

除此之外，还有一些知名高校也设有金融科技研究中心，跨学科进行智能投顾等金融科技创新的研究，这些学界学者们的研究在一定程度上也推动了智能投顾的发展。

## 本章小结

智能投顾的蓬勃发展带来了风险与监管挑战，本章围绕智能投顾平台的风险、监管和政策推动等问题，首先分析了中国智能投顾平台面临的风险，包括法律界定的模糊，算法的潜在风险和政策风险等。其次在研究一些国外知名投顾平台风险预警机制和网贷风险预警机制的基础上，探索智能投顾平台的风险预警。最后分析了智能投顾的监管难点，如账户实际控制人认定困难、一致行动人、行为边界不清晰等，造成了智能投顾市场中政府监管的困难。研究总结了美国、英国、澳大利亚、新加坡等不同国家的智能投顾市场监管体系，总结这些国家的先进经验，为制定国内智能投顾平台监管框架体系，探索具体的监管路径。最后，总结了近几年中国对智能投顾市场的政策支持，学界对智能投顾的研究等。通过政府的大力支持和有效监管，智能投顾市场未来发展前景将更加美好。

## 参考文献

[1] 牛雪芳. 论金融科技视角下我国智能投顾规制的法律路径 [J]. 黑河学刊，2018（6）：119-121.

[2] 单鹏，杨佳琳，邓颖璐. 我国 P2P 网贷平台风险评估实证研究 [J]. 中国物价，2016（11）：44-47.

[3] D DIAKOULAKI，G MAVROUTAS，L PAPAYANNAKIS. Determining Objective Weights in Multiple Criteria Problems：The CRITIC Method[J]. Computers Operations Research，1995，7（22）：763-770.

[4] 李劲松，刘勇，夏淑媛. 智能投顾的最大本土化挑战——访《智能投顾：开启财富管理新时代》[J]. 大众理财顾问，2018（4）：73-75.

[5] 徐慧中. 我国智能投顾的监管难点及对策 [J]. 金融发展研究，2015（7）：86-88.

[6] 冯明华，胡相斌，熊双，等. 创新与发展：中国证券业 2017 年论文集 [C]. 北京：中

国财政经济出版社，2018.

[7] 杨鹏. 智能投顾监管法律问题研究 [D]. 重庆：西南政法大学，2018.

[8] 李文莉，杨玥捷. 智能投顾的法律风险及监管建议 [J]. 法学，2017（8）：15-26.

[9] 李晴. 互联网证券智能化方向：智能投顾的法律关系、风险与监管 [J]. 上海金融，2016（11）：50-63.

[10] 胡滨，杨楷. 监管沙盒的应用与启示 [J]. 中国金融，2017（2）：68-69.

[11] 尹海员. 金融科技创新的"监管沙盒"模式探析与启示 [J]. 兰州学刊，2017（9）：167-175.

[12] 濮嘉俊. 金融科技监管的创新框架和对策研究 [D]. 杭州：浙江工业大学，2019.

[13] 边卫红，单文. FinTech发展与"监管沙箱"——基于主要国家的比较分析 [J]. 金融监管研究，2017（7）：85-98.

[14] 董新义. 韩国版金融科技"监管沙盒"法案及其启示 [J]. 证券法律评论，2019（1）：43-58.

[15] 张景智. "监管沙盒"的国际模式和中国内地的发展路径 [J]. 金融监管研究，2017（5）：22-35.

[16] 李广子. 金融监管沙盒在国外的实践与启示 [J]. 中国农村金融，2018（15）：91-93.

[17] 赵杰，牟宗杰，桑亮光. 国际"监管沙盒"模式研究及对我国的启示 [J]. 金融发展研究，2016（12）：56-61.

[18] 张家林. 监管科技（RegTech）发展及应用研究——以智能投顾监管为例 [J]. 金融监管研究，2018（6）：76-93.

[19] 巴洁如. "智能投顾"监管的国际实践 [J]. 金融电子化. 2017（10）：84-86.

[20] 许万春. 金融科技监管模式研究 [D]. 济南：山东大学，2019.

[21] 吴烨，叶林. "智能投顾"的本质及规制路径 [J]. 法学，2018（5）：16-28.

[22] 樊胜男. 我国智能投顾平台发展问题探析 [D]. 保定：河北大学，2019.

[23] 叶林，吴烨. 智能化资管业务的法律规制 [J]. 西北工业大学学报：社会科学版，2018（12）：30-33.

[24] 杨旻玥. 我国智能投顾发展探究 [D]. 杭州：浙江大学，2018.

[25] 郑毓栋. 资管新规下智能投顾的发展趋势与国际经验 [J]. 清华金融评论，2018（4）：12-17.

[26] 赵艺青. 中文金融类法规文本英译策略 [D]. 上海：上海外国语大学，2018.

[27] 付蓉，李永红. 金融科技监管的国际经验借鉴及启示 [J]. 金融科技时代，2018（4）：31-34.

[28] 彭颖. 我国科技金融领域博硕士学位论文的文献计量分析 [J]. 内蒙古科技与经济，2016（20）：25-25.

[29] 孙清云，赵艳群. 国内传统金融机构智能投顾业务发展探讨——以摩羯智投为例 [J]. 国际金融，2017（9）：34-39.

[30] 王宇. 资管新规对银行理财业务的影响 [J]. 中国商论，2018（9）：52-53.

# 第 8 章

## 智能投顾的生态系统

**案例**

### 新加坡的金融科技生态系统

新加坡一直致力于成为亚洲金融科技中心。新加坡金融管理局基于新加坡金融科技产业的发展现状和全球金融科技的发展趋势，制订了推动新加坡金融科技产业发展的五大计划，并确认了六大关键技术：移动支付、区块链、身份验证、大数据、云计算、机器学习。为了促进新加坡金融科技产业的健康发展，新加坡金融管理局（MAS）于2016年6月推出了"监管沙盒"制度，主要目的是为金融企业创新提供一个良好的制度环境[1]。该制度规定参与的金融科技公司在事先报备的情况下，允许从事和目前法律法规有所冲突的业务，即使被官方终止其相关业务，也不会被追究相关法律责任[2]。2017年6月又推出一些新的准则，来促进金融科技行业分支之一——智能投顾服务的发展，如参考证券及期货法（SFA）的基金经理可以在不满足五年投资记录的情况下为散户提供服务，智能投顾机器人也可以在不满足五年的情形下，为散户提供智能投资顾问服务。2019年MAS成立了一个新的技术组，推动金融行业数字化转型，提高金融领域技术风险的监管。同时，金融科技协会还成立了监管科技委员会，促进技术的研发，推动监管科技解决方案的应用。

新加坡金融科技联盟，汇集了全球各地的合作伙伴，包括全球金融机构、智能投顾平台、高科技公司、科研院所、金融科技创业公司、VC公司等，将平台空间的内外资源上下连通，为各个参与机构提供多样化的线上线下服务，传递产业链的供需信息，加速资源整合，打造一个生态圈。为了满足新加坡金融技术企业的快速增长，并帮助企业更快地将其金融技术的创新引入市场，新加坡知识产权局于2018年4月发起了FinTech快速通道倡议，为金融技术发明提供快速专利申请和授予程序。

在政府的大力支持下，新加坡已建立了良好的金融科技生态系统，拥有各类创新企业，涵盖财富管理、移动支付、个人理财、加密货币、征信、跨境汇兑、智能顾投、身份识别等领域。除了本土的公司外，一些国际性金融机构、高科技公司也非常看好新加坡市场，如花旗银行、汇丰银行、美国运通、瑞士银行、大都会人寿、摩根大通等全球金融巨头都在新加坡成立了金融科技创新实验室，打造创新的输送体系,寄希望于利用新加坡作为亚太金融中心的据点来扩张自己的市场与业务,保障他们在全球金融市场中的领先地位[1]。

新加坡 MAS 组织了大量与金融科技等主题有关的论坛、马拉松活动、联谊活动等,用来宣传金融创新的相关知识和理念,以此推动投资者、银行与新创企业的交流沟通。MAS 也会开展一些全球大范围的外展活动,通过路演和宣传活动,吸引全球金融科技社群关注新加坡,探讨与新加坡企业和政府之间的创新和合作机会。每年举办一期新加坡金融科技节,活动包含"相关的金融科技展会、金融科技加速赛和金融科技颁奖活动"等环节[1]。

金融科技浪潮不仅吸引了政界、商界和智库的高度重视,教育界、学界对此也投入了极大的关注。新加坡管理大学在 2013 年联合 MAS 和 IDA 成立了金融 IT 学院,旨在培养更多的金融科技人才,增加新加坡金融 IT 领域的人才储备[1]。新加坡国立大学、南洋理工大学南洋商学院等高等学校也因市场需求从 2011 年开始开设商业数据分析等相关课程,进行金融科技、大数据分析等相关人才的培养。

目前,新加坡已经形成完善的金融科技生态系统,包括含金融机构、人工智能高科技公司、科研院所等金融创新主体,政府有利的监管环境,金融科技加快培训专才计划(TeSA)培训当地劳动力,公共加速器计划(如每年举行的全球金融科技加速竞赛),有利的融资环境,等等。

## 8.1 金融科技生态系统

人工智能、互联网等行业的高速发展为金融行业带来无限活力,形成创新发展的金融科技生态系统。在金融科技生态系统中,生态主体之间的竞争与合作是生态系统发展的典型特征,主体与环境之间的联系也比较紧密。美国是互联网、人工智能和金融业都最为发达的国家,但是目前金融科技产业尚未形成强大的金融生态。分析原因,主要可以概括为三个方面:一是美国的金融、科技等支柱产业的市场化程度很高,每个产业的根基都很深厚,产业之间相互融合制衡,难以互相颠覆;二是因为美国传统金融监管体系比较成熟,传统金融机构如银行、证券公司等大而强,会采取投资、并购等方式吸收科技创新,新建金融科技公司、人工智能公司等难有颠覆性的机会;三是美国的高科技企业利润相对较高,通常专注于人工智能等研发,并不热衷于跨界做金融,谷歌、亚马逊等科技巨头并不能成为金融科技生态圈的主力[2, 4]。

金融科技生态系统主要由金融企业、科技企业、行业协会、金融监管机构、人才培养等学术机构、科研机构等主体共同构成。金融企业提供金融创新服务,科技企业提供人工智能、区块链等技术服务;监管机构进行合规监管,行业协会学术研究机构推动行业交流和标准的制定,通过组织会议等促进成果分享和交流①。金融科技生态圈的良性发展依赖于生态圈的四个核心属性:人才、需求、资本和政策,如图 8-1 所示。人才是指技术、金融服务以及创业人才的充沛程度;需求是指终端客户需求,包含消费者、企业和金融机构等;资本是指辅助创业和辅助企业扩张的金融资源的充沛程度[5];政策是指政府政策,涵盖监管、协助行业成长的方案和税收等。

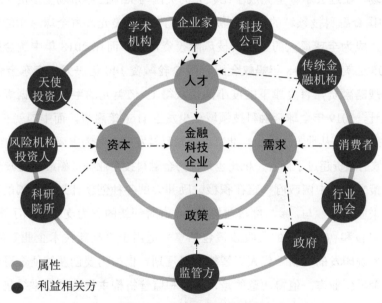

图 8-1 金融科技生态系统

中国的金融科技市场高速成长,拥有全球最大的消费者群体,为日益活跃的金融科技市场提供了坚实基础。2017 年 5 月,中国人民银行成立了专门的"金融科技委员会",其主要职责是做好金融科技发展战略规划和政策指引,关注金融科技发展的动向和潜在风险[6]。

在人才方面,中国有 760 万名金融服务工作者,提供了强大的人才基础,人才库目前涵盖超过 50 万名金融精英(如受过高等教育、有海外工作背景和金融服

---

① 《中国金融科技产业生态分析报告》,http://www.chinamfi.net/upload/link/1801/f171458.pdf。

务相关经验的人才）和 1 万名以上的金融科技精英。源源不断的科技人才源自于国际科技巨头和 STEM（科学、技术、工程和数学）专业名列世界前茅的大学，并伴随着在国外有相关工作经验的留学生学成归来而进一步增强。中国的知名高校也开始培养金融科技人才，清华大学、中国科学技术大学、南京大学、上海交通大学、浙江大学等多所高校都陆续开设了金融科技相关专业。而在谈到创业人才政策时，李克强总理强调了大众创业和万众创新对于快速培养创业人才的重要性。目前在国内"大众创业，万众创新"的氛围下，培养了一大批的创业人才。在金融科技领域也涌现出了一批创业公司。

在资本方面，为了支撑早期和成长期的金融科技投资，中国政府运营着 750 多家政府主导的投资基金，并且筹募巨额资金去支持创业公司。中国同时获益于活跃的 IPO 市场，在过去十年里完成了比领先的美国与英国证券市场更多的上市业务。2016 年中国金融科技领域的风投总额就达到了 64 亿美元，占全球总额的近一半，超过美国，成为全球最大的金融科技风险投资市场。而在 2018 年中国金融科技融资达到 205 亿美元，2018 年蚂蚁金服获得 C 轮融资 140 亿美元，京东金融完成 20 亿美元的战略融资，百度旗下的度小满也获得 19 亿美元的融资。根据壹零智库的不完全统计，2019 年全球金融科技领域至少发生 1166 笔融资，而中国就有 285 笔，位居全球第一位。从地方层面上，北京在金融科技发展中尤为重要；2016 年北京在金融科技领域的融资超过了硅谷。杭州也是优秀金融科技企业融资额最高的城市之一。

在政策方面，中国政府一直在积极鼓励并尝试各种创新计划；中国的银行监管机构一直采取温和参与，参与度日益提升。政府对创新的大力支持巩固了市场需求，支持金融科技和初创企业的税收政策包括享受适用于"高新技术企业"的 15% 的税率。国务院印发的《新一代人工智能发展规划》也指出要创新智能金融产品和服务，发展金融新业态。值得注意的是，政府和监管机构主导的创新举措包括试运行社会信用体系（一种给个人和企业信用评级打分的系统），以及新兴产业创新基金用于推动数字化发展。

从需求的角度来看，超过 70% 的中国人口是金融科技产品的使用者，其中支付是主要驱动力量。截至 2018 年，移动支付用户数超过 10 亿。中国移动支付成交额 5 年内已经翻了 21 番。安永《2019 全球金融科技采纳率指数》报告显示，中国和印度的消费者对金融科技采纳率最高，均为 87%。转账与支付是消费者最常使用的金融科技服务，中国消费者对此采纳率高达 95%[①]。

---

① https://www.ey.com/Publication/vwLUAssets/ey-global-finTech-adoption-index-2019-cn/$FILE/ey-global-finTech-adoption-index-2019-cn.pdf。

中国的中小企业一直以来都被传统银行业忽视，但中小企业却贡献国家GDP的60%。从资产规模来看，世界前50的银行有11家来自中国本土，这提供了金融机构对于企业级金融科技解决方案需求的巨大基础。作为未来几年的核心任务之一，监管科技有望获得迅速发展。

由此可见，中国市场从人才、资本、政策和需求等几方面都为金融科技生态圈提供了良好的发展支撑。除此之外，互联网巨头如阿里巴巴、腾讯、百度等公司也引领金融科技生态圈的打造。目前中国经济形势总体看好，各种政策和法律法规也越来越完善，企业提高经营效率压力变大，而广大用户对便捷手机终端等金融服务的需求越来越旺盛，人工智能等高新技术发展日新月异。在这样的大环境背景下，互联网创新企业以用户为中心的战略以及作为先进技术的代表，具有很强的创新意识，容易成为行业领头羊。在过去十来年的时间内，一些互联网创新企业不断探索，形成了比较完整的"生态"链条。从业务布局来看，阿里巴巴、百度、腾讯、京东等互联网公司是我国金融科技发展的主力。大数据、区块链、生物识别、人工智能等技术开始与金融业务深度结合，从专注于线下前台业务，逐渐向线上迁移，向大数据风控、票据记账、智能投顾、底层安全等中后台延伸①。互联网公司借助科技手段，在各种生活、生产场景中植入金融应用，打造各自的金融生态系统。② 智能投顾属于金融科技的重要组成部分，也逐渐形成自己的生态系统。

## 8.2 智能投顾生态系统的概念与构成

### 8.2.1 智能投顾生态系统的概念

智能投顾生态系统是互联网金融生态系统的重要子系统，主要包括生态主体、环境、模式等几个方面。智能投顾生态系统是指融合了互联网思维与人工智能等技术的金融投资、资产管理与咨询顾问等服务在信息化时代的变革中，形成的具有一定外部发展规律、内在逻辑安排的群体性生态特征的投资顾问行业的新秩序与新结

---

① 亿欧，《回望2018，展望2019：金融科技行业有哪些竞争趋势？》。
② 张兴荣，《构建金融科技的共赢生态圈——银行与互联网公司合作的回顾与展望》，《银行家》，2017-09-01。

构[6-7]。其内部的各种业态组织为了生存与发展，在一定的经济法律、信用体系、政治制度等外部环境的制约下，通过各个组织的分工和合作，形成一个动态平衡的系统，该系统具有一定的结构特征，能够实现一定的功能，保证智能投顾行业发展的可持续性与稳定性[8]。

智能投顾生态是一种创新金融生态。依托移动互联网、云计算、人工智能、大数据等新一代信息技术的广泛应用，智能投顾等金融创新产品成为现代金融体系中非常重要的组成部分，将带来一场新的金融革命。在整个智能投顾生态系统中，各个主体之间相互影响，彼此链接，共同作用，从简单到复杂，从低级向高级演进，在优胜劣汰的竞争中曲折成长。从网络链中一个业态的不同主体向另一个主体延伸，不同主体间协同发展，实现自我更新与进化。

智能投顾生态系统强调人工智能的运用。人工智能是智能投顾的核心技术，智能机器人能在海量的数据训练中寻找到不同板块和市场的融资规律，对各类资产的风险收益特征有准确的认识，能够实时调整风险的配置比例，让投资组合能够运行在可控范围内。用户画像也是通过人工智能的各种算法，对用户的海量数据挖掘提取的特征偏好。人工智能等新技术将资金、信息和相关产业等聚合在整个系统中，构建成一个自我良性循环的利益相关整体。智能投顾生态系统与外部环境良性互动，能够突破空间和时间限制，打破一些固有的利益主体分配格局，是互联网生态系统中的重要组成部分之一。

智能投顾生态系统由主体、环境、模式等方面共同构成。主体主要包括智能投顾平台、金融科技公司、投资者、投资标的等；环境涵盖法制环境、信用环境、监管环境和系统环境；模式是指生态系统中各主体之间以及主体与环境之间的联系和运转模式，如合作竞争、共生等。主体之间、主体与环境之间的相互作用是保持智能投顾生态系统可持续发展的重要条件，如图 8-2 所示。

图 8-2　智能投顾生态系统构成图

智能投顾生态系统表现出以下特点。

- **物种多样性**：智能投顾生态圈的多样性首先表现为参与主体种类的多样性[9]。在智能投顾生态系统中，包括规模庞大的用户群体，大量的传统金融机构，互联网金融公司，人工智能等金融科技公司以及其他法律、技术合作企业，政府等。而传统的金融机构又可以细分为银行、基金、证券、保险、信托等类别。其次，其业务模式也呈现出丰富的差异。有些公司由传统金融机构拓展新的业务模式，具有集合大类资产配置能力和金融大数据能力，有后发优势；有些是纯粹发展智能投顾服务的智能金融服务企业，对算法和模型都有深入研究；有些是互联网金融公司延续在线理财基因，配置国内各种类型的理财产品。
- **进化性**：生态系统中物种进化是一种特有的自然现象，同样地，在商业生态系统中企业的共同进化也是系统环境快速变化的必然结果[10]。一方面，新技术的研发和人工智能等的发展和应用会加速物种的进化，也会出现一些新的物种。如智能投顾中的投资算法会根据人工智能的发展更新算法和模型，提高效率。另一方面，生态系统内企业的合作竞争也会导致企业商业模式的进化。如智能投顾可以分散投资风险、降低投资理财成本、避免人的情绪化等，是在线投顾的演进升级。
- **普惠性**：传统的人工投资顾问服务因为人的精力限制和公司成本投入的限制，并不能服务于普通民众，其目标客户仅为高净值人士，普通人基本上没有机会获取专业的顾问服务。智能投顾通过机器人的算法，可以实现7×24小时服务，降低了投资顾问服务的门槛，使普通理财用户也可以享受投资顾问服务，具有普惠性。而普通的用户往往更缺乏理财能力和经验，是最需要投顾服务的群体之一。智能投顾利用互联网平台，采用机器算法基于大数据可以为每个网络用户提供顾问服务，增加的边际服务成本几乎为0。而且随着用户规模的扩大，累积的数据量越多，为用户提供的服务也会越精准①。在各种新理论的支撑下，我们可以建立一个全新的互联网金融生态圈，金融产品与服务的生产可能性边界将得到迅速拓展，国家层面的普惠金融战略也能够顺利实施。
- **主体间的关联性**：生态主体之间的关联性首先表现为生态系统中各主体之间的相互关联，提供产品和服务的主体在日常运转中存在紧密的竞争与合

---

① 刘国辉，《让机器告诉你100万怎么投 你会信它吗？"智能投顾"是理财革命还是概念炒作？》，https://www.huxiu.com/article/153129.html。

作联系。其次表现在生态环境和生态主体之间,提供产品和服务的主体和监管机构之间存在对应关系,生态主体为投资者提供与其需求对应的产品。智能投顾生态环境会影响主体的运转,而生态主体的发展又促进生态环境的变化[11]。

## 8.2.2 智能投顾生态系统的生态主体

在智能投顾生态系统中主要包含金融科技创新企业、行业监管机构、风险投资机构、专业孵化器/加速器、投资人、投资标的金融产品、传统金融机构等多个主体,各个主体之间都是共生的关系,如图 8-3 所示。金融科技创新企业是为智能投顾平台和金融监管机构在客服、营销、风控、征信和投顾等领域,提供云计算、大数据、人工智能和区块链等技术服务的企业。行业监管机构主要是依据国家相关政策法规,对提供金融科技服务的企业进行合规监管。高校与研究机构发挥着智能投顾产业研究,推动行业交流和标准制定,促进应用成果的经验分享和互动交流等作用①。

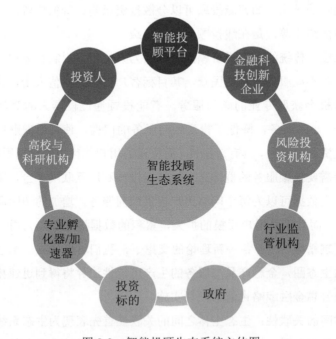

图 8-3 智能投顾生态系统主体图

---

① 《2018—2022 年中国金融科技产业生态结构》,中国投资咨询网,http://blog.sina.com.cn/s/blog_794fb31c0102xdqo.html。

**1. 智能投顾平台**

智能投顾平台是生态系统中最核心的主体之一，目前，国内的智能投顾平台主要有弥财、蓝海智投、财鲸、财鱼管家、雪球、聚爱财、宜信、同花顺、京东智投等。从具体的产品和运营模式来看，主要有三种类型：互联网金融信息服务公司推出的智投服务，如同花顺 iFinD 智能投顾；互联网巨头推出智投服务，如百度金融布局了智能投顾，阿里巴巴的蚂蚁聚财，京东智投等；传统的证券银行基金等金融公司推出的新型服务，如平安银行推出的平安一账通，广发证券推出的贝塔牛，招商银行推出的摩羯智投等。

按照用户定位、投资标的等的不同，智能投顾平台又可以分为四大类别[12]。

- **直接对 C 端（终端用户）的创新平台**，如弥财、投米 RA、财鲸和蓝海智投等公司，它们提供海外 ETF 或美股的自动配置和动态调整服务，受到获客成本昂贵和外汇管制等因素制约较大。
- **资产配置建议平台**，通过全球市场各种类型产品数据的实时抓取，计算各种类型金融产品的风险指标、收益率数据等，对市场上的各类型金融产品进行筛选、排序，结合用户的风险评测指标，帮助用户选取较为适合的金融产品及资产组合。典型案例是财鱼管家。
- **主动投资建议平台**，利用大数据，实时分析有价值的新闻信息和交易数据，分析数据之间的关联性，结合用户的自选股，为用户提供最有价值的交易策略。典型案例是同花顺 iFinD 和百度股市通。
- **综合理财平台**，通过对接内部和外部投资标的，既能更好地服务原有体系的客户，还可以吸引新增的投资者。其特点主要有：综合理财平台本身拥有优质的客户资源，广泛的销售渠道，以及覆盖面广的资产标的等优势，其智能投顾平台在客户获取和用户体验等方面的竞争力比其他平台强。典型案例有平安一账通、招商银行摩羯智投、京东智投等。

**2. 金融科技创新企业**

过去，科技企业在金融领域一般扮演技术服务或解决方案提供商的角色，金融技术的革新主要由金融机构发起和主导。而在智能投顾生态系统中，金融科技创新公司开始改变玩法，改良赋能，推动金融领域的创新与重塑。一方面将新一代信息技术物联网、区块链、云计算、人工智能等应用于智能投顾领域；另一方面运用新技术和新工具，帮助金融机构克服传统的结构性障碍和烦琐的工作流程，降低传统金融机构在金融体系的中介作用。

金融科技企业按照原生的背景可以分为五大类：互联网背景、金融 IT 背景、传统金融背景、其他传统行业背景、初创企业。互联网背景的科技创新企业具有技术、数据、平台和人才优势，正迅速成长为国内金融科技的核心力量。金融 IT 背景的科技金融企业拥有深厚的行业积累和丰富的风控经验，正在积极进行战略转型，开展金融科技服务①。初创背景的科技金融企业是指以金融科技为核心业务的初创型企业，企业在创立初期就以金融科技领域的技术和商业模式创新为核心竞争力。具体的代表性企业如图 8-4 所示。

图 8-4　金融科技创新企业的典型代表

**3. 风险投资机构**

风险投资机构是指专门风险基金（或风险资本），把所掌管的资金有效地投入具有盈利潜力的高科技企业，并通过后者的上市或被并购而获取资本报酬的企业[1]。在过去的 30 年间，风险投资已经成为美国创新企业融资的主导力量。从谷歌到英特尔、联邦快递，这些由风险资本支持的企业已经深刻地改变了美国的经济。风险投资机构对打造完整的智能投顾生态系统非常重要，风险投资机构可以为智能投顾企业提供初创期的资金支持，鼓励企业进行创新并成长为有核心竞争力的大企业。

---

① 《中国金融科技产业生态分析报告》，http://www.chinamfi.net/upload/link/1801/f171458.pdf。

如美国智能投顾平台 Wealthfront 于 2018 年 1 月获得 7500 万美元 E 轮融资，本轮融资由 Tiger Global Management（老虎全球投资基金）领投，Greylock Partners、Index Ventures、Benchmark、Spark Capital、Social Capital、DAG Ventures、Ribbit Capital 跟投。而在此之前已经获得过 5 次融资，2014 年 10 月，获得 6400 万美元 D 轮融资；2014 年 4 月，获得 3500 万美元 C 轮融资；2013 年 3 月，获得 2000 万美元 B 轮融资；2009 年 11 月，获得 750 万美元 A 轮融资；2008 年 11 月，获得 300 万美元天使轮融资。

毕马威发布的半年度《金融科技脉搏》显示，受到疫情影响，2020 年上半年金融科技并购投资显著下降，新投资项目几乎陷入停顿，但是已经完成的一系列战略投资仍然说明金融科技行业的总体趋势没有受到影响。2020 年上半年风投对金融科技的投资达到 200 亿美元，亚洲地区占 67 亿美元。中国两大巨头阿里巴巴和京东在香港二次上市，分别筹集了 110 亿和 39 亿美元。

2018 年 6 月，蚂蚁金服筹集了 140 亿美元的私募股权融资；度小满金融于 2018 年 4 月从百度拆分实现独立运营，在两轮融资中总计募得 43 亿美元。中国市场的另一笔巨额融资交易来自于财富管理平台陆金所，据报道该平台在推迟了在香港首次公开募股（IPO）计划后，于 2018 年 12 月完成 13 亿美元的融资。理财魔方在 2015 年获得由蝙蝠源创资本领投的天使轮融资 1000 万元，2016 年 12 月，理财魔方又完成了 2000 万元 Pre-A 轮融资，投资方包括新毅资本、玖创资本以及亚杰天使基金[①]。

**4. 投资标的**

智能投顾的投资标的需要具备流动性好、透明度高、管理费低且市场代表性好等特点。因此，美国的智能投顾主要是针对 ETF 提供配置服务，而智能投顾市场的崛起与美国品类丰富、规模巨大的 ETF 市场关系非常密切。而国内 ETF 数量比较少，且多为传统股票指数类，难以分散风险。与国外的智能投顾在投资组合上以被动型 ETF 为主、投资理念上强调分散性投资不同，国内大部分的智能投顾产品还是基于购买国内主动管理型基金甚至个股来实现资产配置目的的，因而国内投顾市场发展还不成熟。

**5. 行业监管机构**

在美国智能投顾受到 SEC 的监管，但是在中国，智能投顾的牌照尚未发放。

---

① 《埃森哲研究：中国成为全球最大金融科技投资市场》，https://xw.qq.com/cmsid/20190228A0UNBW00?f=newdc。

我国投资顾问主要由证券公司投资顾问以及证券投资咨询机构构成，券商从业人员必须取得中国证券业协会注册认证的证券投资咨询执业资格，除券商外的证券投资咨询机构须取得证券投资咨询牌照。投顾与资管两块业务牌照是分开管理的，适用于不同的法律法规。此外，我国资管行业的监管主体（券商、期货公司、基金管理公司）不同，它们在市场准入、业务规范、监督管理、投资范围等方面的要求也存在较大差异。在国内，智能投顾机构同时要受到中国人民银行、银监会、证监会、保监会、外汇局等多个监管机构的监管。

**6. 专业孵化器／加速器**

孵化器是指为新创企业提供房屋、物业、公共配套设施等资源和相关服务，协助创业者更好地创业，降低创业失败率，从而促进技术创新和区域经济发展。孵化器主要专注于企业级创新项目孵化，通过"孵化空间＋种子基金＋创业服务＋企业级服务生态体系＋未来企业家社群"孵化运营模式，整合行业资源，搭建全方位创业服务平台①。依托企业级用户、投资机构、导师级企业服务商、企业级服务创业项目生态共享，重度垂直于企业级创新服务，帮助企业级服务项目快速成长。

随着孵化器的发展，孵化器内的基础设施和服务设备也更加齐全和高效，服务内容和形式更加多样化，为企业提供商业计划、咨询、培训辅导、风险投资、市场战略与品牌经营等一系列服务，其实施的现代企业管理制度，聘请专业经理负责孵化器的运营和孵化任务的进行，以及聘请创业导师和成功企业家对初创企业进行跟踪式指导与培训，在很大程度上提高了创业孵化的效率和成功率[15]。孵化器为智能投顾初创企业提供良好的创新发展环境、战略化经营策略和网络平台等，对初创企业孵化成功起到重要作用。如美国的 OpenInvest 智能投顾公司，该公司用户可以手动添加或删除自己喜欢或不喜欢的股票，公司的目标是为客户量身定制基于个人价值观的金融投资组合。公司就是由著名的孵化器 YC 孵化的。

2016 年，Jade Value 作为国内首家金融科技孵化器正式在上海金融中心陆家嘴落地。主要关注金融科技的五大领域，其中包括人工智能、区块链、智能投顾、房地产大数据和信用诊断。有别于传统收租模式的孵化器，所有入驻 JadeValue 孵化器的创业公司无须支付任何费用，即能免费享受办公场地。但对于入驻的企业来说，Jade Value 会保留跟投权，用于反哺孵化器。图 8-5 呈现了目前该孵化器在孵化的项目。

---

① https://zh.wikipedia.org/wiki/ 企业孵化器。

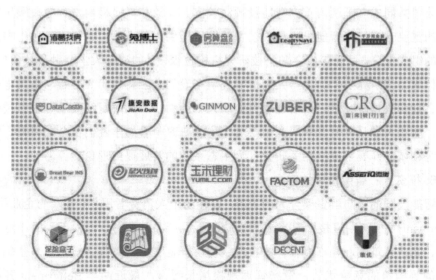

图 8-5　Jade Value 部分投资孵化的项目

杭州钱塘江金融港湾是杭州市新金融创新中心，孵化器。根据发展规划，未来要集聚私募基金及各类财富管理机构3000家以上，管理资金规模超过1万亿元；钱江金融大数据创新基地集聚发展金融大数据服务相关企业100家以上，年产值超过500亿元，形成全国最大的金融大数据云平台；在钱塘江金融港湾内形成1家以上万亿元级、3家以上千亿元级金融要素交易场所[①]。截至2019年6月，核心区已经拥有银行、证券、保险等行业省级以上持牌金融机构总部56家。2019年5月，钱塘江金融港湾金融科技实验室和长三角金融人才高校联盟双双揭牌成立[②]。

### 7. 高校与科研机构

在智能投顾的发展过程中，人才是必不可少的因素。从20世纪90年代末起，我国很多高等院校设立人工智能研究所，开设人工智能相关专业。2017年7月30日，由中国人工智能学会，北大、浙大等42所高校，20个学会共同论证形成的《"智能科学与技术"一级学科论证报告》指出，目前我国人工智能人才每年缺口接近100万名[③]。

2018年5月，同济大学中国科技管理研究院与上海羽时互联网金融信息服务

---

① 《钱塘江金融港湾发展规划》，http://jrb.hangzhou.gov.cn/qyjrzx/ghgy/201702/P020170911356980289655.pdf。
② 姚建莉，《杭州打造钱塘江金融港湾 主打特色小镇和国际化》，《21世纪经济报道》，2017-06-27。
③ 亿欧，《"滴滴打车"式发展后，医疗AI的冰冷现实如何面对？》。

有限公司共同成立了国内首家智能投顾实验室。高校和科研机构是智能投顾生态系统中的重要支撑，为智能投顾相关技术的发展提供大量人才，是智能投顾生态系统重要的组成部分。目前国内金融科技研究机构也很多，如清华大学金融科技研究院、中国信息通信研究院云计算与大数据研究所下设的金融科技研究中心、中国电子商务协会金融科技研究院、南京金融科技研究创新中心、上海财经大学金融科技研究中心、浙江大学互联网金融研究中心等。这些研究中心的学者们在金融科技、智能投顾等领域都开展了很多相关研究，为生态系统的发展提供理论支撑。

### 8. 投资人：智能投顾的客户

智能投顾的用户群主要分为两大类：C端的个人消费者用户，B端的企业用户。Betterment发展初期直接针对C端用户提供线上产品与服务，但内部受制于低技术门槛、高获客难度，外部面临传统金融机构由资金实力、品牌认知、客户基础及投资标的等构筑的竞争优势，资产管理规模增长缓慢。最近两年Betterment开始拓展B端业务，向混合化转型，资产管理规模提升明显。而国内的理财魔方一直坚持专注C端用户，他的核心用户群主要是年龄在25～45岁的年轻人，理财需求旺盛的中产阶级。中国电子银行网联合艾瑞咨询发布了《银行系智能投顾的改进对策和未来趋势》调研报告，报告显示：从用户年龄分布来看，80后人数最多，占比49.8%；70后排在第二，占比23.1%；90后占比19.9%；60后和50后占比较少，分别为4.8%和2.5%。用户接受过高等教育的比例高达91.5%。80后人群已经成为主力军，而这些人群相对缺乏理财经验，但对于科技的接受度较高，这给予了基于人工智能技术的智能投顾大量的市场需求。2018年度调研报告显示，智能投顾用户月收入在5001元至8000元区间的调研用户人数最多，占30.6%；同时有78.1%的用户理财经验不足十年[①]。

调查发现，缺乏对智能投顾的了解，担心资金安全以及保守的投资观念是目前用户尚未使用智能投顾的重要原因，详细见图8-6。用户使用智能投顾最看重的主要是资金的安全性、投资时间的长短和收益情况等，详细见图8-7。智能投顾企业可以多和用户解释智能投顾的原理，激发用户尝试的欲望并建立初步的信任。在初步信任的基础上再告诉用户市场是什么样的，不同资产的风险如何，应该如何配置，配置应遵循何种规律去改变，期间呈现的科学性和收益性也是获得用户持续信任的关键。

---

① https://cj.sina.com.cn/article/detail/2145650153/512237?cre=financepagepc&mod=f&loc=1&r=9&doct=0&rfunc=100。

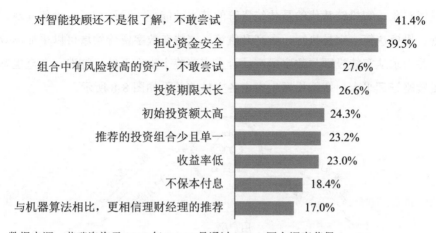

数据来源：艾瑞咨询于 2017 年 9—10 月通过 iClick 网上调查获得。

图 8-6　用户尚未使用智能投顾进行理财的原因

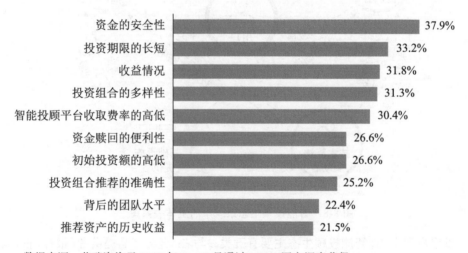

数据来源：艾瑞咨询于 2017 年 9—10 月通过 iClick 网上调查获得。

图 8-7　用户对智能投顾的看重因素

智能投顾公司的 B 端客户一般以金融机构为主，目前很多创业公司已经由 2C 转向 2B。金融科技公司 PINTEC 旗下智能投顾子公司——璇玑智投便是这类代表。目前，璇玑已经为安邦保险、民生证券等多家金融机构设计了智能投顾系统。

## 8.2.3　智能投顾生态系统中的产业链关系

在智能投顾生态系统中，投是核心功能，智是技术特征，链是技术基础和载体，也是投资对象。智投链替代的是传统资管的基本功能——投资委托、价值发现、风险识别、投资决策、交易执行、资产升值等。这些在数字资管领域可以更加高效地实现,并力求从智能投顾与数字资产结合来完善整个生态系统,打造一个全生态金融投资策略管理平台。智能投顾生态中各主体的关系如图8-8所示。

图 8-8　智能投顾生态系统中的主体关系图

以用户为中心,智能投顾生态主要有五类参与者:金融产品提供者(银行、信托、证券等)、技术算法驱动者(科技公司)、基础设施提供者(孵化器、风险投资机构、云计算提供者等)、场景提供者(智能投顾平台)和监管者(政府、行业协会)等[16]。金融产品提供者是智能投顾生态的基石,他们通过向科技创新企业学习,多方面提高自身的科技实力,创新能力,寻求转型升级。例如,银行积极引进人工智能等方面的人才,进行互联网+人工智能等方面的研发,如智能投顾。招商银行的摩羯智投就是基于多年的业务经验同时融合技术所推出的一款新产品。

**技术算法驱动者**是指通过挖掘细分金融领域需求,建设算法等技术能力以及通用技术平台,推出创新型智能金融产品的企业。这类企业在垂直领域依靠杀手级创新产品积累大量用户和数据,以场景作为流量的入口,并逐渐构建起应用平台,同时进行技术的不断优化创新，形成局部垄断，一般由科技公司担当[17]。

**基础设施提供者**是为生态系统提供基础设施服务的企业，他们能够帮助生态主体的智能投顾平台扫除算法等方面的障碍并存储大量数据，通过大数据的存储和分析，保证智能投顾系统的稳定运行，以基础设施为切入口，提高技术服务能力，然后在产业链上进行拓展。

**场景提供者**是生态系统中对应场景的流量入口和用户数据的企业，即智能投顾平台，通过用户的注册和搜索记录等获得用户数据，为用户定制个性化的投资方案。

**监管者**是生态系统中的"引导者"和"服务者"。其核心目标为"维护智能投顾系统稳定、维持市场运作秩序不变、保障消费者权益"，在此基础上，通过金融科技的创新服务如智能监管等促进监管的效率提高，和政府等监管机构一起推动金融创新领域的新法规制定，支持金融科技行业的健康发展。其主要特征是：监管正从机构监管转向功能监管转变，并由原先立足于静态的区域和城市进行监管转为跨区域、跨境的监管。

在实际的情景中，有些企业和平台可能在其中扮演几种角色。如一些传统金融机构是金融产品的直接提供者，会积极进行自主研发各类新服务，同时也会和技术驱动者合作，引进先进技术，迅速提升技术能力，利用金融产品的优势构建生态闭环；如中国农业银行与百度金融合作，开发农行金融大脑。

同类主体间一般存在着竞争关系。不同的智能投顾平台在资产管理能力、发展潜力等方面存在着很大差异，但是由于公司的主营业务类似，获客成本较高，企业间竞争激烈。尤其是当越来越多的传统金融巨头都将目光投注到智能投顾时，创业公司的"蚕食计划"遇到前所未有的挑战。激烈的行业竞争使部分运作存在漏洞的企业出局，优胜劣汰的生存法则在一定程度上抑制了智能投顾的野蛮生长，有助于促进优质企业发展，推动行业规范发展[8]。

不同主体间的合作也是生态系统中最主要的生态链关系之一。不同主体间的优势互补是合作的根本。如以银行为代表的传统金融机构具备完备的金融数据要素、成熟的金融业务运营体系和丰富的金融产品设计知识，但由于其体系庞大，转型较困难，而在全球科技发展迅速的背景下，银行也迫切需要向智能化作战略转型以满足消费者移动终端的需求；而互联网科技公司在云计算、大数据、人工智能等方面具备更灵活的团队运作方式、更专业的技术能力、更强劲的产品创新能力等，技术方面过硬但金融基础运营经验方面缺乏，这些都阻碍着科技企业在金融领域充分发挥优势。

因此，金融机构和科技企业可以通过合作来实现优势互补。在合作的过程中需要注意方法，高科技公司不仅要能服务于金融机构，还需要服务于金融机构价值链上的核心价值创造等不同环节，在为金融机构降低成本、提高效率的同时，能够改善用户体验，甚至形成新的商业逻辑。最终，两者将构建利益共同体，使科技企业在提高金融机构收入，实现价值共享的同时共同探索，形成智能投顾的新生态模式和市场格局[17]。

科技企业和金融机构主要有创设、共建和赋能三种合作模式[17]。

- **创设**——呈现为互联网企业和传统银行在金融产品服务提供上的高度融合，形成如直销银行的子公司模式。例如，百度和中信银行联合发起成立的百信银行，将依托中信银行强大的产品研发及创新能力、客户经营及风险管控体系，以及百度公司互联网技术和用户流量资源，满足客户个性化金融需求，打造差异化、有独特市场竞争力的直销银行。

- **共建**——是指金融机构与科技企业共同构建核心竞争力，能够在金融科技创新方面实现优势互补。例如，2017年"中国银行－腾讯金融科技联合实验室"成立。中国银行与腾讯集团将重点基于云计算、大数据、区块链和人工智能等方面开展深度合作，共建普惠金融、云上金融、智能金融和科技金融[16]。目前双方已经建立了统一的金融大数据平台，可以持续输出技术来支持业务的发展。

- **赋能**——主要表现为一些拥有大量用户同时又能独立做业务的科技公司将这些业务能力和客户开放出来服务于金融机构。如线上风控能力输出，让金融机构在现阶段缺乏线上数据积累的情况下，可以快速发展线上金融业务，在提高增量收入的同时，实现业务模式的完善和更迭①。如蚂蚁金服与光大银行、光大科技公司达成战略合作协议，三方将共同致力于云缴费、金融科技等领域的深度合作，全面助力光大银行实现数字化转型。目前的技术合作涉及互联网金融架构，基于人工智能的应用，智能风控，渠道整合移动业务等。

技术同时为监管机构和智能投顾平台服务。智能投顾生态的发展必须处理好服务监管机构和服务平台之间的关系。以 RegTech 的发展为例，其成立最初是为金融机构提供满足监管合规性要求的服务。但随着 RegTech 更高水平的发展，如人

---

① 马腾跃，《共建智能金融生态——访百度高级副总裁、度小满金融 CEO 朱光》，《中国金融家》，2018-05-15。

工智能对监管规则的学习,它也有可能成为金融机构规避监管的工具,使部分金融机构获得监管套利的收益,提供这类服务的金融科技公司就类似于为企业提供合法避税服务的中介机构。其结果只能是降低监管的有效性,并导致监管成本大幅上升,不利于建立公平的竞争环境,不利于金融稳定性,最终会影响整个金融行业的发展,损害所有金融机构的长远利益[18]。因此,监管的有效性和金融机构的长远利益是一致的,FinTech 与 RegTech 之间需要形成一个良性互动机制。

## 8.3　智能投顾生态系统的维护和优化

### 8.3.1　国内智能投顾生态系统存在的缺陷

目前,国内智能投顾生态系统没有完全形成,还存在着一些问题和缺陷,主要表现在几个方面。

**1. 生态系统主体的不完善性**

我国的智能投顾行业仍然处于发展的初期,服务质量不高,市场的深度、广度都有待提升,而且现有平台的市场主体资质较低,仍然不能够满足金融消费者和投资者日益增长的个性化需求[19]。

- 从金融产品的类型来看,在成熟的资本市场中,智能投顾产品主要以 ETF 产品为主,但在中国市场中,ETF 产品比较少,智能投顾配置的产品相当一部分是股票、债券和公募基金等。
- 市场对智能投顾的认知度和需求没有被挖掘出来,获客成本较高,从主体智能投顾平台来看,智能投顾平台整体规模小、发展目标混乱、定位不清晰、平台各自为战缺乏交流。
- 从用户的角度来看,国内资本市场投资者以散户为主,而且这些散户缺乏长期投资意识,更加关注短期收益,偏向短期投机、追涨杀跌。

智能投顾中的核心投资理念,如长期价值投资、资产的合理配置、被动投资等还未被广大散户所接受。此外,生态系统中还存在监管缺位、人才储备欠缺、投资者教育滞后等问题[16]。

**2. 生态环境的缺陷**

智能投顾等相关法律体系不完善,目前国内还没有关于智能投顾专门的法律,现行的金融法律法规主要包括《中国人民银行法》《商业银行法》《证券法》《保险法》等基础性金融法律和一些部门的规章制度等[8]。缺乏保障个人信息安全的法律法规。互联网相关法律欠缺，互联网、大数据等信息技术能够大幅度提升资源利用的效率，但同时也可能面临信息被泄露等问题，一旦敏感信息被泄露，系统中的主体会面临严重损失。我国目前金融监管根据"一行三会"的职责进行分业监管，而智能投顾产业中涉及银行、保险、证券、科技服务公司、人工智能开发公司等多种业态特征，而传统的监管模式是分属于不同的行业和部门监管，各个监管部门配合度不高，难以适应智能投顾等互联网金融的混业经营模式，分业监管模式会导致监管主体不明、权责不清的情况。

## 8.3.2 智能投顾生态系统的优化办法

**1. 加强生态系统中主体间的融合共生价值链**

完整的生态系统应该包括丰富的生态主体，如多层次的动植物种类、起到分解转化作用的微生物等，智能投顾生态系统也一样。然而当前我国智能投顾生态系统主体的相似度比较高[19]，智能投顾平台和企业数量比较多但是种类不够丰富。平台的业务基本一致，提供的服务也很多雷同。因此，优化智能投顾生态系统应该从系统角度出发，加强各主体之间的融合共生。

- 提高风险防控能力。利用云计算、大数据等智能技术构建风险控制识别模型、进行风险评价、建立预警系统，严格控制业务流程风险。构建智能投顾平台安全体系，加强平台机器人的安全监测，弥补资金安全漏洞[20]。
- 开展精准营销。依托大数据挖掘和分析了解客户需求和投资偏好，进行精准的客户画像，然后有针对性地进行精准营销，可以降低营销成本，也能够提高客户满意度。在降低营销成本的同时使营销更具有针对性。
- 创新产品和服务模式。开展业务模式和服务内容的创新，充分了解市场需求，了解目标客户的要求，针对不同客户的个性化需求来创新产品、完善服务设计，注重与客户的多方面沟通交流，形成多样化的生态主体。
- 把智能投顾系统与互联网金融科技等不同业态进行融合，智能投顾平台和互联网征信机构、第三方支付平台等合作可以降低运营风险。

智能投顾等依托金融科技手段的智慧金融能够使金融行业在客户服务、业务流程和业务开拓等方面得到全面的智慧提升，实现金融产品服务、风险控制、获取客户等的智慧化。在小微金融方面，金融科技能够为商业银行解决小微企业金融服务中存在的信息不对称、交易成本高、风险控制难、场景服务不足等问题，为小微企业提供特色化和个性化的金融服务解决方案[21]。

**2. 智能投顾生态系统的建设需要国际视野**

智能投顾生态系统的打造不仅需要国内政策、法律、资金等的支持，也需要有一定深度和高度，要具有国际化的视野。生态系统中包含不同的参与主体、不同的竞争合作产业链，具有跨界、跨区域、创新性、数字化、开放性等特征。例如新加坡金融科技创新产业立足于新加坡，面向东南亚和亚太地区，连接全球，将国内国际两个市场、两种资源融汇、贯通与整合，具有开阔的国际视野，才创造出良好的成绩。如 2015 年入选新加坡 SBC FinTech 的 11 个 FinTech 新创项目中，有 10 个是国外的团队；新加坡 SBCFinTech 通常也不会只选择一家银行作为签约方，而是与多家跨国银行签约合作，希望借此将新创团队引入欧美、亚太市场，拓展国际网络[22]。近年来中国国内智能投顾领域出现大量的创新创业项目、风投资本、高科技企业等，但是由于互联网金融，金融科技等产业发展速度过快，存在大量无序竞争，因而国内各监管部门的监管政策也相对较严，企业规模不大、具有国际影响力的金融科技中心也很少。因此，智能投顾的发展应该国际化，在引进来的同时，也要大胆走出去，一方面要注重本地和本企业自身的创新，另一方面也要与国际大型企业合作创新。

**3. 重视人才的培养与招募**

智能投顾是一个年轻的行业，也是一个高创新的行业，一方面需要大量年轻的科技创业工作者，另一方面也需要大量在金融市场身经百战、驾轻就熟的金融人才。在 Compass 发布的全球科创生态系统排名中，科技创新人才的供给是非常重要的指标之一。智能投顾领域需要的是熟悉云计算、大数据、互联网、物联网等相关知识的跨学科跨领域的金融人才。很显然，当前中国具有大数据分析能力的高端金融人才、智能投顾领域的高科技人才、人工智能等方面的人才都比较稀缺。这就要求我国高校在制订金融人才培养计划时充分考虑金融科技发展的实际需要，调整传统模式下的人才培养方案和模式，重构基于金融科技发展需要的多元化、交叉性课程体系，强调异业跨界结合、产学合作，培养具备良好数字思维的全方位金融人才。在培养人工智能等相关的人才时，也要注重金融投资等知识的辅助学习[1]。

## 本章小结

智能投顾生态系统属于金融科技生态圈中的一部分，本章首先对金融科技生态圈的构成进行分析，探索中国目前金融科技生态圈的各种支撑要素。然后介绍了智能投顾生态系统的概念、构成和特点，对生态系统中的各大主体如金融科技创新企业、行业监管机构、风险投资机构、专业孵化器/加速器、投资人、投资标的金融产品、传统金融机构等分别进行分析，并探索各个主体之间的生态链关系，生态系统中主要的竞争与合作关系。最后针对目前中国智能投顾生态系统中存在的问题，提出一些优化的措施和方法，如鼓励全方位创新、国际化的视野、培养人才等。

## 参考文献

[1] 钟鸣长. 新加坡 FinTech 生态系统建设及其启示 [J]. 电子科技大学学报：社科版，2016，18（6）：30-39.

[2] 宓慧超. 平台经济背景下的金融创新研究 [J]. 商讯. 商业经济文荟，2019（7）：19-20.

[3] 张兴荣，范书宁. 构建金融科技的共赢生态圈——银行与互联网公司合作的回顾与展望 [J]. 银行家，2017（9）：124-127.

[4] 郑玉华，崔晓东. 互联网金融生态系统的演化发展与系统建设 [J]. 技术经济与管理. 2018（1）：67-71.

[5] 熊琦. 印度尼西亚 FinTech 生态圈的发展及机遇 [J]. 电子科技大学学报：社科版，2018（2）：96-104.

[6] 陆岷峰，虞鹏飞. 互联网金融生态系统建设与运用研究——基于仿生学原理在互联网金融发展中的应用 [J]. 西南金融，2016（11）：3-9.

[7] 巩海滨，王洪伟. 华龙大数据在我国证券行业风险监测上的运用问题研究 [J]. 证券法律评论，2019：（1）：102-114.

[8] 陆岷峰. 互联网金融生态系统构建探析 [J]. 企业研究. 2017（1）：50-53.

[9] 刘曦子，王彦博，陈进. 互联网金融生态圈发展评价研究——以蚂蚁金服和京东金融为例 [J]. 经济与管理评论. 2017（3）：133-139.

[10] 刘曦子，陈进，王彦博. 互联网金融生态圈构建研究——基于商业生态系统视角 [J]. 现代经济探讨，2017（4）：53-57.

[11] 崔佳伟，李元华，朱自超. 互联网金融生态系统结构特征及完善对策 [J]. 经济研究导刊. 2018（2）：131-132.

[12] 莫涛. 智能投顾的征战：传统与创新的竞合 [J]. 现代商业银行，2017（10）：40-44.

[13] BOB ZIDER. How Venture Capital Works[J]. Harvard Business Review. 1998（11）：157-167.

[14] 冯永昌，孙冬萌. 智能投顾行业机遇与挑战并存（下）[J]. 金融科技时代，2017（7）：16-23.

[15] 解学芳，刘芹良. 创新 2.0 时代众创空间的生态模式——国内外比较及启示 [J]. 科学学研究，2018（4）：577-585.

[16] 陆岷峰，沈黎怡. 互联网金融生态系统：运行机制、缺陷与优化 [J]. 南方金融，2017（485）：98-103.

[17] 百度金融研究院，埃森哲. 智能金融：与 AI 共进，智胜未来 [M]. 北京：电子工业出版社，2018.

[18] 孙国峰. 共建金融科技新生态 [J]. 中国金融，2017（13）：24-26.

[19] 陈玮. 互联网金融背景下中国工商银行个人理财业务发展策略研究 [D]. 长春：吉林大学，2018.

[20] 姚丹. 经济新常态下小微企业融资难问题研究 [J]. 淮北职业技术学院学报，2019（1）：115-116.

[21] 韩涵. 中国金融科技产业生态分析报告 [J]. 信息安全与通信保密，2018（4）：108-122.

[22] 钟鸣长. 东南亚金融科技生态系统发展潜力与提升策略研究 [J]. 广西民族大学学报：哲学社会科学版，2017，39（2）：136-139.

# 第 9 章
## 智能投顾的未来

> **案例**

**蚂蚁集团——从 FinTech 到 TechFin，BASIC 科技战略打造折叠式生态体系**

蚂蚁集团在 2017 年 10 月公布了以区块链、人工智能、安全、物联网、金融云为核心的全新科技战略。蚂蚁集团的未来科技发展将依托于这些底层技术和框架，并充分利用具体的应用场景与用户需求，以 PaaS 层级为单位构建技术服务，以支持各种功能的顶层智能化平台。其中以最著名的金融大脑 Antzero 著称，能提供风险控制和智能营销等多项金融服务。蚂蚁集团的此项科技战略已于多领域成功落地[1]。

坚持让金融服务实体经济，一直以来都是国家对金融的要求，也是国家发展金融的出发点和落脚点。然而，中国有 7000 多万消费企业，能够获取金融服务的，只有少数企业。而在个人金融服务方面，中国有十多亿人口，银行体系除了提供存款基本金融服务之外，不到 30% 的人获得信贷、理财金融服务。金融抑制在发展中国家乃至全球都极为普遍，大量长尾客户无法享受多样化的金融服务。

蚂蚁集团正在通过人工智能技术与架构，建立一套完善的共享金融服务体系，致力于为世界提供安全便捷的普惠金融服务。

## 9.1 人工智能的发展新阶段

人工智能是一门前沿交叉学科，在中国电子技术标准化研究院编写的《人工智能标准化白皮书（2018 版）》中，人工智能被定义为：利用数字计算机或者数字计算机控制的机器模拟、延伸和拓展人的智能，感知环境，获取知识并使用知识获得最佳结果的理论、方法、技术及应用系统[1]。

人工智能分为三个阶段，分别是计算智能、感知智能和认知智能，如图 9-1 所示。在第一阶段的"计算智能"中，重点解决数据存储与计算，以专家系统为代表；在第二阶段的"感知智能"中，重点解决让机器模拟人的听觉、视觉、语音等感知和交互能力，以语音识别与交互、人脸识别与交互等典型应用为代表。现在前两

---

[1] https://cj.sina.com.cn/articles/view/2768311855/a501162f001007ulv。

个阶段已经有了相应的解决方案，但这些智能化都属于在特定领域解决特定问题，本质上是致力于通过科技创新，搭建开放、共享的信用系统体系和金融服务平台，其功能仍然属于"弱人工智能"。而随着大数据与深度学习的助力，现在人们希望新一代人工智能能够突破最难的第三阶段即"认知智能"，让机器能够自主理解、自主学习、自主思考，这也是我国新一代人工智能规划中努力的方向。

图 9-1　人工智能发展三阶段

2017 年 7 月 8 日，国务院发布了《新一代人工智能发展规划》。作为规划的首席科学家，中国工程院院士潘云鹤这样认为：AI 2.0 是新一代的人工智能，面向大数据时代以及智能化的未来发展需求[3-4]。

AI2.0 包括五大基础研究方向，分别为大数据智能、跨媒体智能、群体智能、人机混合增强智能和自主智能，如图 9-2 所示。大数据智能学习包括用规则学、用数据学以及用问题引导三种模式，分别对应逻辑推理、以机器学习为基础的统计方法和强化学习阶段。应用方面，大数据智能能够为智慧城市、智慧医疗以及智能投顾提供新思路和技术，促进虚拟经济和实体经济的紧密结合。跨媒体智能是指超越视觉、听觉、语言等不同类型的媒体数据，对现实世界中的知识进行统一表征、关联理解和深度挖掘。群体智能是指通过特定的组织结构，利用个体之间的合作与竞争，以更好地共同应对复杂的挑战。人机混合增强智能是指增强型的混合智能计算，具有自适应等特点的智能体系。混合智能在健康护理与医学领域中有重大应用。自主智能是指将研究理念从机器人转向更加广阔的智能自主无人系统，重点针对复杂环境的感知与自适应能力。相关业界领域，例如 Google、百度等公司研发的无人驾驶车辆、军用和民用无人直升机，甚至智能无人工厂等，已经在自主智能研究中取得一些进展。

习近平总书记在十九届中央政治局第九次集体学习时明确指出，要加强人工智能发展的潜在风险研判和防范，维护人民利益和国家安全，确保人工智能安全、可靠、可控。人工智能经过 60 多年的演进，已发展成为研究和开发用于模拟、延伸和扩展人类智能的学科。

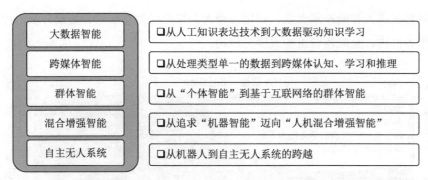

图 9-2　新一代人工智能五大基础方向

李克强总理多次将人工智能列入政府工作报告，提出拓展"智能+"概念，并将其作为重点关注对象，从中可以看出我国政府对人工智能技术产业所寄予的高端厚望。

## 9.2　智能投顾大脑

金融被认为是人工智能落地最快的行业之一，智能金融也已经列入众多国家的发展规划。其参与者不仅包括为金融机构提供人工智能技术服务的公司，也包括传统的金融机构、新兴金融业态以及金融业不可或缺的监管机构等，这些参与者共同组成智能金融生态系统。国内外金融机构纷纷发力 FinTech，将传统金融业务服务与人工智能技术相结合①。FinTech 的初级形态是提供更便捷和节约成本的金融服务。以各种前沿人工智能技术为底层支撑的 FinTech 则是一种升级形态。智能投顾是 FinTech 发展的一种高阶形态，以"智能投顾大脑"为核心，在复杂环境中基于风控管理，进行快速有效的分析和决策，对用户进行个性化的服务[5]。

智能投顾大脑是基于人工智能（AI）、区块链（Blockchain）、云计算（Cloud Computing）及大数据（Big Data）等底层技术（合称 ABCD）[5]，支撑智能投顾完整体系的智能引擎，如图 9-3 所示。智能投顾大脑由感知引擎和思维引擎构成，感知引擎主要包括人脸识别、OCR、语音、语义等，思维引擎主要包括联合建模、线上决策、数据抽取等。智能投顾核心图谱架构如图 9-4 所示。智能投顾的数据收集和清洗过程是首先通过跨媒体跨平台的金融信息感知，并采集不同类型的金融数据，例如工商、税务、新闻媒体、用户行为数据、企业行为数据等。采集和清洗后

---

① 《深度：智能投顾的发展现状和未来发展趋势》，http://www.sohu.com/a/128152366_454523。

的金融数据进入智能投顾大脑，利用各种人工智能模型算法进行处理分析，应用于金融服务机构、金融监管机构或研究机构。

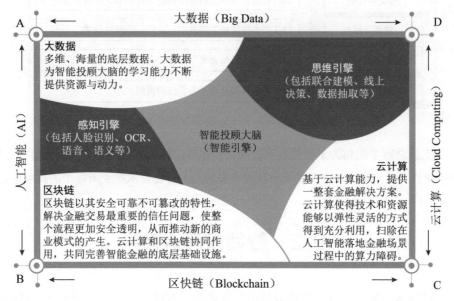

图 9-3　智能投顾引擎的底层技术

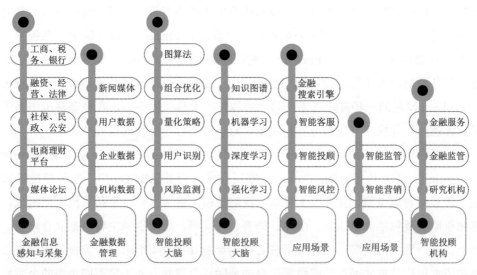

图 9-4　智能投顾核心图谱架构

底层技术主要包括如下。

❑ 大数据：多维、海量的底层数据。大数据可依据具体应用场景需求有不同分类，例如百度的搜索大数据、阿里的电商大数据及腾讯的社交大数据。大数据为智能投顾大脑的学习能力不断提供资源与动力①。
- 金融云：基于云计算能力，提供一整套金融解决方案。云计算使得技术和资源能够得到以弹性灵活的方式得到充分利用，扫除在人工智能落地金融场景过程中的算力障碍。
- 区块链：区块链以其安全可靠不可篡改的特性，解决金融交易最重要的信任问题，使整个流程更加安全透明，从而推动新的商业模式的产生。云计算和区块链协同作用，共同完善智能金融的底层基础设施。

人工智能在智能投顾系统中的具体应用场景主要包括[7-8]：金融搜索引擎、智能客服、智能投顾、智能风控、智能监管。金融搜索引擎依托于大数据、深度神经网络、深度学习等技术，有助于解决信息不对称等问题，为用户个性化地提供更精准的金融信息或推荐金融产品等。智能客服利用自然语言中的自动问答系统为客户提供文字或语音版的金融问答服务，减少了客服人员的服务成本[9]。目前比较热门的应用是"智能聊天机器人"，在提供更高质量的金融服务的同时，也能进一步提升用户的人机交互服务体验。智能投顾是基于大数据和人工智能的一种全新的在线投资顾问服务模式，为客户提供智能化的投资组合、资源配置管理服务。智能风控通过多种人工智能技术，对反欺诈行为和风险控制评估进行建模，建立安全有效的风控体系，降低金融风险，且对用户与企业进行生物身份识别比传统方式更可靠。金融智能监管是指金融风险管理体系、监测预警平台及相关的监管机构。大数据分析和人工智能算法的构建，有助于提升风险监测预警的能力，并提高效率和降低成本。另外，随着新技术与框架的诞生，金融监管政策和制度等也需不断完善。

## 9.3 AI 驱动的理性机器经济人

智能投顾大脑可以看作一种 AI 驱动的理性机器经济人。*Economic reasoning and artificial intelligence* 是哈佛大学的 David C. Parkes 和 Michael P. Wellman 发表在 Science 上的一篇论文。这篇文章首次提出了"机器经济学"这一研究方向，文章认为，主流经济学中的完美"经济人"这一概念可能更加适用于 AI 而非人类。

---
① 金融大脑，百度百科，http://baike.baidu.com/view/21254281.html。

文章对人工智能对经济学的影响做出综述，即介绍了 AI 驱动的理性经济人。

在经济学理论中，"经济人"又称为"经济人假设"，来源于亚当·斯密（Adam Smith）的《国富论》：

"我们每天所需要的食物和饮料，不是出自屠户、酿酒家和面包师的恩惠，而是出于他们自利的打算。我们不说唤起他们利他心的话，而说唤起他们利己心的话，我们不说我们自己需要，而说对他们有好处。"

在亚当提出该假设之后，约翰·穆勒和帕累托等又对这一理论进行了总结与引入，最后"经济人"作为专有名词进入经济学。"经济人"假设人的思考和行为都是目标理性的，唯一地试图获得的经济好处就是物质性补偿的最大化，是经济学的基本假设 [9-10]。

"有限理性"，又译作限制理性，是由赫伯特·亚历山大·西蒙（Herbert Alexander Simon）在综合生理学角度及心理学角度后提出的，是在传统经济学理论的基础上提出的修正。传统经济学认为行为人可以得到所有信息，因此可以在多种选择中选择最优的一个，即完全理性。然而，现实中，行为人得到的信息、知识和具有的能力都是有限的，因此能够获得的选择也是有限的，未必能够做出使得效用最大化的决策。有限理性将人的基本生理限制、认知限制和环境的复杂性等因素引入考虑的范围，认为人的行为是"有意识的理性的，但这种理性又是有限的"。

以上提到的最优化是应用数学中的一个分支，可以理解为在一个点附近的范围内，目标函数所有的函数值都大于或等于该点的函数值（或者所有函数值小于或等于该点的函数值），如果存在这样的点，则这个点被称为目标函数的最优解。

虽然人类在寻找最优化的道路上存在着这样和那样的阻碍，但在人工智能中，最优化是一个重要的研究领域，也是人工智能得以实现的关键。人工智能的一些算法的思想就是在模拟人类寻找最优解的过程。而有界最优解则是人工智能机器理论的基础。有界最优解是指在最优解基础上添加有界约束，即使得最优解满足一定的有界约束。

AI 驱动的理性机器经济人指基于可获得市场信息和已知计算资源，实现最大化其期望效用的能力。即：对于给定的信息和机器的约束条件，通过寻找最佳程序，可以获得最优的经济行动。在这个过程中，经济市场环境首先将原始数据传入 AI 机器经济人中，机器经济人使用人工智能方法对数据进行学习、计算等处理，选择有界最优解作为决策并在市场中执行对应行动，而市场也会将执行的结果等反馈给

AI 机器经济人，帮助其更新决策算法。这一系列过程与智能投顾的基本思想不谋而合。AI 驱动的理性经济人模型如图 9-5 所示。

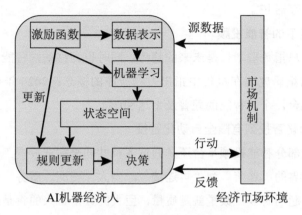

图 9-5　AI 驱动的理性机器经济人

AI 驱动的理性机器经济人能够做决策是克服现实中行为人的不理智等因素，基于可获得的各种信息资源，寻求最优的经济行动，做出更理智的决策。然而与现实中的行为人一样，AI 驱动的理性机器经济人也会受到认知限制、环境复杂性的影响，例如数据不全，部分信息不可获得等问题，因此，AI 驱动的理性机器经济人也是有限理性的。

## 9.4　智能投顾的未来发展趋势

智能投顾所代表的，是一种可以触摸到的智能金融未来。或许有一天，投资界的智能投顾，也能为投资者带来远超过巴菲特投资回报的投资建议。本节我们从商业模式上、技术上、监管模式上三个方面对智能投顾的未来发展趋势做如下分析。

### 9.4.1　智能投顾商业模式发展趋势

**1. 从 2C 模式向 2B2C 模式转变**

目前智能投顾平台中大部分平台的经营模式还是针对终端客户 2C 的，大部分的智能投顾平台将从单纯的 2C 模式转变为 2B2C 模式，原本用于客户营销的大量精力得以转移至产品研发与创新。智能投顾平台也可以直接从 2C 调整到以 2B 为主的模式,不再直接面向客户而是面向金融机构,营销成本进一步降低,使其在激烈的竞争中得以存活 [12]。

**2. 移动场景下的智能投顾**

移动端的用户指数型增长是未来的趋势,同时也为移动端智能投顾的普及带来机遇与挑战。阿里研究院在报告中指出万物智能的概念:2025 年个人智能终端数量将达到 400 亿台,个人智能助理普及率达 90%。

**3. 从半自动化智投到有限全自动化智投**

目前国内大部分智能投顾平台还是通过人机共同来完成投资工作的。智能投资的前提是投资世界的"连接"和"再连接",当人、资产、服务、设备、数据、资金都被联系在一起的时候,数量就是质量,巨大的数量带来的将是新维度上完全不同的东西。大规模并行的投资服务,反而可以因为其高并行度,可以获取精度更高的信息数据,进而进化出更加精准的智能投顾。未来的智能投顾平台根据客户的风险偏好,可以自动完成资产的配置、自动调仓和税收优化等。客户直接将资金委托给在线智能投顾来管理投资,基本无须过问投资的细节内容。然而在这个过程中,由于 AI 驱动的理性经济人是有限理性的,所以在其中人也不应该完全缺席。因此可以预测,有限全自动化智能投顾系统,会在未来的市场中唱主角。

## 9.4.2 智能投顾技术发展趋势

**1. 资产标的获取自动化**

现阶段,处于起步阶段的智投企业仍以投研能力见长,资产标的的挑选和权重配比在很大程度上依赖于产品和投研团队的专业能力和经验,技术的应用尚属于浅层应用。未来,随着科技成熟度的提升,技术在智投领域的作用逐渐加深为全市场优质资产的自动获取。例如,谷歌在搜索菜单中推出了一个叫作金融(Finance)的新标签,其专门提供关于金融相关的信息。该标签不仅适用于那些对股票和相关金融数据感兴趣的用户,同时它还是一个非常便捷的补充。例如,它能显示用户所购买股票的最新市场表现情况、对公司的深入介绍以及市场上的最新消息。此外它还能根据用户的兴趣推荐股票 [13]。

**2. 智能投顾系统自主学习**

随着智能投顾系统对金融行业大数据的不断积累和分析处理,应用的机器学习、人工智能技术的不断发展，未来智能化水平将会快速提升，尤其体现在对新概念新规则、新模型新数据、新模式新假设的自主学习能力上。人与智能投顾的关系，也会从人机协作，向机器自主编程、自主决策、甚至对人工进行监测的方向发展。例如由智能投顾算法同质化或由模型缺陷系统异常导致金融市场运行不稳定的情况，将由人工干预操作逐步转变为智能投顾系统自主学习分析、预警与进行决策，并自动采取相应智能化措施的操作。

**3. 区块链从概念到落地**

在短期内区块链在智能投顾等领域的应用仍是以探索为主，虽然已有金融机构开始在支付或智能金融管理等领域应用区块链技术，但区块链相关技术仍需不断创新与探索，主要挑战在于交易性能的改善与隐私保护。改善交易性能可采用分片处理、闪电网络和状态通道、账户区块链和交易区块链等技术。对于区块链对隐私保护的解决方案，未来主要的发展趋势为混币、环签名、同态加密、零知识证明等几种方式。

**4. 多种新兴技术逐渐融合**

从未来发展趋势看，人工智能和机器学习的相关算法和模型，能系统地针对信用欺诈等问题提出新的高效安全的解决方案；区块链技术透明安全，所有金融操作皆可追溯；金融云使得金融系统能更大程度地共享与开放。ABCD 四种新兴技术，在实际应用中会进一步更好地融合，形成一个边界逐渐模糊的业态融合生态体系，进一步推动智能投顾的发展与全面落地。

## 9.4.3 智能投顾监管发展趋势

**1. 行业标准与规范的完善**

智能投顾的发展对数据的依赖程度很高。大数据在智能投顾等金融行业的应用成为金融行业的基础能力。投顾平台可以通过统一的标准和规范进行跨领域数据融合，促使金融机构的营销和风控等服务更加精准。同时，跨行业数据的融合应用，也会设计出更多的基于场景的产品。另一方面，建立与完善金融大数据以及智能投顾大数据的技术标准和应用规范，是推动金融大数据进一步发展应用的重要保障[①]。下一步，中国人民银行将组织编发金融科技发展规划实施指引，构建金融科

---

① 《Fintech 背景下资产证券化发展趋势浅析》，http://www.fx361.com/page/2018/0831/4148500.shtml.2018-08-31。

技发展监测指标体系，推动建设同业协同发展平台，发挥示范引领作用，实现金融与科技深度融合、协调发展。

2. 监管机制由静态向动态转变

静态监管需向动态监管进行转型，更好地适应市场变化，以实时对市场动向和可能的风险行为进行管控。新的监管模式需要主动进行监管和防范风险，因为旧式的被动监管可能难以适应人工智能时代的智能投顾行业发展。

3. 深化监管解决智能投顾外部性问题

智能投顾的发展将会给金融业带来两种可能的外部性。第一个外部性是长尾效应逐渐显现①。智能投顾运用的主要客户是"二八定律中"群体较大的长尾客户，监管机构需要区别对待和进行差异化监管。第二个外部性是智能投顾的发展可能带来的新的投资者保护问题。另外，机器学习的应用普及可能会导致机器的算法歧视问题。

4. 监管体系的改革

未来的监管体系改革可能需要借鉴英国的双峰监管模式，将宏观上的审慎监管与微观上的市场行为监管加以区分，制定不同的监管政策、制度、方案。从全球角度来看，目前国际证监会等组织仅仅对智能投顾的未来发展前景有所研究，难以胜任各国和各智能投顾企业间的协调任务。我们相信，在不久的将来会有统一的国际组织对各国间的智能投顾业务进行协调，制定一套新规则来治理日益数字化的经济②。

## 9.5 开放银行与虚拟银行

### 9.5.1 开放银行

开放银行是一种新的商业模式与理念。具体地说，开放银行是一种基于人工智能、大数据等技术的平台化商业模式，B端场景合作方通过银行提供的对接端口，将银行金融服务无缝地嵌入合作方的B端场景和生态中，并根据B端场景用户的需求为其提供个性化、高效便利的产品服务。简单来说就是，开放银行模式"把实

---

① 《当金融遇到人工智能：富者越富，穷者愈穷？》，https://www.leiphone.com/news/201510/GxACRlPjFdUJf3Nz.html。
② 《金融科技监管：用"技术"解决"技术"》，https://www.iyiou.com。

体银行网点开到了 B 端场景之中",它突破了传统银行线下办理,以及以往 APP 封闭等局限性,开放银行模式一键线上操作,省时省力。开放银行的发展由金融业内外竞争加剧、客户需求变化、科技进步、监管需求四个方面因素共同驱动。目前银行净利润增长率下滑及来自非银行机构的竞争加剧迫使银行转型。年轻一代用户追求数字服务,消费信贷需求增长倒逼银行扩展场景和服务。根据资金、风险、建设周期、对平台掌控能力的要求不同,开放银行建设模式可以分为四类:自建、投资、合作、联盟[14]。

开放银行概念的第一次出现是在 2014 年,PayPal 推出了 PayPal API。直到 2015 年,英国成立了开放银行工作组(Open Banking. Working Group,OBWG),至此实体银行开始参与开放银行落地。至 2018 年后,欧盟制定的 PSD2 数据开放规范正式生效,开放银行概念得以快速发展。中国直到 2018 年才正式开始发展开放银行,呈现出金融科技推动开放银行发展的特征。2018 年 7 月 12 日,浦发银行推出业界首个 APIBank 无界开放银行。截至 2019 年 5 月,除四家互联网银行外,已有超过 50 家银行上线或者正在建设开放银行业务。

截至 2019 年 6 月,花旗银行已在 16 个国家或地区提供开放银行服务。花旗银行推出的开放银行服务是一组沙盒 API,提供模拟实际的运营市场环境,开放给客户进行调用与开发,主要提供授权、银行卡、客户信息、保险、资金转移等 11 类 API 产品。中国银行于 2013 年 9 月推出中银开放平台,最初的目的是实现中行对分行开放。目前提供包括借记卡余额查询、用户卡资料查询、信用卡余额查询、未出账单查询在内的共 21 类 API 产品[15]。

开放银行模式下的智能投顾不仅可以提供全流程的风险控制,还能依据具体场景进行有个性化的风控设计,例如对用户进行身份验证等。开放银行生态下,传统的商业银行将转型升级为开放包容的新智能金融行业中的一环①。中国人民银行于 2020 年 2 月发布《商业银行应用接口安全管理规范》[16]。

## 9.5.2 虚拟银行

虚拟银行中的所有交易都是完全在线处理的,是没有银行实体分支机构参与的,而"在线银行"是常规银行提供的基于 Internet 的选项。虚拟银行是指能通过网络、电子邮件、移动支票存款和 ATM 机等电子渠道处理所有交易的金融机构。

---
① 《银行如何"走出去"开放银行的三种模式》,亿欧智库,https://www.iyiou.com。

由于没有物理分支机构的开销，虚拟银行可以在其账户中提供更高的利率。除此之外，虚拟银行的业务空间较传统银行的"存贷汇"三大业务相比更为广阔，可以轻松地引入一整套金融服务。

长期以来一直是银行和金融业的全球领导者的香港，在 2017 年 9 月，正式迎接了所谓的虚拟银行的到来。经与香港银行公会等利益相关者协商后，金融监管机构——香港金融管理局于 2018 年 5 月底发布了针对虚拟银行的第二次修订指南《虚拟银行的认可》。香港在 2019 年先后发出 8 个虚拟银行牌照。金管局表示："虚拟银行的发展将促进香港金融技术和创新的应用，并提供一种新型的客户体验。"长期以来，新进入者进入香港高度发达的银行业生态系统受到了欢迎，这已经引起了金融巨头的关注，除渣打银行外，金融巨头还包括汇丰银行和中国银行（Hong）。穆迪投资者服务公司金融机构集团副总裁兼高级信贷官许志安（Sonny Hsu）表示："他们了解到，这些新进入者，即科技公司，对传统银行构成了威胁。"传统银行需在行业潮流中及时顺应智能化时代的市场变革，虚拟银行的核心受益领域主要为银行核心系统及征信业务。虚拟银行四种典型未来发展方案分别是：服务中小企业；与场景紧密结合；用户交互式虚拟银行体验；成体系地提供全方案银行金融服务。截至 2020 年 6 月，香港已有两家虚拟银行开业。

## 本章小结

随着新一代人工智能的兴起，智能投顾将迎来一个崭新的发展时期。基于人工智能、区块链、云计算、大数据、边缘计算等支撑技术（合称 ABCDE），构建智投大脑，打造 AI 驱动的理性机器经济人，将是智能投顾的重要发展方向。但在技术驱动金融创新的同时，对于监管机构来看，如何通过智能化手段，对智能投顾、开放银行、虚拟银行等新金融进行监管，也将面临重要的挑战。

## 参考文献

[1] 中国电子技术标准化研究院. 人工智能标准化白皮书 [R/OL]. [2018-07-11]. http://www.cesi.cn/images/editor/20180124/20180124135528742.pdf.

[2] 赵秉志，詹奇玮. 现实挑战与未来展望：关于人工智能的刑法学思考 [J]. 暨南学报：哲学社会科学版），2019（1）：98-110.

[3] 潘云鹤. 人工智能迈向 2.0 新阶段 [N]. 中国信息化周报，2019-01-28.

[4] PARKES D C，WELLMAN M P. Economic Reasoning and Artificial Intelligence[J]. Science. 2015，349（6245）：267.

[5] 阿里研究院. 数字经济系列报告之四：解构与重组——开启智能经济 [R/OL]. [2019-01-08]. https://img1.iyiou.com/Editor/image/20190123/1548213295578546.pdf.

[6] 陆宇航. ABCD 四大技术改变金融业态 [J]. 中国金融家，2018（5）：61-63.

[7] 冯贺霞，杨望. 人工智能在金融创新中的应用逻辑 [J]. 当代金融家，2017（7）：114-116.

[8] 莫涛. "智能投顾"的征战：传统与创新的竞合 [J]. 现代商业银行，2017（7）：40-44.

[9] 曹汉平. 人工智能：金融科技发展的新动力 [N]. 金融时报，2017-07-24.

[10] 邓娟. 高新技术企业财税支持与企业社会责任的相关性研究 [D]. 长沙：湖南大学，2018.

[11] 杨睿. 谈"搭便车问题"中的个体行为动机 [J]. 合作经济与科技，2019（11）：150-152.

[12] 王熙. 探索"云大智链"发展机遇下的金融科技创新 [J]. 通信世界，2018（4）：47-47.

[13] 杨涛. 金融科技发展的十大趋势 [N]. 21 世纪经济报道，2018-04-13.

[14] 段久惠. 2019 开放银行报告：六类参与者构成生态闭环 将面临五大挑战 [N]. 证券时报，2019-06-16.

[15] 亿欧智库. 2019 开放银行与金融科技发展研究报告 [R/OL]. [2019-07-13]. https://www.vzkoo.com/doc/4210.html.

[16] 中国人民大学金融科技研究所，蚂蚁金服研究院. 开放银行全球发展报告 [R/OL]. [2020-11-4]. https://www.cebnet.com.cn/20200312/102645757.html.